电动汽车常见故障诊断与排除

王 军 李 伟 主编

机械工业出版社
CHINA MACHINE PRESS

本书详细介绍了新款北汽电动汽车EX360、EU5，比亚迪电动汽车E6、元、宋、E5，江淮iEV5、iEV6，荣威Ei6、ERX5以及吉利帝豪EV300、EV450、EV500等电动汽车的故障诊断流程、诊断方法、数据流、故障码和检修等内容。通过深入阅读本书，读者能迅速、全面、透彻地理解维护、检测和故障诊断方法。本书可作为高职高专汽车检测与维修技术、汽车电子技术、汽车保险与理赔、汽车评估与鉴定以及交通运输管理等专业学习电动汽车技术的辅助教材，也可作为电动汽车维修电工培训教材或城乡再就业转岗培训教材，还可作为电动汽车爱好者学习了解电动汽车故障诊断的参考书。

图书在版编目（CIP）数据

电动汽车常见故障诊断与排除 / 王军，李伟主编. —北京：机械工业出版社，2021.6

ISBN 978-7-111-68512-8

Ⅰ. ①电⋯ Ⅱ. ①王⋯②李⋯ Ⅲ. ①电动汽车 – 故障诊断 Ⅳ. ① U469.72

中国版本图书馆 CIP 数据核字（2021）第 123561 号

机械工业出版社（北京市百万庄大街 22 号　邮政编码 100037）

策划编辑：连景岩　　责任编辑：连景岩

责任校对：陈　越　封面设计：张　静

责任印制：郜　敏

三河市国英印务有限公司印刷

2021 年 10 月第 1 版第 1 次印刷

184mm×260mm ·16.25 印张·418 千字

0 001—1 900 册

标准书号：ISBN 978-7-111-68512-8

定价：69.90 元

电话服务　　　　　　　　网络服务

客服电话：010-88361066　　机　工　官　网：www.cmpbook.com

　　　　　010-88379833　　机　工　官　博：weibo.com/cmp1952

　　　　　010-68326294　　金　书　网：www.golden-book.com

封底无防伪标均为盗版　　机工教育服务网：www.cmpedu.com

前言
PREFACE

  在新能源和清洁能源汽车行业对技能人才需求量不断增大的背景下，本书详细介绍了新款北汽电动汽车 EX360、EU5，比亚迪电动汽车 E6、元、宋、E5，江淮 iEV5、iEV6，荣威 Ei6、ERX5 以及吉利帝豪 EV300、EV450、EV500 等电动汽车的故障诊断流程、诊断方法、数据流、故障码和检修等内容。通过深入阅读本书，读者能迅速、全面、透彻地理解维护、检测和故障诊断方法。针对电动汽车故障深奥难懂，以及电动汽车技术检测和故障诊断复杂、难以掌握的特点，本书采用了以"系列电动汽车型号"为主的编写形式，形式新颖、重点突出、形式活泼且通俗易懂。

  本书克服以往电动汽车图书内容偏重结构和拆装技术导致理论性太强的缺点，使内容更贴近实际操作。

  本书共分五章，第一章至第三章主要由吉林工程技术师范学院汽车工程学院讲师王军编写，第四章和第五章主要由李伟编写。参加本书编写的人员还有丁元富、李春山、李微、马珍、刘强、吕春影。在本书编写过程中，参考了大量文献和资料，在此向这些资料的作者表示由衷的感谢！由于编者水平有限，书中难免有不足之处，恳请广大读者批评指正。

编　者

目录 CONTENTS

前言

第一章　北汽电动汽车常见故障排除 ……………………………………… 1

1. 北汽电动汽车电动压缩机常见故障原因及排除 …………………………… 1
2. 北汽电动汽车制动系统常见故障诊断与排除 ……………………………… 3
3. 北汽 EX360 电动汽车动力电池电量下降故障 ……………………………… 6
4. 北汽 EX360 电动汽车行驶中无法起动故障 ………………………………… 9
5. 北汽电动汽车动力电池断开警告灯点亮故障 ……………………………… 11
6. 北汽电动汽车 EU5 仪表显示电子驻车故障 ………………………………… 13
7. 北汽电动汽车充电指示灯长亮故障 ………………………………………… 16
8. 北汽电动汽车驱动电机故障排除 …………………………………………… 17
9. 北汽电动汽车动力电池故障排除 …………………………………………… 18
10. 北汽电动汽车充电系统常见故障及维修 …………………………………… 18
11. 北汽电动汽车高压互锁故障排查 …………………………………………… 19
12. 北汽电动汽车 VCU 损坏无法行驶故障 …………………………………… 19
13. 北汽电动汽车 EPS 故障诊断 ……………………………………………… 22
14. 北汽 EX360 PEU 控制电路故障排查 ……………………………………… 23
15. 北汽电动汽车电机控制器电路故障排查 …………………………………… 25
16. 北汽电动汽车驱动电机故障码分析与排除 ………………………………… 26
17. 北汽电动汽车 PTC 常见故障及排除 ……………………………………… 29
18. 北汽电动汽车动力电池低压控制电路故障排除 …………………………… 30
19. 北汽电动汽车冷却系统常见故障排查 ……………………………………… 34
20. 北汽电动汽车真空压力开关、电动真空泵检测及故障排除 ……………… 35
21. 北汽电动汽车绝缘故障排查 ………………………………………………… 37
22. 北汽电动汽车与快充桩无法通信故障 ……………………………………… 37
23. 北汽电动汽车与快充桩通信正常、无充电电流故障 ……………………… 45
24. 北汽电动汽车车载充电机与充电桩连接故障 ……………………………… 47
25. 北汽电动汽车慢充充电唤醒信号故障检查 ………………………………… 51
26. 北汽电动汽车蓄电池电压低/高故障 ……………………………………… 53
27. 北汽电动汽车通信丢失故障 ………………………………………………… 55
28. 北汽电动汽车 CC 信号异常故障 …………………………………………… 58
29. 北汽电动汽车 CP 信号异常故障 …………………………………………… 59
30. 北汽电动汽车空调 EAS 高低压互锁故障 ………………………………… 61

31. 北汽电动汽车 MCU 唤醒信号故障 ……………………………………………… 63
32. 北汽电动汽车低压电源欠电压故障 …………………………………………… 65
33. 北汽电动汽车 MCU IGBT 异常故障 ………………………………………… 66
34. 北汽电动汽车 MCU IGBT 过温故障 ………………………………………… 69
35. 北汽电动汽车预充继电器粘连故障 …………………………………………… 71
36. 北汽 EU5 BMS 故障 …………………………………………………………… 73
37. 北汽 EU5 蓄电池电压低 / 高故障 ……………………………………………… 74
38. 北汽 EU5 DC/DC 过电压故障 ………………………………………………… 76
39. 北汽 EU5 BMS 与车载充电机通信故障 ……………………………………… 76
40. 北汽 EU5 车载充电机故障 …………………………………………………… 78
41. 北汽 EU5 过温故障、温度检测回路故障 …………………………………… 79
42. 北汽 EU5 BMS 通信异常故障及 OBC 内部故障 …………………………… 81
43. 北汽 EU5 常电供电异常故障 ………………………………………………… 84
44. 北汽 EU5 MCU 故障 …………………………………………………………… 85

第二章 比亚迪电动汽车常见故障排除 …………………………………………… 89

45. 比亚迪纯电动汽车无法充电故障 ……………………………………………… 89
46. 比亚迪纯电动汽车无法行驶故障 ……………………………………………… 91
47. 比亚迪 E5 充电仪表无显示故障 ……………………………………………… 93
48. 比亚迪纯电动汽车交流充电指示灯常亮故障 ………………………………… 97
49. 比亚迪纯电动汽车无法上高压电故障 ………………………………………… 99
50. 比亚迪电动汽车无法交流慢充电故障 ………………………………………… 100
51. 比亚迪电动汽车行驶中仪表提示"请检查动力系统"故障 ………………… 103
52. 比亚迪电动汽车空调不制冷故障 ……………………………………………… 103
53. 比亚迪电动汽车仪表提示"请检查充电系统"故障 ………………………… 104
54. 比亚迪电动汽车直流充电桩无法充电故障 …………………………………… 105
55. 比亚迪电动汽车行驶中电量不下降、充电时电量不上升故障 ……………… 106
56. 比亚迪电动汽车无法交流充电故障 …………………………………………… 107
57. 比亚迪电动汽车行驶中严重挫车故障 ………………………………………… 108
58. 比亚迪 E6/E6A VTOG 故障诊断 …………………………………………… 109
59. 比亚迪不能起动故障 …………………………………………………………… 110
60. 比亚迪无法直流充电故障 ……………………………………………………… 112
61. 比亚迪元、宋、E5 动力电池故障诊断 ……………………………………… 114
62. 比亚迪 E5 动力系统故障灯点亮故障 ………………………………………… 118
63. 比亚迪元、宋、E5 充电系统故障码 ………………………………………… 120
64. 比亚迪元、宋、E5 高压电控系统故障码 …………………………………… 121

第三章 江淮电动汽车常见故障排除 ……………………………………………… 125

65. 江淮 iEV6 无法起动故障 ……………………………………………………… 125

66. 江淮纯电动汽车电流传感器故障 127
67. 江淮纯电动汽车充电连接和接地电路故障诊断 129
68. 江淮纯电动汽车车载充电机故障诊断 130
69. 江淮纯电动汽车 VCU 供电与接地电路故障检查 133
70. 江淮纯电动汽车常见故障码 135
71. 江淮纯电动汽车高压正极继电器故障 135
72. 江淮纯电动汽车高压负极继电器故障 136
73. 江淮纯电动汽车高压预充继电器故障 137
74. 江淮纯电动汽车加速踏板第一路传感器故障 138
75. 江淮纯电动汽车加速踏板第二路传感器故障 141
76. 江淮 iEV6 无法行驶故障 144
77. 江淮纯电动汽车无法提速故障 145
78. 江淮纯电动汽车连接充电桩无法充电故障 146
79. 江淮纯电动汽车充电桩无法充电故障 147
80. 江淮纯电动汽车无法充电故障 148
81. 江淮纯电动汽车无法起动故障 148
82. 江淮纯电动汽车充电系统故障 149
83. 江淮纯电动汽车高压系统不上电故障 150

第四章　荣威电动汽车常见故障排除 153

84. 荣威 Ei6 主高压互锁回路失效故障 153
85. 荣威 Ei6 本地 CAN 总线关闭故障 155
86. 荣威 Ei6 慢充口小门无法打开故障 156
87. 荣威 Ei6 快充口小门无法打开故障 156
88. 荣威 Ei6 前部充电呼吸灯不亮故障 157
89. 荣威 Ei6 无法慢充故障 158
90. 荣威 Ei6 压缩机不能正常自动停转故障 158
91. 荣威 Ei6 制冷剂压力异常故障 159
92. 荣威 Ei6 低压输出电流零漂故障 160
93. 荣威 Ei6 整车控制单元故障 160
94. 荣威 Ei6 换档控制单元故障 163
95. 荣威 Ei6 高压电池包控制模块（BMS）故障 164
96. 荣威 Ei6 直流 / 直流变换器（DC/DC）故障 167
97. 荣威 Ei6 车载充电机（OBC）故障 168
98. 荣威 Ei6 空调控制系统（HAVC）故障 169
99. 荣威 Ei6 网关控制模块（GW）故障 172
100. 荣威 Ei6 电子液压制动助力系统（EHBS）故障码 173
101. 荣威 Ei6 车身控制模块（BCM）故障码 174
102. 荣威 Ei6 无钥匙进入和起动系统（PEPS）故障码 180

103. 荣威 ERX5 高压电系统无法上电故障 ·········· 181

第五章　吉利电动汽车常见故障排除 ·········· 183

104. 吉利帝豪电动汽车驱动电机旋变信号故障 ·········· 183
105. 吉利帝豪电动汽车驱动电机三相线束故障 ·········· 186
106. 吉利帝豪电动汽车电机控制器 DC/DC 故障 ·········· 187
107. 吉利帝豪电动汽车车载充电机通信故障 ·········· 189
108. 吉利帝豪电动汽车充电感应信号（CC 信号）故障 ·········· 191
109. 吉利帝豪电动汽车预充故障 ·········· 191
110. 吉利帝豪电动汽车高压系统漏电故障 ·········· 193
111. 吉利帝豪 EV450、EV500 动力电池系统故障码及故障排除方法 ·········· 195
112. 吉利帝豪 EV450、EV500 动力电池故障诊断数据流 ·········· 198
113. 吉利帝豪 EV450、EV500 电源故障 ·········· 199
114. 吉利帝豪 EV450、EV500 BMS 通信故障 ·········· 201
115. 吉利帝豪 EV450、EV500 ACU 通信故障 ·········· 204
116. 吉利帝豪 EV 快充口温度传感器故障 ·········· 206
117. 吉利帝豪 EV 快充设备异常、充电机与 BMS 功率不匹配故障 ·········· 208
118. 吉利帝豪 EV450、EV500 加热、冷却时进水口温度过高过低故障 ·········· 210
119. 吉利帝豪 EV450、EV500 动力电池绝缘故障 ·········· 212
120. 吉利帝豪 EV450、EV500 电机控制器回路故障 ·········· 214
121. 吉利帝豪 EV450、EV500 压缩机回路故障 ·········· 216
122. 吉利帝豪 EV450、EV500 PTC 加热器回路故障 ·········· 218
123. 吉利帝豪 EV450、EV500 驱动电机控制系统故障 ·········· 220
124. 吉利帝豪 EV450、EV500 电机控制器低压供电回路故障 ·········· 224
125. 吉利帝豪 EV450、EV500 电机控制器通信故障 ·········· 227
126. 吉利帝豪 EV450、EV500 驱动电机旋变信号故障 ·········· 229
127. 吉利帝豪 EV450、EV500 电机过温故障 ·········· 232
128. 吉利帝豪 EV450、EV500 驱动电机三相线束故障 ·········· 235
129. 吉利帝豪 EV450、EV500 电机控制器 DC/DC 故障 ·········· 237
130. 吉利帝豪 EV300 无法上电故障 ·········· 239
131. 吉利帝豪 EV300 无法充电故障 ·········· 240
132. 吉利帝豪 EV300 加速无力故障 ·········· 244
133. 吉利帝豪 EV 无法连通高压电故障 ·········· 245
134. 吉利帝豪 EV450 无法用交流模式充电故障 ·········· 247

第一章 北汽电动汽车常见故障排除

1. 北汽电动汽车电动压缩机常见故障原因及排除

电动压缩机不能工作主要是因为有机械或电控系统方面的故障,其常见故障原因及排除方法见表 1-1。

表 1-1 电动压缩机常见故障原因及排除方法

故障	现象	原因及判断	检测及排除方法
驱动控制器不工作,压缩机不工作	压缩机无起动声音,电源电流无变化	① 12V 控制电源未接入驱动控制器 ② 控制电源电压不足 ③ 插接件端子接触不良或松脱	① 检查驱动控制器控制电源插头端子是否松脱 ② 检查控制电源和驱动控制器之间的导线是否断路 ③ 测量控制电源直流电压是否达到要求(对于 12V 控制电源驱动控制器,控制电源至少大于 9V,不得高于 15V)
驱动控制器工作正常,压缩机工作不正常	压缩机发出异响	① 电机缺相 ② 冷凝器风机未正常工作,系统压差过大,电机负载过大	① 检查驱动控制器与电机相连的三相插头及相关导线,保证其接触良好及导通 ② 保证冷凝器风机正常工作,待系统压力平衡后再次起动
驱动控制器工作正常,压缩机不工作	压缩机无起动声音,电源电流无变化,各端口电压正常	驱动控制器未接收到空调系统的 A/C 开关信号	① 检查 A/C 开关是否有故障 ② 检查驱动控制器是否有故障 ③ A/C 开关连接方式是否正确(接地时低电平为 0~0.8V),开启压缩机,接高电平或悬空,关闭压缩机和关闭整车主电源
	压缩机无起动声音,电源电流无变化,高压端口电压不足或无供电	欠电压保护起动	① 检查驱动控制器主电源输入接口处的插接件端子是否松脱 ② 检查主电源到驱动控制器之间的导线是否断路 ③ 检查控制主电源输入的继电器动作是否正常
驱动控制器自检正常,压缩机不工作	压缩机起动时有轻微抖动,电源电流有变化随后降为 0A	① 冷凝器风机未正常工作,系统压差过大,电机负载过大导致过电流保护起动 ② 由电机缺相导致的过电流保护起动	① 保证冷凝器风机正常工作,待系统压力平衡后再次起动 ② 检查驱动控制器与电机连接的三相插头及相关导线,保证其接触良好

（1）空调压缩机故障的判别 把点火开关旋至"ON"档，按下空调"A/C"开关，风量调至最大，发现鼓风机工作正常，但无冷风。进一步检查，发现空调压缩机不工作，初步断定为空调压缩机或其控制系统有问题，决定对空调压缩机及其控制线路进行诊断，查找故障原因，并修复排除故障。

压缩机维修诊断涉及高压电，操作前，一定要穿橡胶绝缘鞋，戴绝缘手套，严格按照高压电的操作规范操作。举升汽车，拆下空调压缩机低压连接器，空调压缩机低压连接器与高压连接器如图1-1所示。

图1-1 空调压缩机低压连接器与高压连接器

（2）测量搭铁线、CAN总线 把点火开关旋至"OFF"档，断开空调压缩机低压连接器，分别测量搭铁线、CAN总线。

1）搭铁线的测量。用万用表测量低压连接器4号端子与车身之间的电阻，如图1-2所示，电阻应不超过1Ω，如果电阻为无穷大，则故障为搭铁线断路。若搭铁线有故障，压缩机控制器则无法控制压缩机工作。

2）空调压缩机CAN总线电阻的测量。用万用表测量低压连接器5号端子与6号端子之间的电阻，如图1-3所示，其电阻约为60Ω，若电阻为无穷大，故障为断路，若电阻接近于0Ω，则可能为CAN-H与CAN-L短路或与其连接的相关部件有短路现象。

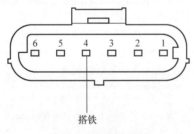 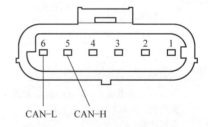

图1-2 搭铁线测量　　　图1-3 CAN总线电阻测量

3）空调压缩机CAN总线的搭铁短路测量。用万用表分别测量低压连接器5号端子与车身、6号端子与车身之间的电阻，电阻应为无穷大，若电阻接近于0Ω，故障为导线有搭铁现象。导线搭铁短路往往是由于导线老化、表皮磨损后导致导线的金属直接与车身相通。

4）空调压缩机高压互锁信号线的测量。用万用表测量空调压缩机低压接口内部2号端子与3号端子之间的电阻，如图1-4所示，电阻应小于1Ω，如果电阻为无穷大，故障为线路断路。

5）空调压缩机高压线A、B电流的测量。连接空调压缩机低压连接器，把点火开关旋至"ON"档，按下空调"A/C"开关，把风量调至最大，用数字钳形表分别测量A线和B线的电流，如图1-5所示，电流应为1~1.5A，如果电流为0A，检查动力电池高压线连接器以及高压控制盒高压线束连接器,如果连接器正常,则为空调压缩机内部控制器故障。

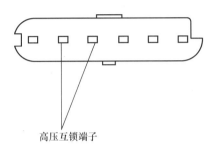

图 1-4　高压互锁测量

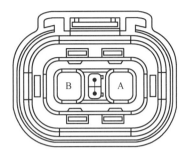

图 1-5　高压线电流测量

6）12V 低压电源线测量。把点火开关转至"ON"档,用万用表测量低压连接器 1 号端子的直流电压,如图 1-6 所示,电压应为 9~14V,如果测得电压为 0V,则检查 FB11/7.5A 熔丝、空调继电器,若熔丝及继电器良好,那么检查低压连接器 1 号端子与 FB11/7.5A 熔丝之间是否断路。

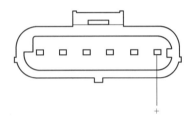

图 1-6　低压电源电压测量

2. 北汽电动汽车制动系统常见故障诊断与排除

（1）**行车制动系统**　部分故障内容的排除方法与传统燃油车基本相同,在此仅提供 ABS 故障码作为故障诊断与排除时的参考,见表 1-2。

表 1-2　ABS 故障码及含义

故障码	含义	故障码	含义
C0031	左前轮速传感器线路故障 - 信号故障	C0032	左前轮速传感器线路故障
C0034	右前轮速传感器线路故障 - 信号故障	C0035	右前轮速传感器线路故障
C0037	左后轮速传感器线路故障 - 信号故障	C0038	左后轮速传感器线路故障
C003A	右后轮速传感器线路故障 - 信号故障	C003B	右后轮速传感器线路故障
C0010	左前 ABS 进油口电磁阀或者 1 号电动机线路故障	C001C	右后 ABS 进油口电磁阀或者 1 号电动机线路故障
C0011	左前 ABS 出油口电磁阀或者 2 号电动机线路故障	C001D	左后 ABS 出油口电磁阀或者 2 号电动机线路故障
C0014	右前 ABS 进油口电磁阀或者 1 号电动机线路故障	C0020	泵电动机控制故障
C0015	右前 ABS 出油口电磁阀或者 2 号电动机线路故障	C0021	电磁阀继电器线路故障
		C0245	轮速传感器频率错误
C0018	左后 ABS 进油口电磁阀或者 1 号电动机线路故障	C0800	01 高压故障（过电压） 02 低压故障（欠电压）
C0019	左后 ABS 出油口电磁阀或者 2 号电动机线路故障	C1001	CAN 硬件故障
		U1000	CAN 总线关闭故障

（2）**电动真空泵故障诊断及排除方法**　电动真空泵常见故障及诊断排除方法见表 1-3。

表 1-3　电动真空泵常见故障及诊断排除方法

故障现象	检查方法与处理措施	
连接电源后电动机不转	检查熔丝是否熔断	
	熔断	未熔断
	1. 线路短路	1. 蓄电池亏电
	2. 控制器损坏	2. 线路断路
	3. 电动机烧毁短路	3. 控制器损坏
接通电源后，真空度抽至上限设定值，电动机不停转	1. 开关触头短路常开	
	2. 电子延时模块损坏，应更换	
压力开关不能正常开启和断开	1. 压力开关触头污损、锈蚀、接触不良，应清洁触头或更换压力开关	
	2. 连接线折断或插头连接处脱焊，应更换连接线	
	3. 管路密封性不好，检查管路密封性，必要时更换	
设备机壳带电	1. 电源线接错，壳体与电源正级连接，应纠正错误的连接	
	2. 电源插座的地线未真正与地连接，应把电源插座中的地线连接好	
真空泵喷油	部分新装车的真空泵在工作时会出现从排气孔带出润滑油现象。此为真空泵自身缺陷，工作一段时间可消除	

（3）真空助力制动系统的故障诊断　北汽电动汽车真空助力制动系统可能的故障原因包括：真空压力传感器故障、SB06 熔丝故障、真空管路有泄漏、真空泵线路故障、真空泵本身故障、真空助力制动系统控制单元（VBU）自身或线路故障。具体的诊断方法如下：

1）故障码及数据流的读取。真空助力制动系统出现故障通常会报故障码，并点亮故障警告灯，如图 1-7 所示。首先应观察仪表是否显示故障信息，并连接诊断仪读取故障码及数据流，如真空泵的使能状态、真空泵的工作电流及真空系统压力值，如图 1-8 所示，初步判断可能的故障原因。

图 1-7　故障信息及故障警告灯

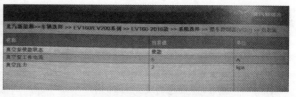

图 1-8　读取车辆的故障信息

2）真空泵和控制器的功能检测。车辆静止状态下，把点火开关旋至 ON 档，踩制动踏板 1~3 次后观察真空泵的状态，据此判断制动系统的工作状态是否正常。

制动系统正常工作时，真空泵会保持真空压力在 50~70kPa 之间，由于制动踏板踩下后会造成真空管路的真空度降低，当接收到此真空压力传感器信号时，系统判断此时压力不在保持压力范围内，会自动起动真空泵运转，此时可听到真空泵运转的"嗡嗡"声，在 3s 左右后真空度到达设定值时停止运转；否则可初步判断系统工作不正常。制动真空泵运转 5min 后，反复踩踏制动踏板至真空泵连续运转几次，观察真空泵有无异响和异味，并检查真空泵控制器插接器及连接线是否变形发热。如果真空泵出现异响或异味，原因可能是真空泵内部严重磨损。

3）真空管路密封性检测。在制动真空泵工作时，检查连接软管有无漏气现象，检查各气管连接处有无破损或泄漏。制动软管不能扭曲，转向盘达到最大转向角度时，制动软管不得接触到汽车零件。

4）相关线路检查：

① 查看真空助力制动系统工作电路及原理图，分析工作原理，如电源、搭铁、控制单元、传感器及真空泵电路。根据图1-9，检查驾驶舱内熔丝盒上的SB06熔丝（30A），它是真空泵的主供电熔丝，位置如图1-10所示。

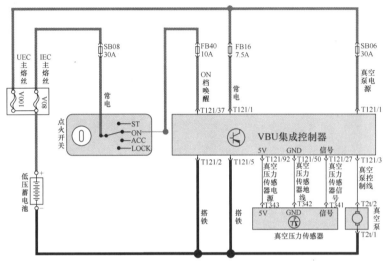

图1-9　真空助力制动系统电路图

② 测量真空助力制动系统控制单元（VBU）插接器的92号端子电压，如图1-11所示，该端子为真空压力传感器提供电源，据此可判断传感器的供电情况。

③ 测量真空助力制动系统控制单元（VBU）插接器的50号（搭铁）和27号（信号）端子，如图1-12所示，判断传感器信号线的导通和搭铁是否正常。

④ 测量电动真空泵的接线端子，如图1-13所示，判断真空泵的供电及搭铁是否正常，并检查真空泵搭铁点的搭铁性能。需特别注意的是，真空泵电动机的电源电压为14V左右，而不是传统车辆的12V。

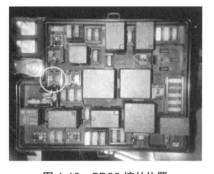

图1-10　SB06熔丝位置

图1-11　VBU插接器的92号端子

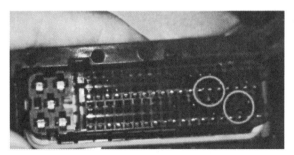

图1-12　VBU插接器的50号和27号端子

5）完工后的常规检查。故障排除后，一定要对制动系统进行常规检查。除对制动盘/片等进行检查外，电动汽车还需要重点检查真空助力制动管路及相关插接件，如图1-14所示。车辆故障排除后，仪表板显示READY指示灯表示车辆完全恢复正常，如图1-15所示。

图 1-13　测量电动真空泵的接线端子　　图 1-14　检查真空助力制动管路及相关插接件

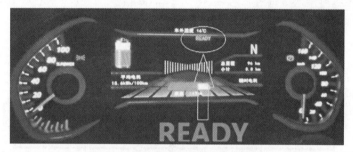

图 1-15　仪表板显示"READY"

3. 北汽 EX360 电动汽车动力电池电量下降故障

（1）**故障现象**　车辆充电完成，荷电状态（SOC）为 100%，续驶里程为 260km，未出现故障时能行驶 300 多 km。

（2）**故障诊断**　车辆续驶里程是根据可用容量进行计算的，当出现上述现象时，是由于 SOC 为 100% 时可用容量未达到满电容量导致，故障原因如图 1-16、图 1-17 所示。

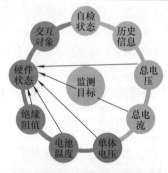

图 1-16　故障可能原因

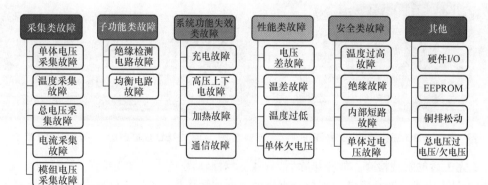

图 1-17　故障原因分析

（3）故障排除

1）检查动力电池组，无故障码。

2）连接专用检测仪检查数据流，如图 1-18 所示，未发现明显故障现象，需要进一步检查。

3）拆卸动力电池，用专用工具软件检查动力电池组电压差情况，如图 1-19 所示。

北汽新能源>>车辆选择>>EX360>>系统选择>>动力电池系统(BMS)>>数据流

名称	当前值	单位
动力电池内部总电压	350.02	V
动力电池充放电电流	0.60	A
动力电池外部总电压	359.38	V
动力电池负载端总电压	359.86	V
车辆START状态	30	
直流母线电压	362.00	V
KL16	14	V
KL30	14	V
BCU自检计数器	3	
动力电池负载继电器当前状态	连接	
动力电池正载继电器当前状态	连接	
动力电池预充继电器当前状态	断开	
动力电池充电请求	初始值	
正极对地绝缘电阻	4000	kΩ
负极对地绝缘电阻	4000	kΩ
动力电池允许最大充电电流(慢充)	0.00	A

图 1-18　电池实际值

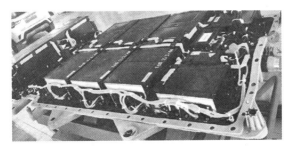

图 1-19　动力电池

4）连接电池专用诊断软件，查找电池模组电压差情况，如图 1-20 所示，模组 3 方框区域为掉电压电池模组，需补电。

	cell1	cell2	cell3	cell4	cell5	cell6	cell7	cell8	cell9	cell10	cell11	cell12	SUM	MAX	NO	MIN	NO
模组 1	4.1205	4.1205	4.1205	4.122	4.122	4.119	4.1205	65535	4.122	4.1235	4.1205	4.122	44.734	4.1235	10	4.119	6
模组 2	4.1205	4.122	4.122	4.122	4.1235	4.122	4.1205	4.1235	4.122	4.1235	4.122	4.1205	49.078	4.1235	10	4.1205	12
模组 3	4.122	4.1175	4.1205	4.023	4.119	4.1205	4.1235	4.1205	65535	65535	65535	65535	32.437	4.1235	7	4.023	4
模组 4	4.122	4.1205	4.122	4.122	4.1235	4.1235	4.1235	4.1235	65535	65535	65535	65535	32.656	4.1235	8	4.1205	2
模组 5	4.1175	4.116	4.1175	4.119	4.116	4.119	4.119	4.1175	65535	65535	65535	65535	32.593	4.119	7	4.116	5
模组 6	4.1205	4.1175	4.1205	4.119	4.122	4.119	4.122	4.1205	65535	65535	65535	65535	32.515	4.122	7	4.1175	2
模组 7	4.1145	4.113	4.1175	4.116	4.1175	4.1145	4.116	4.1145	65535	65535	65535	65535	32.437	4.1175	5	4.113	2
模组 8	4.1205	4.1205	4.1205	4.119	4.1205	4.122	4.122	4.122	65535	65535	65535	65535	32.515	4.122	8	4.119	4
模组 9	4.122	4.1235	4.119	4.1205	4.1175	4.122	4.1205	4.119	4.122	4.122	65535	65535	40.687	4.1235	2	4.1175	5
模组 10	4.122	4.1175	4.119	4.119	4.1205	4.119	4.1205	4.122	4.1235	4.1235	65535	65535	40.609	4.1235	10	4.1175	2
模组 11	65535	65535	65535	65535	65535	65535	65535	65535	65535	65535	65535	65535	65535	65535	0	65535	0
模组 12	65535	65535	65535	65535	65535	65535	65535	65535	65535	65535	65535	65535	65535	65535	0	65535	0
模组 13	65535	65535	65535	65535	65535	65535	65535	65535	65535	65535	65535	65535	65535	65535	0	65535	0
模组 14	65535	65535	65535	65535	65535	65535	65535	65535	65535	65535	65535	65535	65535	65535	0	65535	0
模组 15	65535	65535	65535	65535	65535	65535	65535	65535	65535	65535	65535	65535	65535	65535	0	65535	0

图 1-20　电池模组状态

5）连接充电器。在子控制器中找到模组 3 号接线，直接补电，电流在 0.8A，连续补电 10～12h，电压充至 4.9V，如图 1-21 所示。

6）完成充电作业，安装蓄电池盖后检测气密性，如图 1-22 所示，加压 4kPa，保压时间 30s，查看有无泄漏现象。

图 1-21　电池充电

图 1-22　检测气密性

7）动力电池装车后，充满电，仪表显示续驶里程为 318km，故障排除。

（4）电池内部结构和原理

1）内部结构如图 1-23 所示。

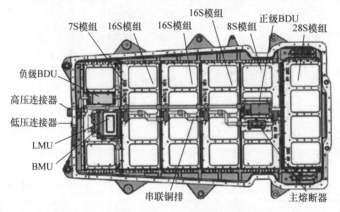
图 1-23　动力电池内部结构

2）总负极继电器盒及附件如图 1-24、图 1-25 所示。

图 1-24　总负极继电器盒　　　　图 1-25　总负极附件

3）总正极继电器盒及附件如图 1-26 和图 1-27 所示。

图1-26 总正极继电器盒

图1-27 总正极附件

4）动力电池内部控制电路图如图1-28所示。

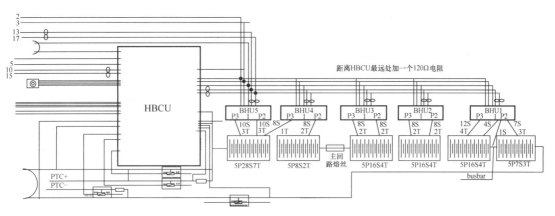

图1-28 动力电池内部控制电路图

5) SOC估算原理。SOC表示电池系统的剩余电量与完全满电电量的比值，SOC为1时，表示电池系统完全充满，SOC为0时，表示电池系统完全放空。该功能模块在实时评估电池系统的荷电状态的同时，还提供可用容量的估算，用于车辆剩余续驶里程的评估。

SOC估算功能在提供精确的SOC及可用容量的同时，还会考虑SOC显示感官体验，如SOC不会波动、行车过程中SOC也不上涨。

4. 北汽EX360电动汽车行驶中无法起动故障

（1）**故障现象** 在低速行驶中突然熄火，无法起动，仪表警告灯亮起，电池显示无电状态。

（2）故障诊断　接车后连接北汽解码器检测，如图 1-29 所示。整车控制器（VCU）、动力电池系统（BMS）、驱动电机系统（MCU）、充电机控制系统（CHG）、远程监控系统（RMS）、直流变换器（DC/DC）、充电管理模块（CMU）无法通信。查阅原厂资料，分析故障可能的原因有：

1）各模块缺少电源或负极。

2）EVCOM 网络短路或断路。

3）以上无法通信的模块损坏，导致 EVCOM 网络上所有用户设备失效。

检修步骤如下：

1）检查模块电源和地线，正常。

2）断开电池负极，测量 OBD 诊断头 EVCOM 上的高 COM 和低 COM 电阻，为 7Ω，正常应为 60Ω，测量高低 COM 对电池正负极无短路现象。

3）连接电池负极，打开点火开关，检查 EVCOM 上的休眠电压为 2.1V，正常应为 2.5V，工作时高 COM 为 3.5V，低 COM 为 1.5V，判断 EVCOM 网络不工作。

4）结合原厂网络拓扑图，依次断开以上无法通信的控制模块，当断开充电口模块时电阻恢复到 60.8Ω，判断此模块有故障，由于此模块在慢充线总成上，需与慢充线总成一起更换。

EX360 电控结构原理如图 1-30 所示。

图 1-29　故障码

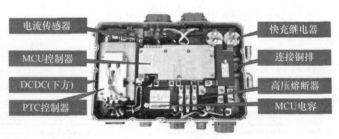

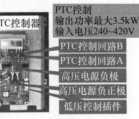
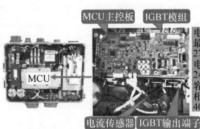

图 1-30　EX360 电控结构原理

EX360 网络控制图如图 1-31 所示。

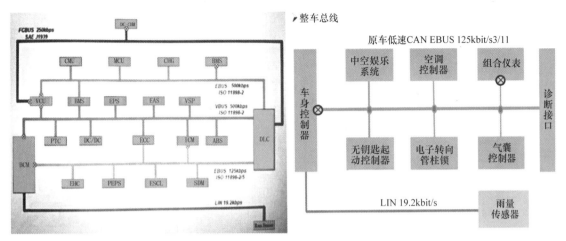

图 1-31　EX360 网络控制图

（3）故障排除　此车故障现象明显，按照控制逻辑排除法，排除 EVCOM 上的各用户，结合原厂电路图及诊断仪快速排除故障。

5. 北汽电动汽车动力电池断开警告灯点亮故障

（1）故障现象　一辆北汽 EV200 经常出现无法使用慢充系统给车辆充电的故障。同时，连接车辆慢充线束后，接通电源开关，发现动力电池断开警告灯点亮，如图 1-32 所示。

（2）故障诊断　动力电池断开警告灯点亮表明该车高压电气系统存在故障，整车高压回路被断开。动力电池断开警告灯在车辆进行慢充时点亮，初步判断可能是慢充系统故障引发的汽车高压电气系统故障。

连接车外充电器，如图 1-33 所示，220V 电源灯点亮，说明外接电源供电正常。在电源开关断开的情况下，仪表板上的慢充线束连接指示灯点亮（图 1-34），但充电指示灯却未被点亮，如图 1-35 所示。慢充线束连接指示灯点亮说明慢充线束连接正常，否则报"请连接充电枪"；充电指示灯未点亮说明该车未进入充电状态。接通电源开关，动力电池断开警告灯点亮，则确认慢充系统故障已经引发了汽车高压电气系统断开故障。

图 1-32　动力电池断开警告灯

图 1-33　车外充电器

图1-34 慢充线束连接指示灯

图1-35 充电指示灯

打开前舱盖,观察车载充电机指示灯,如图1-36所示,发现Power(电源红色指示)灯点亮;Charge(充电指示)灯和Error(充电机内部故障报警指示)灯均未亮起。查阅维修手册,发现如下信息:Power灯为电源指示灯,当接通交流电后,电源指示灯亮起;Charge灯是充电指示灯,当充电机接通电池进入充电状态后,充电指示灯亮起;Error灯是充电机内部故障报警指示灯,当充电机内部有故障时亮起。

由此可知,慢充线束供电电源确定为正常,但动力电池未进入充电状态,Error灯未亮起说明车载充电机不存在故障,排除车载充电机本身有故障的可能。

打开电源开关后,重新接通电源开关,仔细地听动力电池正负继电器的吸合声,未发现"咔嗒"的吸合声,这表明动力电池继电器没有闭合动作。查阅维修手册发现:动力电池继电器未闭合的解决方案是,检查连接器是否正常连接,检查充电机输出唤醒是否正常。

由于慢充线束连接指示灯未点亮,说明慢充连接器已正常连接,车载充电机输出唤醒系统可能存在问题。故障范围已经指向了慢充电系统的输出唤醒系统。查找该车慢充系统电路总图的拆分图,如图1-37所示。从图1-37中发现,北汽EV200新能源汽车慢充电系统的唤醒信号是通过车载充电机的端子A15传输给集成控制器(VCU)的端子113,从而实现集成控制器(VCU)的慢充唤醒信号的激活,完成慢充电系统的连接。因此,检测可以从集成控制器(VCU)的端子113开始,如果端子113有信号电压则说明VCU损坏。由于Error灯未亮起,说明车载充电机工作正常,如果端子113无信号电压,则可以判定该线路或连接状况存在问题。

图1-36 车载充电机指示灯

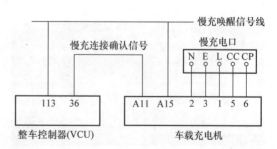
图1-37 北汽EV200慢充系统电路总图的拆分图

在慢充连接器正常连接的情况下,接通电源开关后,慢充线束连接指示灯点亮,说明车辆慢充线束已经连接好,由于慢充线束存在互锁关系,可以先排除慢充电口上CP信号通信及其他(N、E、L、CC线路)存在问题的可能性。

断开电源开关,拔下整车控制器(VCU)端子 121 导线连接器(VCU 导线连接器为左边较小的),找到整车控制器(VCU)端子 113,如图 1-38 所示。重新接通电源开关,测得端子 113 的电压为 0V,说明车载充电机端子 A15 未能将唤醒信号传输到集成控制器(VCU)处。

断开电源开关,拔下车载充电机 16 端子导线连接器,如图 1-39 所示,测量整车控制器(VCU)端子 113 与车载充电机端子 A15 之间的线路电阻,为 ∞,说明该线路确实出现断路故障。

(3)**故障排除** 更换该线束后试车,每次都能顺利充电,确认故障排除。

图 1-38 VCU 端子 121 导线连接器

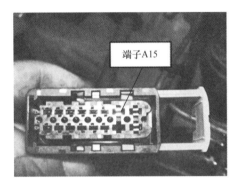

图 1-39 车载充电机 16 端子导线连接器

6. 北汽电动汽车 EU5 仪表显示电子驻车故障

(1)**故障现象** 北汽电动汽车 EU5,行驶里程 2000km,在行驶过程中,仪表台显示"电子驻车系统故障",有时车辆会从 D 档直接跳到 N 档,重新起动车辆后故障消失。

(2)**故障诊断** 首先确认故障,行驶中仪表台显示"电子驻车系统故障",如图 1-40 所示。

用诊断仪读取故障码,系统内存储有三个历史故障码:U1100887(MCU 与 ESK 通信丢失)、U110887(MCU 与 PCU 通信丢失)、U113047(MCU 反馈转矩命令校验错误故障)。单纯从数据上看不出问题,于是与车主当面沟通,经过询问,车主反映还有一个故障现象,故障车早上有时无法起动,报"P 档(旋钮式电子换档 ESK)系统故障"。由于此故障发生频率比较低,建议对汽车进行观察试车,仪表板显示"请检查档位系统",如图 1-41 所示。将故障车与一辆正常车的档位指示灯作对比,如图 1-42 所示,故障车(左)档位指示灯不亮,正常车(右)档位指示灯亮起。在发生故障时,拆掉档位开关测量插头数据,数据正常。安装好,重新起动车辆故障消失。经过反复起动车辆,让故障重现,每次都是重新起动就好了。

图 1-40 显示"电子驻车系统故障"

图 1-41 显示"请检查档位系统"

通过查阅电路图可找出这两个故障的共同点。此系统属于 CBUS 的底盘 CAN 总线系统，如图 1-43 所示，PEU U22（整车控制器）、EPB 模块 B40（电子驻车制动）、P 档控制器 I42、旋钮式电子换档 ESKI41、ABS U13（防抱死制动控制单元）、真空泵控制器 P04、EPS ECU 108（电子助力转向控制单元）、网关 145 同在一个 CAN 网络上。怀疑是高速 CAN 或者低速 CAN 的线路存在问题，EU5 车型通过 CAN 总线把整个车上的控制单元连接起来。

（3）故障排除　检查 CAN 总线的线束，发现 T16W/9 插头存在问题，如图 1-44 所示。阅读维修手册中的 T16W 插接件内容可知，如图 1-45 所示，9 号端子连接的是 CAN-H 线路。找到 T16W 插接件，如图 1-46 所示。拔开插接件，仔细检查发现 9 号端子的弹簧片没有弹起来，如图 1-47 所示，因而造成接触不良。对 9 号端子进行处理后装复，经试车，故障彻底排除。

图 1-42　档位指示灯对比
（左图为故障车，右图为正常车）

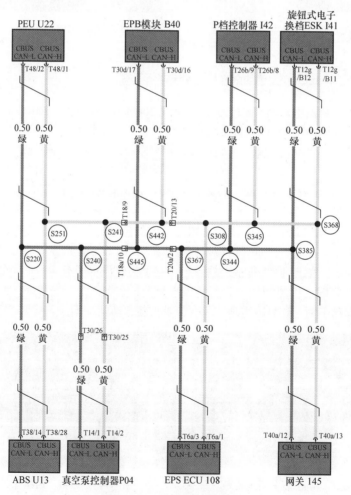

图 1-43　底盘 CAN 总线图

第一章 北汽电动汽车常见故障排除

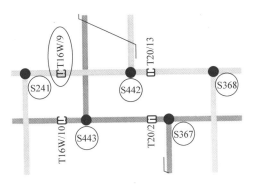

图 1-44　T16W/9 插头电路图

车身线束与前舱线束对接插头1(BU1/UB1)

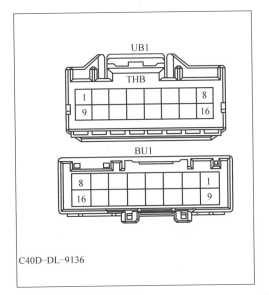

PP0457803(护套)
PP0137501(端子03-05)
PP0137502(端子125-15)
PP0130301(小端子03-05)
PP0479803(护套)
PP0117505(大端子03-05)
PP0117501(大端子075-125)
PP0117507(大端子20-25)

端子编号	定义
1	行人警示开关指示灯
2	行人警示开关
3	—
4	—
5	—
6	—
7	倒车灯电源
8	后视镜加热电源
9	CBUS CAN-H
10	CBUS CAN-L
11	后雾灯电源
12	—
13	—
14	ACC继电器控制
15	IG2继电器控制
16	IG1继电器控制

图 1-45　T16W 插接件及端子定义

图 1-46　T16W 插接件

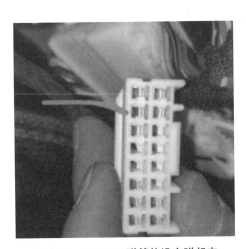

图 1-47　T16W/9 弹簧片没有弹起来

7. 北汽电动汽车充电指示灯长亮故障

（1）**故障现象**　一辆北汽EC180电动汽车，行驶里程仅为200km，最高行驶车速为10km/h，仪表板上的充电指示灯长亮。

（2）**故障诊断**　路试进行故障验证，故障现象确实存在。连接专用故障检测仪BDS进行快速检测，读取到动力电池模块（BMS）存储有故障码"P0A9409 DC/DC故障"。查看数据流，12V蓄电池显示电压为11.79V，偏低；动力电池电压显示为123.26V，正常。

查阅维修手册得知，当蓄电池电压低于12V并持续60s时，动力电池模块会触发生成故障码P0A9409。使用蓄电池检测仪检测蓄电池，正常。目视检查电机室内各导线连接、高压线束，均正常。根据故障现象分析，故障原因可能有：高压电路故障；DC/DC故障；低压电路故障。

该车高压电与低压电控制原理如图1-48所示，当BMS接收到电源控制开关接通信号时，BMS随即向DC/DC发出指令信号，DC/DC开始工作，将高压直流电转换为低压直流电（14V），供全车12V用电设备使用，还可为12V蓄电池充电。如果控制电路或DC/DC出现故障，DC/DC则不工作，同时仪表板上的充电指示灯点亮，车辆继续使用会导致蓄电池亏电。使用充电机给12V蓄电池充电，用BDS读取蓄电池电压数据流，如图1-49所示，接通电源控制开关，蓄电池电压为12.1V（应为13.5~14V），说明蓄电池未在充电状态。

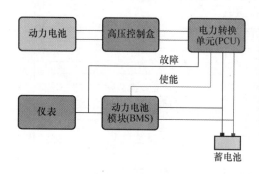

图1-48　高压电与低压电控制原理

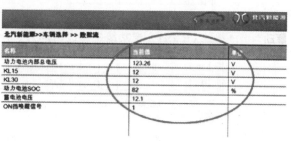

图1-49　读取蓄电池电压数据流

用万用表测量PCU的12V电源输出电压，为12.12V，如图1-50所示，异常，说明DC/DC未工作或损坏。

关闭电源控制开关，拔下PCU低压线束导线连接器，根据维修手册，分别测量端子4、端子12与车身之间的电阻，如图1-51所示，均为0Ω，正常；接通电源控制开关，测量端子5的电压，为11.76V，如图1-52所示，正常，说明BMS指令信号已经发出。

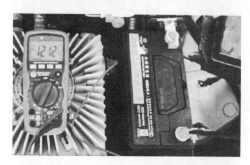

图1-50　测量PCU的12V电源输出电压

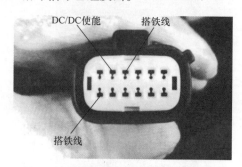

图1-51　PCU低压线束导线连接器端子

拆下蓄电池负极后等待 5min（电容放电），戴上绝缘手套，拆下高压控制盒，检查 DC/DC 熔丝和高压电路，正常。检查至此，初步判断为 DC/DC 损坏，需更换 PCU。为了确诊故障，维修人员采取了互换方式，将另一辆正常同款车的 PCU 装到故障车上，故障依旧，将故障车的 PCU 装到另一辆同款车上，测量 PCU 的 12V 电源输出端子的电压，为 14.12V，表明 DC/DC 工作正常，由此说明故障车的 DC/DC 没有问题。

重新调整诊断思路，再次对 PCU 各连接导线和导线连接器进行检查，当拆下导线连接器橡胶保护套时，发现导线连接器端子 5 有退针现象，如图 1-53 所示。由此推断，该车故障是由于 PCU 低压线束导线连接器端子 5 退针，导致 DC/DC 无法接收到 BMS 的指令信号，DC/DC 不工作所致；然后，当蓄电池电压低于 12V 时，全车用电设备无法正常工作，车辆进入跛行模式，且最高车速被限定在 10km/h。

图 1-52　测量 PCU 低压线束导线连接器端子 5 的电压　　图 1-53　PCU 低压线束导线连接器端子 5 退针

（3）**故障排除**　恢复并固定 PCU 低压线束导线连接器端子 5，用 BDS 清除故障码；接通电源控制开关，测量 12V 蓄电池电压，为 13.7V，说明 DC/DC 工作，路试时一切正常，故障排除。

8. 北汽电动汽车驱动电机故障排除

在进行下列检测步骤前，确认蓄电池电压为正常电压。

1）将点火开关置于 OFF 档。
2）将诊断仪 IMS-D60 连接至车辆诊断接口上。
3）将点火开关置于 ON 档。
4）用诊断仪读取、清除 DTC。

驱动电机系统常见故障码及含义见表 1-4，上述检测步骤中如果检测到故障码，则说明车辆有故障，要按照表 1-4 中的可能故障原因进行相应的诊断步骤；如果没有检测到故障码，则说明之前读取的故障为偶发性故障。

表 1-4　常见故障码及含义

故障码	定　义	可能故障原因
P0519	驱动电机超速保护故障	旋转变压器及其线路故障
P0520	驱动电机温度传感器短路故障	驱动电机温度传感器及其线路故障
P0772	驱动电机系统信号故障	供电熔丝熔断或线路故障 驱动电机控制器损坏
P1280	驱动电机过热故障	冷却液不足 冷却系统堵塞 冷却液泵不工作 散热风扇不工作
P1793	驱动电机发电模式失效故障	驱动电机控制器及其线路故障

9. 北汽电动汽车动力电池故障排除

（1）动力电池高压母线连接故障　此故障由 BMS 检测不到高低压互锁信号所致，排查步骤按箭头方向检查，如图 1-54 所示。

1）首先用万用表测量线束端的 12V 是否导通，若导通则进入下一步。

2）检查 MSD 是否松动，重新插拔后，若问题依然存在，则进入下一步。

3）插拔高压线束，看是否存在接触不良问题，若问题依然存在，则需联系电池工程师进行检测维修。

根据统计，此故障除了软件的误报之外，MSD 没插到位引起的故障占 70%，高压线束端问题占 20%，电池内部线束连接出问题的概率很小。

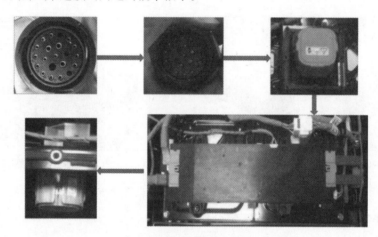

图 1-54　电池高压母线连接检查

（2）绝缘故障说明　无论电池自身还是电池外电路的高压回路上存在绝缘故障，电池都会上报故障，直接导致高压断开。在排查时，要先断开动力电池与其他部件的连接，然后用绝缘电阻表依次测量各部件的绝缘值。建议优先排查方向：高压盒、电机控制器、空调压缩机、PTC。

10. 北汽电动汽车充电系统常见故障及维修

（1）DC/DC 变换器常见故障——DC/DC 未正常工作

解决方案：

1）检查连接器是否正常连接。

2）检查高压熔丝是否熔断。

3）检查电能信号是否给出。

（2）车载充电机常见故障——充电桩显示车辆未连接

解决方案：检查车辆与充电桩两端是否反接。

（3）动力电池继电器未闭合

解决方案：检查连接器是否正常连接，检查充电机输出唤醒是否正常。

（4）电池继电器正常闭合，但充电机无输出电流

解决方案：检查车端充电枪是否连接到位，检查高压熔丝是否熔断，检查高压连接器及线缆是否正确连接。

11. 北汽电动汽车高压互锁故障排查

（1）**故障现象**　整车报高压故障。
（2）**故障原因**　某个高压插件未插或未插到位，造成高压互锁，如图 1-55 所示。

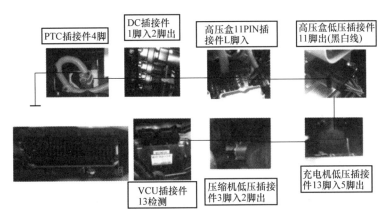

图 1-55　高压互锁回路

（3）**常见的高压互锁问题**　高压互锁回路（High Voltage Interlock Line）简称 HVIL。常见问题包括 PTC、DC/DC、高压盒、车载充电机、空调压缩机高低压插接件未插。

（4）**高压互锁设计的目的**

1）整车在高压上电前确保整个高压系统的完整性，使高压处于一个封闭环境下工作，提高安全性。

2）当整车在运行过程中高压系统回路断开或者完整性受到破坏时，需起动安全防护，如图 1-56 所示。

3）防止带电插拔高压连接器对高压端子造成拉弧损坏。

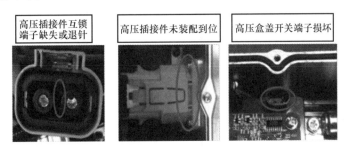

图 1-56　高压系统高压盒盖开关端子损坏

12. 北汽电动汽车 VCU 损坏无法行驶故障

（1）**故障现象**　一辆北汽纯电动汽车，行驶里程 3000km。故障现象为车辆无法行驶，动力电池断开故障灯和整车系统故障灯报警。

（2）**故障诊断与排除**　由于气囊故障，更换主副安全气囊，更换安全气囊电控单元。拆下机舱内所有高压部件和二次支架及机舱线束，进行外围部件更换，线束和高压部件外壳未变形受损。

目测机舱内低压线束和高压线束（包括熔丝盒）没有破损、变形和挤压，高压部件（MCU、DC/DC、高压控制盒、车载充电机）外观没有受损挤压变形现象。

修复好之后开了一段距离，就无法行驶了，动力电池断开故障灯和整车系统故障灯都点亮了。检查发现，将加速踏板踩到底，仪表会黑屏或无规律闪烁、电动真空助力泵常转。认为是剩余电量不足，于是进行慢充。

在充电时还观察了机舱的情况，打开前舱盖，观察车载充电机，发现充电机散热风扇不转。用手触摸车载充电机散热片，如图1-57所示，能明显感觉到发热现象，无法充电。随后打开高压控制盒，进行高压熔丝测量。发现车载充电机的高压熔丝并没有烧毁，而其余的三个高压熔丝全部烧毁，在PTC控制器电路板上有一处IC芯片也烧毁了，如图1-58所示。

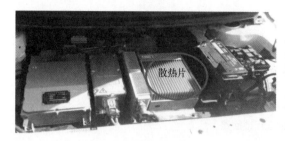
图1-57　车载充电机散热片

图1-58　高压控制盒内烧坏的元件

开始对与烧毁熔丝相连接的高压部件进行逐一拆解检查，接着又对DC/DC进行拆解，拆开后发现DC/DC电路板上有一蓝色的圆片，如图1-59所示，插件已烧毁，模块也有烧蚀的迹象。所有烧毁的部件除了电子空调压缩机外，都更换了新的部件后试车，结果车辆还是不能行驶。

对车辆进行了仔细观察，怀疑高压部件烧毁可能与维修时不正确操作有关。检查了高压系统（B类电压系统）所有的连接插头和极性，插头紧实牢固，极性全都正确。将点火开关转到ON档，低压系统（A类电压系统）可以供电时，对该车用专用检测诊断仪读码，发现除了安全气囊电控单元可以与检测仪建立通信外，其余模块均无法通信。在清除安全气囊电控单元故障码后，如图1-60所示故障码并没有再出现。

图1-59　DC/DC模块内部烧坏

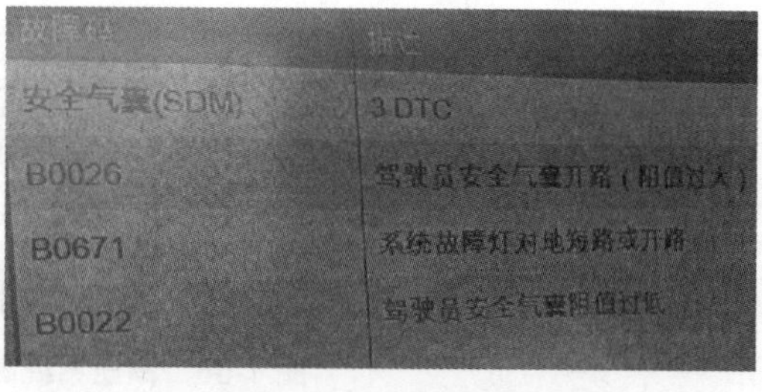

图1-60　安全气囊相关故障码

由于检测诊断仪与VCU、动力电池无法建立通信，对低压总熔丝和熔丝盒进行了检测，熔丝与同款正常车辆对比，除了真空助力泵的熔丝拔出外（因为出现常转故障，在车辆不能行驶之后就把其熔丝拔出了，此故障为常见故障，发生概率比较高，一般情况下更换真空罐压力开关就可以修复此故障），其他都良好。

如图1-61所示，检查点火开关发现各档位、VCU供电均正常，15号线继电器工作也正常，网络CAN线也无短路或断路现象。由于VCU在整车控制策略里权位最高、优先级最高，因此判断故障原因是VCU损坏。

说明：纯电动汽车动力系统主要包括动力电池、驱动电机等部件以及整车控制器、电机控制器等，通过机械连接、电气连接以及 CAN 总线连接来保证各个部件间的协调运行，实现纯电动汽车整车性能以及经济性的要求，动力系统结构如图 1-62 所示。

对于纯电动汽车而言，整车控制器是车辆的大脑，它应该具有以下功能。

图 1-61 所有熔丝良好

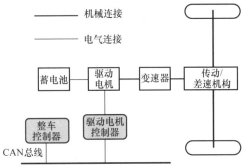

图 1-62 纯电动汽车的动力系统结构

1）对汽车行驶功能的控制：整车控制器通过对驾驶人意图识别和车辆状态的分析，在满足车辆安全性的基础上，对动力电池放电电流和电机输出转矩进行控制，使得车辆各个部件能够协调运行。

2）制动能量回收控制：纯电动汽车以电机作为驱动转矩的输出机构。电机具有回馈制动性能，此时电机作为发电机，利用制动能量发电，将此能量存储在储能装置中。在这一过程中，整车控制器根据加速踏板和制动踏板的开度以及动力电池的 SOC 值来判断某一时刻能否进行制动能量回馈，如果可以进行，整车控制器向电机控制器发出制动指令，回收部分能量。

3）能量优化控制和管理：为了使电动汽车具有最大的续驶里程，必须对能量进行优化管理，以提高能量的利用率。

4）车辆状态的监测和显示：整车控制器应该对车辆的状态进行实时检测，来确定车辆状态及其各子系统状态信息，驱动显示仪表，将状态信息和故障诊断信息通过显示仪表显示出来。显示内容包括车速、SOC、电流等指示信息等。

5）故障诊断和处理：对整车控制系统进行实时监控，进行故障报警和诊断。故障指示灯指示出故障并进行报警，根据故障内容，及时进行相应安全保护处理，如图 1-63、图 1-64 所示。

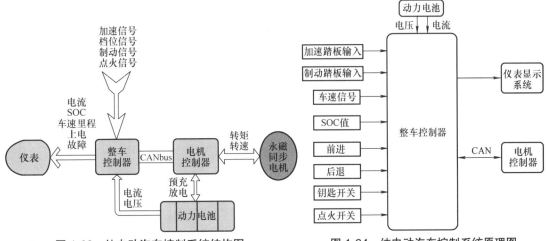

图 1-63 纯电动汽车控制系统结构图　　图 1-64 纯电动汽车控制系统原理图

13. 北汽电动汽车 EPS 故障诊断

EPS 故障诊断流程如图 1-65 所示。诊断步骤、故障现象见表 1-5、表 1-6。EPS 端子含义如图 1-66 所示。

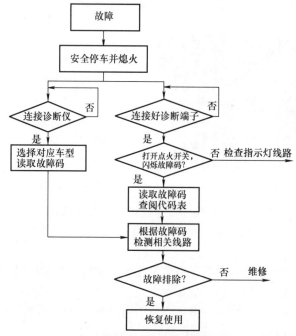

图 1-65　EPS 故障诊断流程图

表 1-5　诊断步骤

步骤	操　作	是	否
1	主熔丝和线路熔丝是否完好	进入第 2 步	主熔丝和线路熔丝断
2	1. 打开点火开关 2. 检查终端 "D8" 和控制盒体接地之的电压 3. 是电池电压吗	进入第 3 步	整车信号线断开或短路
3	1. 检查终端 "A1" 和控制盒体接地之间的电压 2. 是电池电压吗	进入第 4 步	整车电源线断开或短路
4	整车无助力可以行驶	进入第 5 步	CAN 通信不畅
5	插头与 EPS 控制盒之间连接是否牢靠	如果上述各项都正常，更换 EPS 控制盒，重新检查	接地不良

表 1-6　故障现象

故障现象	可能的原因	修理方法
1. 转向沉重	● 插接件未插好 ● 线束接触不良或破损 ● 转向盘安装不正确（扭曲） ● 扭矩传感器性能不良 ● 转向器故障 ● 车速传感器性能不良 ● 主熔丝和线路熔丝烧坏 ● EPS 控制器故障	插好插头 更换线束 正确安装转向盘 更换转向器 更换转向器 更换车速传感器 更换熔丝 更换控制器
2. 直行时总是偏向一侧	● 扭矩传感器性能不良	更换转向器
3. 转向力不平顺	● 扭矩传感器性能不良	更换转向器

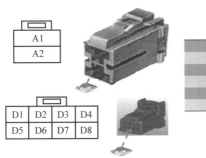

图 1-66　EPS 端子含义

14. 北汽 EX360 PEU 控制电路故障排查

在进行电路故障排查时，请牢记大部分故障源自熔丝、插头和线路故障，并遵循"从易到难、从外到内"的原则，控制器及其软件损坏的概率非常低，应先检查高压母线的熔丝后再进行控制电路的检查。

（1）DC/DC（PDU）控制电路排查

1）检查 DC/DC 电源：拔下 PDU 35 针插件，用万用表直流电压档测量 35 针插件 3 号端子与蓄电池负极之间应该有 12V 蓄电池电压；如无电压则检查前机舱熔丝盒 FB02 熔丝是否烧坏，如熔丝正常则检查 FB02 熔丝与 35 针插件 3 号端子线路是否导通，如图 1-67 所示。

2）检查 DC/DC 负极：拔下 PDU 35 针插件，用万用表电阻档测量 35 针插件 5、6 号端子与车身搭铁之间是否导通，如果不导通，则检查线束与针脚，如图 1-68 所示。

图 1-67　检查 DC/DC 电源

图 1-68　检查 DC/DC 负极

3）检查 DC/DC 使用信号：拔下 PDU 35 针插件，用万用表直流电压档测量 35 针插件 17 号端子与蓄电池负极之间应该有 12V 电压，如无电压，则用万用表电阻档测量 35 针插件 17 号端子与 VCU 62 端子之间是否导通，如图 1-69 所示。

（2）快充继电器电路排查

1）检查快充继电器电源：拔下 PDU 35 针插件，用万用表直流电压档测量 35 针插件 4 号端子与蓄电池负极之间应该有 12V 电压，如无电压，则检查熔丝 FB02 是否熔断，如熔丝正常，则检查熔丝与 35 针插件 4 号端子线路是否导通，如图 1-70 所示。

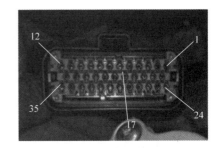

图 1-69　检查 DC/DC 使用信号

2）检查快充正极继电器控制电路：拔下 PDU 35 针插件，用万表电阻档测量 35 针插件 24

号端子与 VCU 118 号端子之间应导通，不导通则维修线路，如图 1-71 所示。

图 1-70　检查快充继电器电源

图 1-71　检查快充正极继电器控制电路

3）检查快充负极继电器控制电路：拔下 PDU 35 针插件用万用表电阻档测量 35 针插件 25 号端子与 VCU 116 号端子之间应导通，不导通则维修线路，如图 1-72 所示。

（3）PTC 控制电路排查

1）检查 PTC 控制器电源：拔下 PDU 35 针插件，用万用表直流电压档测量 35 针插件 28 端子与蓄电池负极之间应该有 12V 蓄电池电压，如无电压则检查前机舱熔丝盒 FB11 熔丝是否烧坏，如熔丝正常则检查 FB11 熔丝与 35 针插件 28 号端子线路是否导通，如导通，则检查前舱电器盒内的空调系统继电器，如图 1-73 所示。

图 1-72　检查快充负极继电器控制电路

图 1-73　检查 PTC 控制器电源

2）拔下 PDU 35 针插件，用万表电阻档测量 35 针插件 5、6 号端子与车身搭铁之间是否导通，不导通则排查车身搭铁点或前机舱线束，如图 1-74 所示。

3）检查 PTC 温度传感器电路：拔下 PDU 35 针插件，用万表电阻档测量 35 针插件 18 号端子与 19 号端子之间，当温度为 3℃ 左右时，传感器电阻应在几十到几百 kΩ，如果电阻为无穷大，则检查温度传感器，如图 1-75 所示。

图 1-74　检查与车身搭铁之间是否导通

图 1-75　检查 PTC 温度传感器电路

（4）CAN 通信电路排查

1）将低压控制电路故障排除后，如果还有未能排除的故障，则要考虑各模块之间的通信问题。拔下 PDU 35 针低压插件，测量 7、8 号端子之间应有 60Ω 左右的电阻，否则检查新能源 CAN 上的并联电路，如图 1-76 所示。

2）将点火开关转到 ON 档，测量 7 号端子对地电压应为 2.5V 左右，测量 8 号端子对地电压应为 2.0V 左右。

3）测量 9 号端子与地电阻应为无穷大，测量 10 号端子与地之间的电阻应为 0~5Ω，否则更换新能源 CAN 线，如图 1-77 所示。

图 1-76　测量 7、8 号端子

4）测量 9、10 号端子之间的电阻应在 60Ω 左右，否则检查原车 CAN 线上的并联电阻。

5）将钥匙转到 ON 档，测量 11 号端子对地电压应在 2.5V 左右，测量 12 号端子对地电压应在 2.0V 左右，如图 1-78 所示，否则更换 CAN 线束或相关控制器。

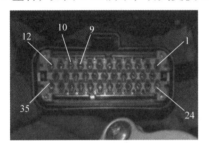

图 1-77　测量 9、10 号端子

图 1-78　测量 11 号端子

15. 北汽电动汽车电机控制器电路故障排查

（1）**检查电机控制器电源**　拔下电机控制器 35 针插件，用万用表直流电压档测量 35 针插件 1 号端子与 24 号端子之间应该有 12V 蓄电池电压，如无电压检查熔丝 FU10 是否烧坏，如熔丝正常，则检查熔丝与 35 针插件 1 号端子线路是否导通，检查 24 号端子与车身搭铁之间是否导通如图 1-79 所示。

（2）**检查 CAN 线**　拔下电机控制器 35 针插件，用万用表电阻档测量 35 针插件 31 号端子与 VCU 插件 104 号之间是否导通，35 针插件 32 号端子与 VCU 插件 111 号之间是否导通，如图 1-80 所示。

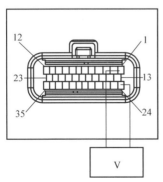

图 1-79　检查电机控制器电源

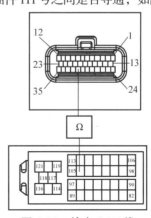

图 1-80　检查 CAN 线

16. 北汽电动汽车驱动电机故障码分析与排除

在检修过程中,当整车仪表报出驱动电机故障时(一般情况不会显示具体故障,只是简单报出"驱动电机故障""驱动电机过热"或者"驱动电机冷却液过热""超速"等),应使用PCAN或者故障诊断仪读取电机控制器报出的具体故障,并进行相应处理。

当报出驱动电机故障,可以按一些常见故障进行处理,见表1-7。

表1-7 常见故障处理

序号	故障名称	故障码	可能的原因	售后处理方法
1	MCU直流母线过电压故障	P114017	1. 电机系统突然大功率充电 2. 发电状态下高压回路非正常断开	1. 若其他节点也上报直流母线过电压故障,则优先排查其他子系统和高压供电回路可能存在的问题 2. 否则将SDK数据反馈给电机工程师进行分析,如果故障期间母线电压确实超过上限阈值,则不需要派工 3. 如果故障期间母线电压未超过上限阈值,则需要派工
2	MCU直流母线欠电压故障	P114016	1. 电机系统突然大功率放电 2. 电池SOC低 3. 电动状态下高压回路非正常断开	1. 若其他节点也上报直流母线欠电压故障,则优先排查其他子系统和高压供电回路可能存在的问题 2. 否则将SDK数据反馈给电机工程师进行分析,如果故障期间母线电压确实超过下限阈值,则不需要派工 3. 如果故障期间母线电压未超过下限阈值,则需要派工
3	MCU IGBT驱动电路过电流故障(U/V/W)	P116016 P116116 P116216	1. 驱动电源欠电压 2. 电机短路 3. 转子位置信号异常 4. 相电流信号异常 5. 软件失控	检查MCU软、硬件版本,若软硬件版本正确,则立即更换MCU
4	MCU相电流过电流故障	P113519	1. 电机短路 2. 转子位置信号异常 3. 相电流信号异常 4. 负载突然变化 5. 线束短路	1. 如果重新上电,车辆恢复正常,则不需要派工。同时将信息反馈工程院电机工程师 2. 如果重新上电车辆不能恢复正常,可能MCU存在硬件故障或软、硬件版本问题,则需要派工
5	电机超速故障	P0A4400	1. 整车负载突然降低(如冰面打滑) 2. 电机控制失效	1. 如果重新上电,车辆恢复正常,则不需要派工。同时将信息反馈工程院电机工程师 2. 如果重新上电车辆运行故障再次出现,可能存在MCU硬件故障或软、硬件版本问题,则需要派工
6	MCU IGBT过温故障(U/V/W)	P117098/ P117198/ P117298	1. MCU长期负载运行 2. 冷却系统故障	1. 如果间隔一段时间重新上电,车辆恢复正常,则不需要派工。同时将信息反馈工程院电机工程师 2. 如果间隔一段时间重新上电,车辆运行重复出现故障,则按以下方法处理: (1)首先优先排查风扇、水泵及其驱动电路故障,若异常,则联系冷却系统派工解决 (2)然后优先排查是否缺冷却液,若缺冷却液,则及时补冷却液 (3)若不缺冷却液,排查冷却管路是否存在堵塞和漏水,若冷却管路存在堵塞和漏水,则进行排查解决 (4)若冷却液和冷却管路均无问题,则需要派工

（续）

序号	故障名称	故障码	可能的原因	售后处理方法
7	MCU过温故障	P117F98	1. 电机长期大负载运行 2. 冷却系统故障	1. 如果间隔一段时间重新上电，车辆恢复正常，则不需要派工。同时将信息反馈技术中心电机工程师 2. 如果间隔一段时间重新上电，车辆运行重复出现故障，则按以下方法处理： （1）首先优先排查风扇、水泵及其驱动电路故障，若异常，则联系冷却系统派工解决 （2）然后优先排查是否缺冷却液，若缺冷却液，则及时补冷却液 （3）若不缺冷却液，排查冷却管路是否存在堵塞和漏水，若冷却管路存在堵塞和漏水，则进行排查解决 （4）若冷却液和冷却管路均无问题，则需要派工
8	电机过温故障	P0A2F98	1. 电机长期大负载运行 2. 冷却系统故障	1. 如果间隔一段时间重新上电，车辆恢复正常，则不需要派工。同时将信息反馈技术中心电机工程师 2. 如果间隔一段时间重新上电，车辆运行重复出现故障，则按以下方法处理： （1）首先优先排查风扇、水泵及其驱动电路故障，若异常，则联系冷却系统派工解决 （2）然后优先排查是否缺冷却液，若缺冷却液，则及时补冷却液 （3）若不缺冷却液，排查冷却管路是否存在堵塞和漏水，若冷却管路存在堵塞和漏水，则进行排查解决 （4）若冷却液和冷却管路均无问题，则需要派工
9	电机三相电流校验故障	P112164	1. 电流传感器零漂严重 2. 电流反馈信号异常 3. 交流侧相间绝缘异常	1. 如果重新上电，车辆恢复正常，则不需要派工。同时将信息反馈技术中心电机工程师 2. 如果重新上电车辆运行再次出现故障，则可能MCU存在硬件故障或软、硬件版本问题，需要派工
10	MCU相电流采样回路故障（U/V/W）	P118A12/ P118B12/ P118C12	1. 相电流传感器损坏 2. MCU内部硬件电路或线束损坏 3. MCU软件与硬件版本不匹配	可能MCU存在硬件故障或软硬件版本问题，需要派工
11	MCU位置信号检测回路故障	P0A3F00	1. 旋变线束损坏 2. 旋变解码硬件电路损坏	1. 优先检查外部旋变线束、电机侧低压插接件、MCU侧低压插接件 2. 若线束和插接件均正常，则可能存在MCU硬件故障，或软件版本问题，需要派工
12	MCU IGBT温度检测回路故障（U/V/W）	P11801C/ P11811C/ P11821C	1. MCU内部硬件电路故障或线束损坏 2. MCU软件与硬件版本不匹配	可能MCU存在硬件故障或软硬件版本问题，需要派工
13	MCU温度检测回路故障	P11881C	1. MCU内部硬件电路故障或线束损坏 2. MCU软件与硬件版本不匹配	可能MCU存在硬件故障或软硬件版本问题，需要派工

（续）

序号	故障名称	故障码	可能的原因	售后处理方法
14	电机温度检测回路故障	P0A001C	1. MCU 内部硬件电路故障或线束损坏 2. MCU 软硬件版本不匹配	1. 优先检查低压线束、电机侧低压插接件、MCU 侧低压插接件 2. 若线束和插接件均正常，可能存在 MCU 硬件故障，或软件版本问题，需要派工
15	MCU 直流母线电压采样回路故障	P11841C	1. MCU 内部硬件电路故障或线束损坏 2. MCU 软硬件版本不匹配	可能 MCU 存在硬件故障或软硬件版本问题，需要派工
16	MCU 直流母线电流采样回路故障	P0A5101	1. MCU 内部硬件电路故障或线束损坏 2. MCU 软硬件版本不匹配	可能 MCU 存在硬件故障或软硬件版本问题，需要派工
17	MCU 反馈转矩与转矩命令校验错误故障	P113064	1. MCU 动态响应速度慢 2. 电机转矩标定精度不高 3. MCU 软件失控 4. 电机电磁特性一致性较差 5. MCU 软硬件版本与电机零件号不匹配	1. 如果重新上电，车辆恢复正常，则不需要派工。同时将信息反馈技术中心电机工程师 2. 如果重新上电，车辆运行再次出现故障，则可能 MCU 存在硬件故障或软硬件版本问题，需要派工
18	转矩命令超限故障	U040186	1. VCU 发送指令错误 2. VCU 软硬件版本与车型不匹配	1. 如果重新上电，车辆恢复正常，则不需要派工。同时将信息反馈技术中心电机工程师 2. 如果重新上电，车辆不能恢复正常，则按以下方法处理： （1）优先排查 VCU 或 VMS 软硬件版本问题 （2）若 VCU 或 VMS 软硬件版本正确，则可能 MCU 软硬件版本不正确，需要派工
19	与 VCU 通信去失故障	U010087	1. VCU 发送报文失败 2. 线束问题（网络信号线（CAN 高、CAN 低）出现断路、网络信号线（CAN 高、CAN 低）之间短路、网络信号线（CAN 高、CAN 低）对地短路 3. 低压插接件接触不良 4. CAN 网络受干扰严重	1. 如果重新上电，车辆恢复正常，则不需要派工。同时将信息反馈技术中心电机工程师 2. 如果重新上电车辆不能恢复正常，则按以下方法处理： （1）若其他节点也上报与 VCU 通信丢失故障，则优先排查 VCU 问题 （2）否则可能是 MCU 硬件故障，则需要派工
20	电机系统高压暴露故障	P0A0A94	1. 存在不规范操作行为，即在未下电情况打开 MCU 维修盖板或拔掉高压直流 / 高压交流插头 2. 高压插接件接触不良 3. 维修盖板互锁开关损坏 4. MCU 硬件电路失效	1. 确认是否存在"在未下电情况下打开 MCU 维修盖板或拔掉高压直流 / 高压交流电缆"的不规范操作行为 2. 如果不存在上述不规范操作行为，重新上电若车辆恢复正常，则不需要派工。同时将信息反馈技术中心电机工程师 3. 若重新上电，车辆运行再次出现该故障，则可能存在插接件接触不良、互锁开关损坏、硬件电路失效等故障，或存在软硬件版本问题，需要派工
21	低压电源过电压故障	U300317	1. 低压蓄电池过度充电 2. MCU 软件与硬件版本不匹配	1. 若其他节点也上报低压供电过电压故障，则优先排查蓄电池、DC/DC 及低压供电电路问题 2. 否则可能存在线束、硬件故障或软件版本问题，需要派工

（续）

序号	故障名称	故障码	可能的原因	售后处理方法
22	低压电源欠电压故障	U300316	1. 低压蓄电池亏电 2. 低压供电线路故障 3. MCU软硬件版本不匹配	1. 若其他节点也上报低压供电欠电压故障，则优先排查蓄电池、DC/DC及低压供电电路问题 2. 否则可能存在线束、硬件故障或软件版本问题，需要派工
23	MCU电源模块故障	P11A01C	1. MCU电源模块硬件损坏 2. MCU软硬件版本不匹配	可能MCU存在硬件故障或软硬件版本问题，需要派工
24	MCU相电流传感器零漂故障（U/V/W）	P118A28/ P118B28/ P118C28	1. MCU内部硬件电路故障或线束损坏 2. MCU软硬件版本不匹配	可能MCU存在硬件故障或软硬件版本问题，需要派工
25	MCU直流母线电流传感器零漂故障	P118D28	1. MCU内部硬件电路故障或线束损坏 2. MCU软硬件版本不匹配	可能MCU存在硬件故障或软硬件版本问题，需要派工
26	MCU RAM故障	P060444	MCU主控芯片内部RAM损坏	1. 如果重新上电，车辆恢复正常，则不需要派工。同时将信息反馈技术中心电机工程师 2. 如果重新上电，车辆不能恢复正常，则可能是MCU存在硬件故障，需要派工
27	MCU ROM故障	P060545	MCU主控芯片内部ROM损坏	1. 如果重新上电，车辆恢复正常，则不需要派工。同时将信息反馈技术中心电机工程师 2. 如果重新上电，车辆不能恢复正常，则可能是MCU存在硬件故障，需要派工
28	MCU EEPROM故障	P062F46	1. MCU内部EEPROM芯片损坏或相关硬件电路故障 2. MCU内部EEPROM虚焊 3. MCU内部电路板抗电磁干扰性能差	1. 如果重新上电，车辆恢复正常，则不需要派工。同时将信息反馈技术中心电机工程师 2. 如果重新上电，车辆不能恢复正常，则可能是MCU存在硬件故障，需要派工

17. 北汽电动汽车PTC常见故障及排除

1）PTC常见故障处理见表1-8。

表1-8 PTC常见故障处理

故障	现象	原因及判断	检测及排除措施
PTC不工作	起动功能设置后，出风仍为凉风	1. 冷暖模式设置不正确 2. PTC本体断路 3. PTC控制回路断路 4. 内部短路烧毁高压熔丝 5. PTC控制器故障损坏 6. PTC温度传感器损坏	1. 检查冷暖模式设置是否选择较暖方向 2. 检查PDU观察指示灯情况及高压熔丝 3. 打开PDU，观察指示灯情况及高压熔丝 4. 测量PTC温度传感器在某一温度下的阻值，如损坏则更换 5. 更换PTC或PDU
PTC过热	出风温度异常升高或空调出风口有塑料焦煳气味	1. PTC控制模块内部IGBT损坏（短路，不能断开） 2. PTC温度传感器损坏	1. 断电更换相关部件 2. 测量PTC温度传感器在某一温度下的阻值，如损坏则更换

2）故障码定义。故障码定义见表1-9。

表1-9 故障码定义

序号	故障名称	故障码
1	模式风门电动机开路	B132015
2	模式风门电动机对电源短路	B132111
3	蒸发温度传感器开路或对电源短路	B131515
4	蒸发温度传感器对地短路	B131611
5	环境温度传感器开路或对电源短路	B131715
6	环境温度传感器对地短路	B131811
7	电源电压过电压	U300317
8	电源电压欠电压	U300316
9	与PTC断开连接	U015500
10	与EAS断开连接	U012200

18. 北汽电动汽车动力电池低压控制电路故障排除

（1）BMS电源电路检查

1）拔下BMS插件，测量B与G端子及H与J端子之间应该有12V蓄电池电压。

2）如无电压，则检查前机舱熔丝盒FB14、FB13熔丝是否烧坏，如熔丝正常，则检测BMS插件B端子与前机舱熔丝盒FB14、FB13之间是否导通。

3）如正极电路正常，则检查BMS插件G与J端子与车身搭铁是否导通，不导通则检修负极电路，如图1-81所示。

（2）BMS唤醒信号检查

1）拔下BMS插件，打开点火开关，置于ON档，BMS插件C端子与车身搭铁之间应有12V电压，如图1-82所示。

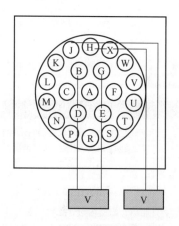

图1-81 BMS电源电路检查

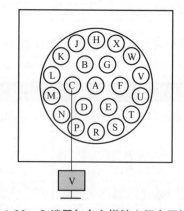

图1-82 C端子与车身搭铁之间电压检测

2）如无电压，则检测BMS插件C端子与VCU 81号端子电路是否导通或插件是否退针，如图1-83所示，如电路正常，则是VCU故障，应更换VCU。

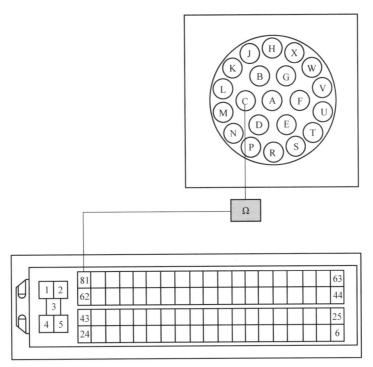

图 1-83 C 端子与 VCU 81 号端子电路检测

（3）CAN 线导通检查 拔下 BMS 插件，检查 P 端子与 VCU 111、R 端子与 VCU 104 号端子之间应该导通，如不能导通，则检查插件是否退针或线束问题，如图 1-84 所示。

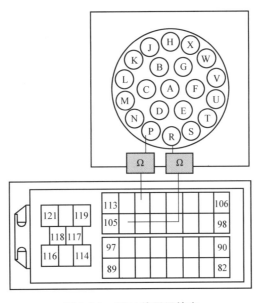

图 1-84 CAN 线导通检查

（4）故障码分析与处理方法 故障码分析与处理方法见表 1-10。

表 1-10 故障码分析与处理方法

序号	故障名称	故障码	可能的原因	售后处理方法
1	电池单体过电压	P118822	电机系统失控、充电机失控	1. 如果重新上电,车辆恢复正常,则不需要派工。如果重新上电车辆不能恢复正常,则需要派工 2. 充电过程出现该问题,进行派工(联系电池公司)
2	电池单体电压不均衡	P118522	电池单体一致性不好或者均衡效果不好	重新上电,反复进行几次慢充,如恢复正常,则不需要派工 2. 如仍频繁出现该故障,则需派工
3	电池外部短路	P118111	1. 高压回路异常 2. 高压负载异常	1. 如果重新上电,车辆恢复正常,则不需要派工 2. 如果重新上电,车辆不能恢复正常,则需要派工
4	电池内部短路	P118312	电池内部焊接、装配等问题	派工,派电池售后确认无故障后,诊断仪手动清除后重新上电
5	电池温度过高	P0A7E22	1. 电池热管理系统有问题 2. 电芯本身有问题 3. 电池装配节点松弛	1. 车辆断电,等待一段时间,温度突然降低。如果重新上电,车辆恢复正常,则不需要派工 2. 如果重新上电,车辆不能恢复正常,或者较短时间内温度仍迅速上升,则需要派工
6	温度不均衡	P118722	电池热管理系统故障	1. 车辆断电,重新上电,车辆恢复正常,则不需要派工 2. 如果重新上电后故障仍频繁出现,则需要派工
7	电池温升过快	P118427	1. 电池内部短路 2. 电池焊接、装配等问题引起火花	1. 车辆断电,等待一段时间,温度突然降低。如果重新上电,车辆恢复正常,则不需要派工 2. 如果重新上电,车辆不能恢复正常,或者较短时间内温度仍迅速上升,则需要派工
8	绝缘电阻低	P0AA61A	1. 高压部件内部短路 2. 高压回路对车身绝缘阻值下降	派工,确认无故障后,诊断仪手动清除后重新上电
9	充电电流异常	P118674	充电机故障或者充电回路故障	1. 如果重新上电,车辆恢复正常,则不需要派工 2. 如果重新上电,车辆不能恢复正常,则需要派工
10	电池系统内部通信故障	U025482	1. CAN 总线线路故障 2. BMU 或 BMS 掉线	1. 如果重新上电,车辆恢复正常,则不需要派工 2. 如果重新上电,车辆不能恢复正常,则需要派工
11	BMS 与车载充电机通信故障	U025387	1. CAN 总线线路故障 2. 车载充电机故障	1. 如果重新上电,车辆恢复正常,则不需要派工 2. 如果重新上电,车辆不能恢复正常,则需要派工
12	内部总电压检测故障(v1)	P118964	系统电压检测回路故障	1. 如果重新上电,车辆恢复正常,则不需要派工 2. 如果重新上电,车辆不能恢复正常,则需要派工
13	外部总电压检测故障(v2)	P118A64	系统电压检测回路故障	1. 如果重新上电,车辆恢复正常,则不需要派工 2. 如果重新上电,车辆不能恢复正常,则需要派工
14	BMS-EEPROM 读写故障	P119844	无	1. 如果重新上电,车辆恢复正常,则不需要派工 2. 如果重新上电,车辆不能恢复正常,则需要派工
15	高低压互锁故障	P0A0A94	高压插接件连接问题,零部件质量问题	1. 紧固高压连接件后,重新上电 2. 车辆恢复正常,则不需要派工 3. 如果重新上电,车辆不能恢复正常,则需要派工
16	加热元件故障	P119796	加热元件失效	该故障不影响行车和上电
17	负极继电器粘连	P0AA473	1. 继电器带载动作或者严重过电流 2. 负极继电器控制相关线路故障	1. 如果重新上电,车辆恢复正常,则不需要派工 2. 如果重新上电,车辆不能恢复正常,则需要派工

（续）

序号	故障名称	故障码	可能的原因	售后处理方法
18	预充继电器粘连	P0AE273	1. 继电器带载动作或者严重过电流 2. 预充继电器相关线路故障	需派电池售后确认无故障后，诊断仪手动清除后重新上电
19	正极继电器粘连	P0AA073	1. 继电器带载动作或者严重过电流 2. 继电器控制相关线路故障	需派电池售后确认无故障后，诊断仪手动清除后重新上电
20	负极继电器断路	P0AA572	1. 负极继电器控制相关线路故障 2. 负极继电器失效	1. 如果重新上电，车辆恢复正常，则不需要派工 2. 如果重新上电，车辆不能恢复正常，则需要派工
21	预充继电器断路	P0AE372	1. 预充继电器控制相关线路故障 2. 预充继电器失效	1. 如果重新上电，车辆恢复正常，则不需要派工 2. 如果重新上电，车辆不能恢复正常，则需要派工
22	正极继电器断路	P0AA272	1. 正极继电器控制相关线路故障 2. 正极继电器失效	1. 如果重新上电，车辆恢复正常，则不需要派工 2. 如果重新上电，车辆不能恢复正常，则需要派工
23	预充电阻断路	P11D213	预充继电器失效	1. 如果重新上电，车辆恢复正常，则不需要派工 2. 如果重新上电，车辆不能恢复正常，则需要派工
24	MSD/主熔丝断路	P0A9513	MSD开关故障或者熔丝断路	1. 如果重新上电，车辆恢复正常，则不需要派工 2. 如果重新上电，车辆不能恢复正常，则需要派工
25	内部总电压检测电路故障	P11D329	内部总电压检测电路异常	1. 如果重新上电，车辆恢复正常，则不需要派工 2. 如果重新上电，车辆不能恢复正常，则需要派工
26	外部总电压检测电路故障	P11D429	外部总电压检测电路异常	1. 如果重新上电，车辆恢复正常，则不需要派工 2. 如果重新上电，车辆不能恢复正常，则需要派工
27	总电流检测电路故障	P11D829	电流传感器故障	1. 如果重新上电，车辆恢复正常，则不需要派工 2. 如果重新上电，车辆不能恢复正常，则需要派工
28	BCU-EEPROM读写故障	P11D144	无	1. 如果重新上电，车辆恢复正常，则不需要派工 2. 如果重新上电，车辆不能恢复正常，则需要派工
29	正极继电器驱动通道故障	P11D574	高压板硬件故障	1. 如果重新上电，车辆恢复正常，则不需要派工 2. 如果重新上电，车辆不能恢复正常，则需要派工
30	预充电继电器驱动通道故障	P11D674	高压板硬件故障	1. 如果重新上电，车辆恢复正常，则不需要派工 2. 如果重新上电，车辆不能恢复正常，则需要派工
31	绝缘检测电路故障	P11D729	高压板硬件故障	1. 如果重新上电，车辆恢复正常，则不需要派工 2. 如果重新上电，车辆不能恢复正常，则需要派工
32	（高压板）VBU/VCU节点通信丢失	U025582	总线故障	1. 如果重新上电，车辆恢复正常，则不需要派工 2. 如果重新上电，车辆不能恢复正常，则需要派工
33	子板EEPROM读写故障	P121144	无	1. 如果重新上电，车辆恢复正常，则不需要派工 2. 如果重新上电，车辆不能恢复正常，则需要派工
34	子板单体电压采集电路故障	P121229	采集板电路故障	1. 如果重新上电，车辆恢复正常，则不需要派工 2. 如果重新上电，车辆不能恢复正常，则需要派工
35	子板模组电压采集电路故障	P121329	子板采集电路故障，导致底层采集到超范围的无效值	该故障不影响行车和上电，将信息反馈技术中心相应电池系统工程师
36	子板温度采集电路故障	P121429	子板采集电路故障	1. 如果重新上电，车辆恢复正常，则不需要派工 2. 如果重新上电，车辆不能恢复正常，则需要派工

（续）

序号	故障名称	故障码	可能的原因	售后处理方法
37	子板主动均衡通道故障	P121574	主动均衡回路通道没有响应控制	该故障不影响行车和上电，将信息反馈技术中心相应电池系统工程师
38	子板被动均衡通道故障	P121674	被动均衡回路通道没有响应控制	该故障不影响行车和上电，将信息反馈技术中心相应电池系统工程师
39	子板VBU/BMS节点通信丢失	P121782	总线故障	该故障不影响行车和上电，将信息反馈技术中心相应电池系统工程师
40	铜板松动（接触内阻加大）故障	P119B94	单体间连接内阻大导致充放电时单体比实际值偏差大	电池售后维护

19. 北汽电动汽车冷却系统常见故障排查

1）冷却系统常见的故障码见表1-11。

2）冷却系统常见无故障码诊断见表1-12。

表1-11 冷却系统常见的故障码

编号	故障名称	DTC	维修提示
1	低速风扇继电器驱动通道开路	P100A13	1. 检查风扇插件和线束 2. 更换风扇继电器
2	低速风扇继电器驱动通道对电源短路	P100A12	1. 检查风扇插件和线束 2. 更换风扇继电器
3	低速风扇继电器驱动通道对地短路	P100A11	1. 检查风扇插件和线束 2. 更换VCU
4	水泵继电器驱动通道开路	P100C13	1. 检查水泵插件和线束 2. 更换水泵继电器
5	水泵继电器驱动通道对电源短路	P100C12	1. 检查水泵插件和线束 2. 更换水泵继电器
6	水泵继电器驱动通道对地短路	P100C11	1. 检查风扇插件和线束 2. 更换VCU
7	高速风扇继电器驱动通道开路	P100D13	1. 检查风扇插件和线束 2. 更换风扇继电器
8	高速风扇继电器驱动通道对电源短路	P100D12	1. 检查风扇插件和线束 2. 更换风扇继电器

表1-12 冷却系统常见无故障码诊断

故障现象	故障分析	处理措施
水泵工作有异响（嗡嗡声）	首先分析车辆是在行驶中还是静止状态出现的异响，若以上两种情况均有，检查散热器内冷却液是否充足，补充后再进行试车，如还是存在异响，考虑为水泵出现故障	补充冷却液；若补充后，水泵异响仍然很大，更换水泵
仪表报出驱动电机过热	1. 水泵不工作/运转不顺畅 2. 水道堵塞 3. 冷却系统缺液 4. 散热器外部过脏 5. 散热器散热效果不佳，如散热器翅片发生变形、通风量降低等 6. 电子风扇不转	1. 检查水泵电路部分，更换相应元件（熔丝、继电器、线束）；更换水泵 2. 更换相关管路 3. 补充冷却液 4. 清理散热器表面脏污（如柳絮、昆虫等杂物） 5. 更换散热器 6. 检查电子风扇供电电路

20. 北汽电动汽车真空压力开关、电动真空泵检测及故障排除

（1）真空压力开关检测

1）将点火开关转到 ON 档，检测真空压力开关插头端子 3 是否有 5V 电压。若无，则检查 VCU 插头端 92 端子是否有 5V 电源输出；若无电压输出，则更换 VCU。若有，则检查真空压力开关插头端子 2 是否接地。若不接地，则维修线束，如图 1-85 所示。

2）将点火开关转到 ON 档，连续踩压制动踏板，观察真空压力开关端子 2 是否有电压变化，变化范围为 0.5～4.5V。若无，则更换真空压力开关。

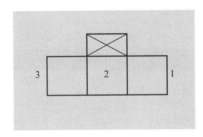

图 1-85 真空压力开关检测

（2）北汽电动汽车电动真空泵故障现象排除

1）连接电源后电动真空泵不转，见表 1-13。

表 1-13 连接电源后电动真空泵不转

序号	检查步骤	检查结果		操作方法
0	初步检查	正常	有故障	操作方法
	熔丝是否熔断	进行第 1 步	熔丝熔断	更换熔丝
1	检查蓄电池	正常	有故障	操作方法
	蓄电池是否亏电	进行第 2 步	蓄电池亏电	补充电量
2	检查控制器电路	正常	有故障	操作方法
	检查控制器电路是否正常	进行第 3 步	控制器线路短路断路	维修或更换线路
3	检查电动真空泵电路	正常	有故障	操作方法
	检查电动真空泵电路是否正常	进行第 4 步	电动真空泵电路线路短/断路	更换电动真空泵或更换线路
4	检查电动真空泵	正常	有故障	操作方法
	检查电动真空泵是否正常	进行第 5 步	电动真空泵损坏	更换电动真空泵
5	检查控制器	正常	有故障	操作方法
	检查控制器是否正常	进行第 6 步	控制器损坏	更换控制器
6	检查操作	正常	有故障	操作方法
	正确检修操作后，检查故障是否出现	诊断结束	故障未消失	从其他症状查找原因

2）接通电源后，真空度抽至上限设定值电机不停转，见表 1-14。

表 1-14 真空度抽至上限设定值电机不停转

序号	检查步骤	检查结果		
		正常	有故障	操作方法
0	初步检查			
	检查传感器是否正常	进行第 1 步	传感器损坏	更换传感器
1	检查电动真空泵			
	检查电动真空泵是否正常	进行第 2 步	电动真空泵损坏	更换电动真空泵
2	检查控制器			
	检查控制器是否正常	进行第 3 步	控制器损坏	更换控制器
3	检查操作	正常	有故障	操作方法
	正常检修操作后,检查故障是否出现	诊断结束	故障未消失	从其他症状查找故障原因

3)电动真空泵不能正常开启和关闭,见表 1-15。

表 1-15 电动真空泵不能正常开启和关闭

序号	检查步骤	检查结果		
		正常	有故障	操作方法
0	初步检查			
	熔丝是否熔断	进行第 1 步	熔丝熔断	更换熔丝
1	检查蓄电池	正常	有故障	操作方法
	蓄电池是否亏电	进行第 2 步	蓄电池亏电	补充电量
2	检查控制器电路	正常	有故障	操作方法
	检查控制器电路是否正常	进行第 3 步	控制器线路短/断路	维修或更换线路
3	检查电动真空泵电路	正常	有故障	操作方法
	检查电动真空泵电路是否正常	进行第 4 步	电动真空泵电路线路短/断路	更换电动真空泵或更换线路
4	检查传感器	正常	有故障	操作方法
	检查传感器是否正常	进行第 5 步	传感器损坏	更换传感器
5	检查真空管	正常	有故障	操作方法
	检查真空管路密封性	进行第 6 步	管路有损坏	更换真空管路
6	检查电动真空泵	正常	有故障	操作方法
	检查电动真空泵是否正常	进行第 7 步	电动真空泵损坏	更换电动真空泵
7	检查控制器	正常	有故障	操作方法
	检查控制器是否正常	进行第 8 步	控制器损坏	更换控制器
8	检查操作	正常	有故障	操作方法
	正确检修操作后,检查故障是否出现	诊断结束	故障未消失	从其他症状查找故障原因

(3)电动真空泵的检测

1)将点火开关转到 ON 档,一人踩制动踏板,另一人使用万用表电压档检查电动真空泵的供电插头端子 2 有无 12V 输出。若没有,则检查前舱电器熔丝 SB06 是否熔断。若未熔断,则使用万用表检查电动真空泵的供电插头端子 1 是否接地,端子 2 与 VCU 的端子 3 是否导通,若未接地或未导通,则需维修线束。电动真空泵端子检测如图 1-86 所示。

2)若线束均导通,则使用导线将电动真空泵的供电线与蓄电池正极连接,并检查真空泵是否正常工作。若真空泵不能工作,则返回厂家维修或更换新零件。

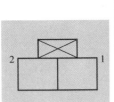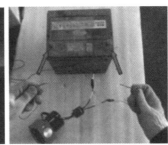

图 1-86　电动真空泵端子检测

21. 北汽电动汽车绝缘故障排查

（1）**故障现象**　动力电池报整车绝缘故障。

（2）**故障原因**　某个部件或插件引起绝缘阻值低。

（3）**排查方法**　由于高压互锁回路的存在，在使用排除法前需要将互锁回路接地，方法是将空调低压插件 2 脚有效搭铁，如图 1-87 所示。

将高压附件线束断开再逐一排查

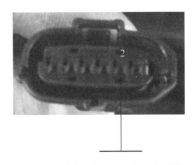

图 1-87　将空调低压插件 2 脚搭铁

22. 北汽电动汽车与快充桩无法通信故障

1）首先确保充电设备已经与车辆进行过匹配调试，工作状态正常，车辆能够正常行驶，如图 1-88 所示。

2）整车控制器（VCU）和动力电池管理系统（BMS）软件版本号为最新，快充测试时连接良好，如图 1-89 所示。

图 1-88　车辆进行过匹配调试　　　　图 1-89　快充测试时连接良好

3）检测车辆快充接口各连接端子有无损坏。

① 快充口连接端子导电圈脱落，如图 1-90 所示。

② 连接端子导电正常，如图 1-91 所示。

图 1-90　导电圈脱落

图 1-91　正常状态的充电口

4）确定快充接口和快充枪全部良好，无烧蚀和锈蚀现象，测试充电仍显示"通信故障"，则对快充口进行测量，如图 1-92 所示。

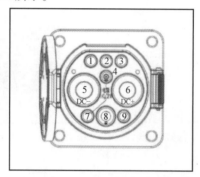

图 1-92　对快充口进行测量

1—S-：充电通信 CAN_L　2—CC2：充电连接确认　3—S+：充电通信 CAN_H　4—CC1：充电连接确认
5—DC-：直流电源负极　6—DC+：直流电源正极　7—A-：低压辅助电源负极
8—PE：车身地（搭铁）　9—A+：低压辅助电源正极

5）测量快充口 8 号端子与车身负极的电阻小于 0.5Ω，如果 8 号端子与接线端子不导通，则更换快充线束，如果 8 号端子与接地电阻不符，可能是螺钉松动、接触面锈蚀、螺纹处油漆未处理干净导致（如果快充口 8 号端子与车身连接不良，会出现快充无法操作，无法与车辆通信；打开点火开关后，可以快充并通信正常）。

6）测量 4 号和 7 号端子的电阻是否为（1000±50）Ω，如果电阻与标准不符，则更换快充线束，如图 1-93 所示。

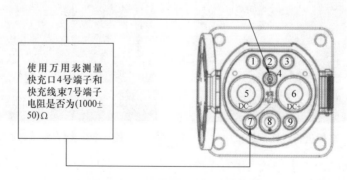

图 1-93　测量 4 号和 7 号端子的电阻

7）车辆与快充桩连接良好，启动充电，测试充电唤醒信号是否正常，看仪表是否唤醒。

① 未唤醒：测量前机舱低压电器盒内的 FB27 熔丝是否熔断，如熔断，检查线路后测试，如图 1-94 所示。

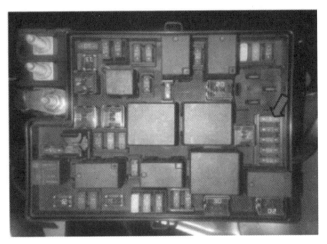

图 1-94　低压电器盒内的 FB27 熔丝

② 如果正常，则用万用表测量车辆该熔丝是否有快充唤醒电压，无电压则断开充电枪，（点火开关处于关闭状态）检查低压电机线束端快充线束连接插件端子有无退针、锈蚀、端子接触不良等现象，有问题则进行修复，没有则测量快充口 9 号端子和快充线束端 2 号端子是否导通，如不导通，则更换快充线束，如导通则继续测量，如图 1-95 所示。

③ 测量低压电机线束端快充线束插接件 2 号端子和前机舱低压电器盒 16 芯绿色插件 A5 号端子是否导通，如不导通，检查线束，如不能有效修复，则更换低压电机线束，如导通且插件端子良好而 FB27 熔丝没有唤醒电压，则更换前机舱低压电器盒，如图 1-96 所示。

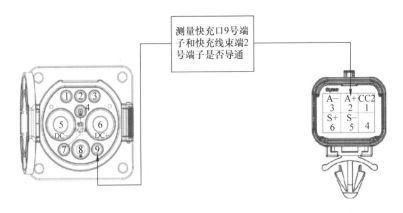

图 1-95　测量快充口 9 号端子和快充线束端 2 号端子是否导通

④ 测量前机舱低压电器盒 FB27 熔丝和背面的 J8/A7 是否导通，不导通则更换前机舱低压电器盒，导通则对低压电机线束继续检测，如图 1-97 所示。

⑤ 测量前机舱低压电器盒 FB27 熔丝和背面的 J11/A10 是否导通，不导通则更换前机舱低压电器盒，导通则对低压电机线束继续检测，如图 1-98 所示。

图 1-96 测量低压电机线束端快充线束插接件

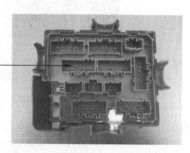

图 1-97 测量 FB27 熔丝和背面的 J8/A7 是否导通

图 1-98 测量 FB27 熔丝和背面的 J11/A10 是否导通

⑥ 测量前机舱低压电器盒红色 16 芯插件 J8 的 A7 端子（插件背面有标注）和 VBU 插件 T121/105 端子是否导通，不导通则检查线束，如对线束不能有效修复则应更换，如图 1-99 所示。

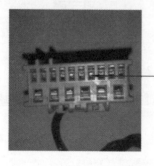

图 1-99 测量 A7 端子和 VBU 插件 T121/105 端子是否导通

⑦ 以上一步为例对 VCU 60 号端子与组合仪表的 32 芯插件的 4 号端子测量是否导通，不导通则检查线束，导通则检查仪表。

⑧ 快充时仪表已经唤醒，则从第 6 步直接对低压电机线束进行检查。

8）检查完快充唤醒信号及相关线束都正常，车辆仍旧不能通信，则对车辆端连接确认信号进行检测。

① 测量快充口 2 号端子（CC2）与快充线束低压 6 芯插件 1 号端子是否导通，不导通则检查有无退针，必要时修复，无法修复则更换快充线束，导通则对低压电机线束继续检测，如图 1-100 所示。

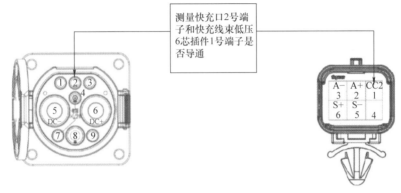

图 1-100　测量 2 号端子（CC2）与快充线束低压 6 芯插件 1 号端子是否导通

② 测量低压电机线束端快充连接插件的 1 号端子与整车控制器（VBU）插件的 17 号端子是否导通，电阻应小于 0.5Ω，如不符合标准值，对线束进行检查，不能修复则更换，如图 1-101 所示。

图 1-101　测量 1 号端子与整车控制器（VBU）插件的 17 号端子是否导通

9）对车辆进行快充测试，不能通信则继续检测，关闭点火开关，测量 1 号端子和 3 号端子的电阻是否为（60±5）Ω，如电阻不符则根据电路图检查相关电路。

① 测量快充口 1 号端子和快充线束端 5 号端子，如果不导通则更换快充线束，如图 1-102 所示。

② 测量快充口 3 号端子和快充线束端 6 号端子，如果不导通则更换快充线束，如图 1-103 所示。

③ 测量低压线束端快充线束插接件的 5 号端子与 6 号端子的电阻是否为（60±5）Ω，如图 1-104 所示，如果不符，则根据电路图继续检测。

④ 测量低压线束端快充线束插接件的 5 号端子与动力电池低压插件 T 端子之间的电阻应小于 0.5Ω，如图 1-105 所示，并检查插件端子无锈蚀和虚接现象，如不符合标准，则对线束进行修复，无法修复则更换线束总成。

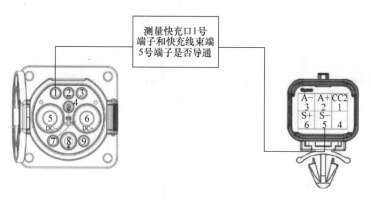

图1-102 测量快充口1号端子和快充线束端5号端子

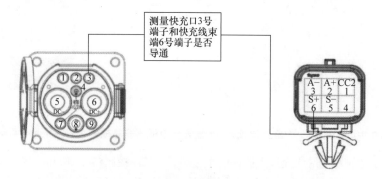

图1-103 测量快充口3号端子和快充线束端6号端子

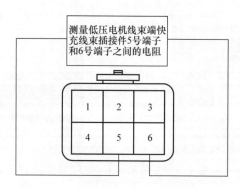

图1-104 测量低压线束端快充线束插接件

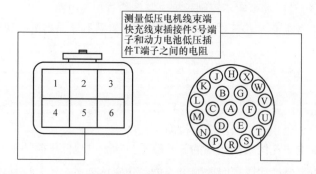

图1-105 测量5号端子与动力电池低压插件T端子之间的电阻

⑤ 测量低压线束端快充线束插接件的 5 号端子与数据采集终端插件 2 号端子之间的电阻应小于 0.5Ω，如图 1-106 所示，并检查插件端子无锈蚀和虚接现象，如不符合标准，则对线束进行修复，无法修复则更换线束总成。

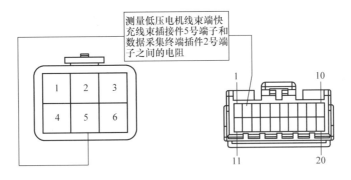

图 1-106　测量 5 号端子与数据采集终端插件 2 号端子之间的电阻

⑥ 测量低压线束端快充线束插接件的 6 号端子与动力电池低压插件 S 端子之间的电阻应小于 0.5Ω，如图 1-107 所示，并检查插件端子无锈蚀和虚接现象，如不符合标准，则对线束进行修复，无法修复则更换线束总成。

⑦ 测量低压电机线束端快充线束插接件 6 号端子与数据采集终端插件 1 号端子之间的电阻应小于 0.5Ω，如图 1-108 所示，并检查插件端子无锈蚀和虚接现象，如不符合标准，则对线束进行修复，无法修复则更换线束总成。

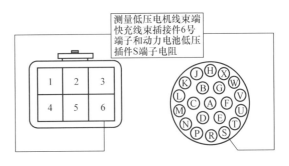

图 1-107　测量 6 号端子与动力电池低压插件 S 端子之间的电阻

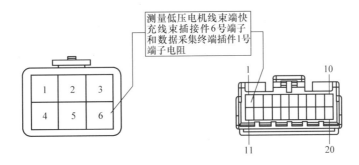

图 1-108　测量 6 号端子与数据采集终端插件 1 号端子之间的电阻

⑧ 如果测量结果不在（60±5）Ω 范围内，根据快充 CAN 总线所涉及的终端电阻和线束走向进行检查，如图 1-109 所示。快充 CAN 总线上的两终端电阻分别在数据采集终端和动力电池上安装，并联后的电阻是 60Ω。根据图 1-111，断开数据终端和动力电池低压插件。

⑨ 测量低压线束端快充线束插接件之间的电阻是否为 ∞，如图 1-110 所示，如果不符，则检查线束插件有无进水现象、线束是否有磨损、外侧保护层开裂、内部线束老化开裂现象，如不能有效修复，则更换低压电机线束。

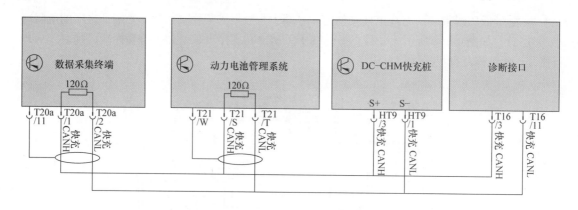

图 1-109　BMS 与数据采集终端

⑩ 如果断开数据端和动力电池低压插件后测量低压电机线束端快充线束插接件 5 号端子和 6 号端子之间的电阻是无穷大，则对数据采集终端的 20 芯插件 1 号端子和 2 号端子进行测量，电阻应为（120±5）Ω，否则更换数据采集终端，如图 1-111 所示。

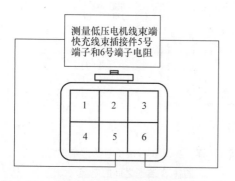

图 1-110　测量低压线束端快充线束插接件电阻

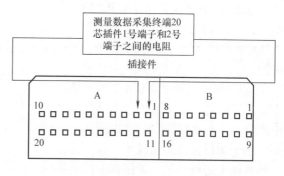

图 1-111　对数据采集终端的 20 芯插件 1 号端子和 2 号端子进行测量

⑪ 如果断开数据端和动力电池低压插件后测量低压电机线束端快充线束插接件 5 号端子和 6 号端子之间的电阻是无穷大，则对数据采集终端的 20 芯插件 1 号端子和 2 号端子之间的电阻进行测量，电阻应为（120±5）Ω，如果符合标准，则对动力电池的 S 端子和 T 端子测量电阻，应为（120±5）Ω，如果不符合标准，则联系动力电池厂家售后人员进行维修，如图 1-112 所示。

10）测量 7 号端子与车身负极的电阻小于 0.5Ω，如果 7 号端子与接地之间的电阻不符。

① 检查快充线束与低压电机线束连接的 6 针插件有无退针、虚接现象，如图 1-113 所示，用新能源专用端子测试工具进行测试，看端子有无母端连接过松现象。

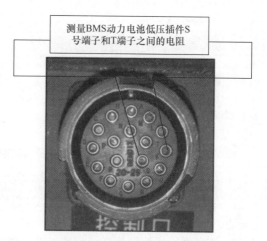

图 1-112　测量动力电池 S 端子和 T 端子电阻值

第一章 北汽电动汽车常见故障排除

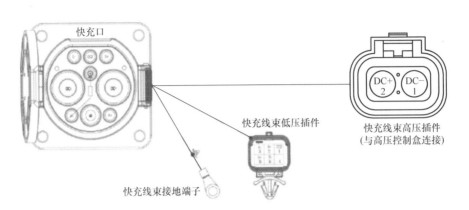

图 1-113 插件端子

② 检查低压线束的接地点有无松动、接触面锈蚀、螺纹处油漆未处理干净。接地点在左侧纵梁前方上部，如图 1-114 箭头所示。

③ 测量低压线束端快充线束插接件 3 号端子和搭铁点之间的电阻应小于 0.5Ω，如图 1-115 所示，如测量值与标准不符，则检查线束，如不能修复则更换低压电机线束。

11）如果车辆与快充桩还不能通信，则确认 VCU 及 BMS 软件版本是否为最新。

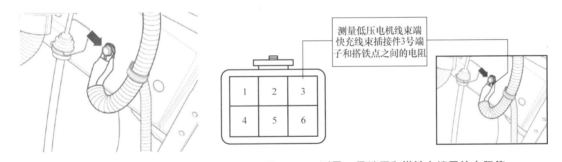

图 1-114 低压线束的接地点　　图 1-115 测量 3 号端子和搭铁点端子的电阻值

23. 北汽电动汽车与快充桩通信正常、无充电电流故障

1）快充桩显示连接正常，动力电池信息显示正常，无充电电流，如图 1-116 所示。

2）检查前机舱低压电器盒 FB22 熔丝是否损坏，如图 1-117 所示。如果损坏，对低压电机线束进行检测，如未损坏，则检查熔丝供电低压。

图 1-116 快充桩显示

图 1-117 电器盒 FB22 熔丝

3)如无电压,测量熔丝盒的供电端子与 FB22 熔丝,如不导通则更换低压电器盒,如导通则检查低压主熔丝如图 1-118 所示。

4)检查 PEU 低压插件 3、27 号端子有无电压(有电压则直接从步骤 7 开始),如图 1-119 所示。

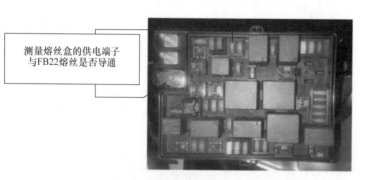
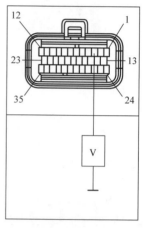

图 1-118 测量供电端子与 FB22 熔丝是否导通

图 1-119 检查 PEU 低压插件 3、27 号端子有无电压

5)如无电压,检查前机舱低压电器盒熔丝 FB22 与背面 J8 插件的 B1 端子,不导通则更换低压电器盒,如图 1-120 所示。

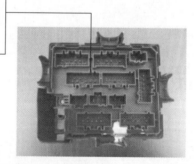

图 1-120 测量 FB22 与背面 J8 插件的 B1 端子

6)测量前机舱低压电器盒红色 16 芯插件 J8 的 B1 与 PEU 低压插件 3、27 号端子是否导通,如图 1-121 所示,如不导通,则对低压电机线束进行检查,如不能修复则更换,如导通,则检查高压控制盒快充继电器的负极控制信号。

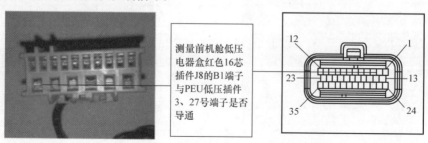

图 1-121 测量 J8 的 B1 与 PEU 低压插件导通性

7）检查快充负极继电器控制信号，快充启动后测量 PEU 低压插件 29 号端子是否有搭铁控制信号，如有搭铁信号，则检查 PEU 低压插件 28 号端子有无搭铁控制信号，如果也有搭铁信号且插件端子良好，则更换快充继电器，如图 1-122 所示。

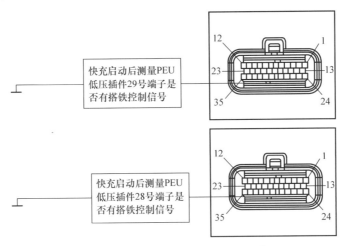

图 1-122　检查快充负极继电器控制信号

24. 北汽电动汽车车载充电机与充电桩连接故障

1）首先确保充电桩状态良好，符合国家标准，与北汽新能源各种电动车进行过调试并通过检验。

2）确认充电桩提供工作电压范围在 187～253V。

3）检查充电枪和充电口的各连接端子无烧蚀和损坏现象。

4）连接好充电线后，查看仪表连接指示灯状态。

① 仪表充电连接不亮。

② 测量充电桩端充电枪的 N 端子和车辆端的 N 端子是否导通，电阻应小于 0.5Ω，不符合则更换充电线总成，如图 1-123 所示。

图 1-123　测量充电桩端充电枪的 N 端子和车辆端的 N 端子是否导通

③ 测量充电桩端充电枪的 L 端子和车辆端的 L 端子是否导通，电阻应小于 0.5Ω，不符合则更换充电线总成，如图 1-124 所示。

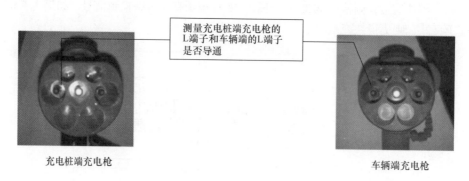

图 1-124　测量充电桩端充电枪的 L 端子和车辆端的 L 端子是否导通

④ 测量充电桩端充电枪的 PE 端子和车辆端的 PE 端子是否导通，电阻应小于 0.5Ω，不符合则更换充电线总成，如图 1-125 所示。

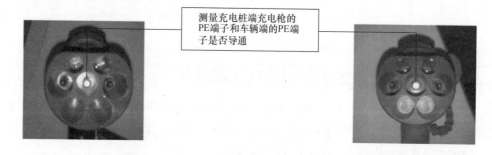

图 1-125　测量充电桩端充电枪的 PE 端子和车辆端的 PE 端子是否导通

⑤ 测量充电桩端充电枪的 CP 端子和车辆端的 CP 端子是否导通，电阻应小于 0.5Ω，不符合则更换充电线总成，如图 1-126 所示。

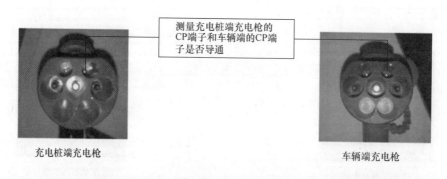

图 1-126　测量充电桩端充电枪的 CP 端子和车辆端的 CP 端子是否导通

⑥ 测量充电桩端充电枪的 CC 端子和 PE 端子是否导通，电阻应小于 0.5Ω，不符合则更换充电线总成，如图 1-127 所示。

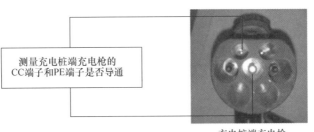

图 1-127　测量充电桩端充电枪的 CC 端子和 PE 端子是否导通

⑦ 测量充电桩端充电枪的 CC 端子和 PE 端子的电阻值，16A 充电线电阻应为（680±20）Ω，32A 充电线电阻应为（220±7）Ω，不符合则更换充电线总成。测量时，充电枪的解锁锁止按键需要保持在弹起状态。

⑧ 检查车辆充电枪解除锁止按钮是否卡滞，未能完全复位，如图 1-128 所示。

⑨ 充电线状态正常，启动充电后，充电机不工作，首先检查插件端子无烧蚀、虚接故障，继续对充电线束进行检测，测量充电口 L 端子与充电线束充电机插件 1 号端子应导通，电阻小于 0.5Ω，不符合标准则更换充电线束，如图 1-129 所示。

图 1-128　检查车辆充电枪解除锁止按钮

 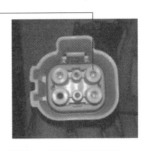

图 1-129　测量充电口 L 端子与充电线束充电机插件 1 号端子应导通

⑩ 测量充电口 N 端子与充电线束充电机插件 1 号端子应导通，电阻小于 0.5Ω，不符合标准则更换充电线束，如图 1-130 所示。

 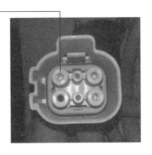

图 1-130　测量充电口 N 端子与充电线束充电机插件 1 号端子应导通

⑪ 测量充电口 PE 端子与充电线束充电机插件 3 号端子应导通，电阻小于 0.5Ω，不符合标准则更换充电线束，如图 1-131 所示。

图 1-131　测量充电口 PE 端子与充电线束充电机插件 3 号端子应导通

⑫ 测量充电口 CC 端子与充电线束充电机插件 5 号端子应导通，电阻小于 0.5Ω，不符合标准则更换充电线束，如图 1-132 所示。

图 1-132　测量充电口 CC 端子与充电线束充电机插件 5 号端子应导通

⑬ 测量充电口 CP 端子与充电线束充电机插件 6 号端子应导通，电阻小于 0.5Ω，不符合标准则更换充电线束，如图 1-133 所示。

⑭ 充电线束检查完毕，恢复后进行充电测试，如果车载充电机指示灯不亮，则更换车载充电机。

图 1-133　测量充电口 CP 端子与充电线束充电机插件 6 号端子应导通

⑮ 如果车载充电机工作正常，但无直流输出则检查 PEU 内的车载充电机熔断器是否损坏，如图 1-134 所示，如损坏则更换。

图 1-134　PEU 内的车载充电机熔断器

25. 北汽电动汽车慢充充电唤醒信号故障检查

1）检查前机舱低压电器盒 FB22 熔丝是否损坏，如图 1-135 所示，如损坏对低压电机线束进行检测，未损坏要向低压熔丝供电。

2）如无电压，测量熔丝盒的供电端子与 FB22 熔丝是否导通，如不导通则更换低压电器盒，导通则检测低压主熔丝，如图 1-136 所示。

图 1-135　FB22 熔丝

图 1-136　检查供电端子与 FB22 熔丝是否导通

3）如有电压，测量 FB22 熔丝与熔丝盒背面 J6 插件的 A8 端子是否导通，如图 1-137 所示，如不导通则更换低压电器盒，如导通检查低压线束。

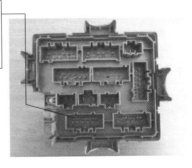

图 1-137　检查熔丝与熔丝盒背面 J6 插件的 A8 端子是否导通

4)检测低压线束前机舱低压电器盒黑色插件 J6 的 A8 端子与车载充电机的低压插件 A 端子导通如图 1-138 所示。不导通则检查线束,不能修复则更换,导通且插件良好继续检测唤醒信号。

图 1-138　检查 A8 端子与车载充电机的低压插件 A 端子导通

5)检测低压线束车载充电机的低压插件 C 端子与整车控制器插件的 113 号端子的导通,如图 1-139 所示。不导通则检查线束,不能修复则更换,导通且插件良好继续检测唤醒信号。

图 1-139　检测低压线束车载充电机的低压插件

6)连接好低压电机线束,充电状态下测量整车控制器插件 113 号端子有无电压,无电压更换充电机,如图 1-140 所示。

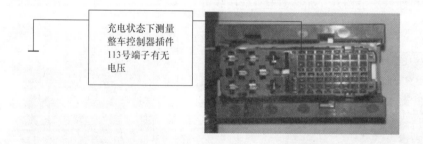

图 1-140　测量整车控制器插件 113 号端子有无电压

7)VBU 插件 113 号端子有电压,线束恢复后,仪表无充电指示,检查充电连接确认信号,如图 1-141 所示。

第一章 北汽电动汽车常见故障排除

图 1-141 检查充电连接确认信号

8）连接低压电机线束，充电状态下测量整车控制器插件 36 号端子有无电压，电压应低于 0.5V，否则检查充电线束和车载充电机，如图 1-142 所示。

图 1-142 测量整车控制器插件 36 号端子有无电压

9）检查动力电池总负继电器控制信号，检测整车控制器插件 81 号端子与动力电低压插件 C 端子导通，不导通检查线束，不能修复则更换，导通继续检查线束，如图 1-143 所示。

图 1-143 检测整车控制器插件 81 号端子与动力电低压插件 C 端子之间是否导通

26. 北汽电动汽车蓄电池电压低 / 高故障

北汽电动汽车 U300316 蓄电池电压低、U300317 蓄电池电压高故障可能原因见表 1-16。

表 1-16 故障可能原因

DTC	DTC 定义	可能的故障原因
U300316	蓄电池电压低	·蓄电池老化 ·DC/DC 未正常工作 ·负载短路
U300317	蓄电池电压高	·DC/DC 输出电压反馈电路故障导致输出电压过高

（1）DTC检测步骤

在进行下列步骤之前，确认蓄电池电压为正常电压。

1）关闭启动停止按键及所有用电器。

2）将诊断仪BDS连接至车辆诊断接口上。

3）打开启动停止按键至RUN档。

4）用诊断仪读取和清除DTC。

（2）使用最新的软件检测

1）关闭启动停止按键及所有用电器，3~5s后重新打开启动停止按键。

2）用诊断仪读取DTC。

3）如果读取到DTC，则说明车辆有故障，应进行相应的诊断。如果没有读取到DTC，则说明先前检测到的故障为偶发性故障。

（3）故障排除后重新验证DTC及症状是否存在

1）检查蓄电池充电线路是否正常，接线柱有无松动、锈蚀等。

是：维修线路，紧固或清洁接线柱。

否：下一步。

2）检查蓄电池电压是否在正常范围内。

是：下一步。

否：检修或更换蓄电池。

3）检查前舱电器盒熔丝EF23（10A）是否熔断。

是：更换熔丝。

否：下一步。

4）检查前舱电器盒熔丝PF01（175A）是否熔断。

是：更换熔丝。

否：下一步。

5）检查DC/DC输出电压是否正常。

DC/DC输出电压范围：（14±0.25）V。

是：下一步。

否：检修（联系售后技术支持）或更换PEU（DC/DC）。

6）启动停止按键置于OFF档时，断开电池管理系统连接插头（U19）T28，检查电池管理系统插头（U19）T28是否有裂痕和异常，如图1-144所示，检查端子是否腐蚀、生锈。

是：清洁插头及端子。

否：下一步。

7）测量电池管理系统插头（U19）T28/A、T28/F针脚与车身接地之间电压是否为蓄电池电压。

是：下一步。

否：维修故障导线。

8）测量电池管理系统插头（U19）T28/C、T28/H端子与车身接地之间导线是否导通，如图1-145所示。

是：下一步。

否：维修故障导线。

9）检修或更换锂离子动力电池系统，重新进行诊断，读取故障码，确认故障码及症状是否存在。

是：从其他症状查找原因。

否：故障排除。

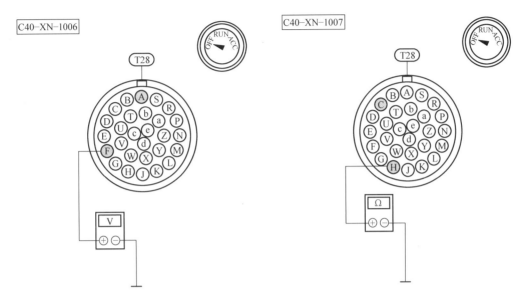

图 1-144　检查电池管理系统插头（U19）T28　　图 1-145　测量插头 T28/C、T28/H 端子与车身接地之间导线是否导通

27. 北汽电动汽车通信丢失故障

北汽电动汽车 U2D0087 与 BMS 通信丢失、U2D0088 CAN 总线 Busoff 故障定义及原因见表 1-17。

诊断步骤：

1）启动停止按键置于 OFF 档时，断开交流插座控制单元连接插头（B07）T8f，检查交流插座控制单元插头（B07）T8f 是否有裂痕和异常，端子是否腐蚀、生锈。

是：清洁插头及端子。

否：下一步。

表 1-17　故障定义及原因

DTC	DTC 定义	可能的故障原因
U2D0087	与 BMS 通信丢失故障	・CAN 通信线故障 ・控制器故障
U2D0088	CAN 总线 Busoff 故障	・CAN 通信线故障 ・终端电阻故障 ・控制器故障
P182001	温度传感器 1 检测回路故障	・线束故障 ・子板采集故障 ・通信故障
P182101	温度传感器 2 检测回路故障	・线束故障 ・子板采集故障 ・通信故障

2）检查前舱电器盒熔丝 EF17（10A）是否熔断。

是：更换熔丝。

否：下一步。

3）测量交流插座控制单元插头（B07）T8f/4 端子与车身接地之间电压是否为蓄电池电压，如图 1-146 所示。

是：下一步。

否：维修故障导线。

4）测量交流插座控制单元插头（B07）T8f/2 端子与车身接地之间导线是否导通，如图 1-147 所示。

是：下一步。

否：维修故障导线。

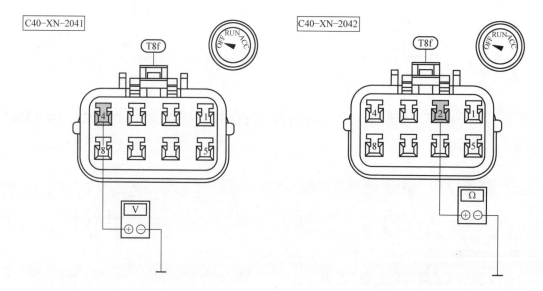

图 1-146　测量 T8f/4 端子与车身接地之间电压

图 1-147　测量 T8f/2 端子与车身接地之间导线是否导通

5）断开蓄电池负极电缆，测量交流插座控制单元插头（B07）T8f/7 与 T8f/8 端子之间电阻是否正常，如图 1-148 所示。参考电阻：约 60Ω。

是：下一步。

否：进行第 7）步。

6）测量交流插座控制单元插头（B07）T8f/7、T8f/8 端子与车身接地之间是否短路，如图 1-149 所示。

是：维修故障导线。

否：下一步。

7）断开网关连接插头（I45）T40a，测量网关连接插头（I45）T40a/19、T40a/20 端子与交流插座控制单元插头（B07）T8f/7、T8f/8 端子之间导线是否导通，如图 1-150 所示。

是：下一步。

否：维修故障导线。

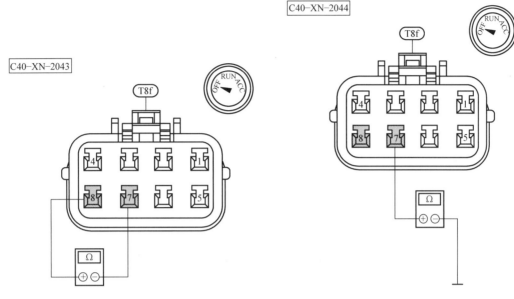

图 1-148　测量 T8f/7 与 T8f/8 端子之间电阻是否正常　　图 1-149　测量 T8f/7、T8f/8 端子与车身接地之间是否短路

8）断开电池管理系统连接插头（U19）T28，测量电池管理系统插头（U19）T28/P、T28/R 端子与交流插座控制单元插头（B07）T8f/7、T8f/8 端子之间导线是否导通，如图 1-151 所示。

是：下一步。

否：维修故障导线。

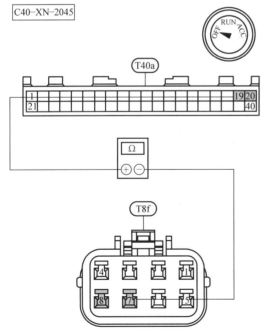

图 1-150　测量网关连接插头与交流插座控制单元导通

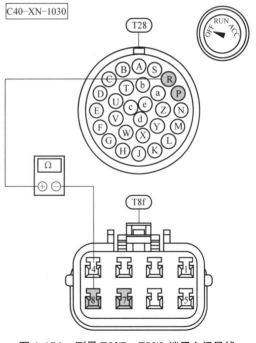

图 1-151　测量 T8f/7、T8f/8 端子之间导线是否导通

9）更换交流插座控制单元，重新进行诊断，读取故障码，确认故障码及症状是否存在。

是：从其他症状查找原因。

否：故障排除。

28. 北汽电动汽车 CC 信号异常故障

北汽电动汽车 P148402-CC 信号异常故障可能是信号异常故障或控制器故障。

诊断步骤：

1）重新上电，检查车辆是否恢复正常。

是：重新上电即可。

否：进行下一步。

2）启动停止按键置于 OFF 档时，断开高压驱动集成单元连接插头（U22）T48，检查高压驱动集成单元插头（U22）T48 有无裂痕和异常，检查端子是否腐蚀、生锈。

是：清洁插头及针脚。

否：进行下一步。

3）断开蓄电池负极电缆，测量交流插座 CC 端子与高压驱动集成单元插头（U22）T48/D3 端子之间导线是否导通。

是：进行下一步。

否：维修故障导线。

4）断开网关连接插头（I45）T40a，测量网关连接插头（I45）T40a/19、T40a/20 端子与高压驱动集成单元插头（U22）T48/H2、T48/H1 端子之间导线是否导通，如图 1-152 所示。

是：进行下一步。

否：维修故障导线。

5）断开组合仪表连接插头（I15）T32a，测量网关连接插头（I45）T40a/17、T40a/18 端子与组合仪表插头（I15）T32a/24、T32a/23 端子之间导线是否导通，如图 1-153 所示。

是：进行下一步。

否：维修故障导线。

6）测量慢充充电线车辆端 CC 端子与 PE 端子之间电阻是否正常。参考电阻：约 220Ω。

7）按压开关，测量慢充充电线车辆端 CC 端子与 PE 端子之间电阻是否正常。参考电阻：约 3.3kΩ。

是：进行下一步。

否：更换慢充充电线。

8）连接慢充充电线与慢充充电口，测量 PEU 侧线束 CC 端子与 PE 端子之间电阻是否正常。参考电阻：约 220Ω。

是：进行下一步。

否：维修故障慢充线束。

9）检查组合仪表供电接地是否正常。

是：进行下一步。

否：维修故障导线。

10）更换组合仪表，重新进行诊断，读取故障码，确认故障码及症状是否存在。

是：进行下一步。

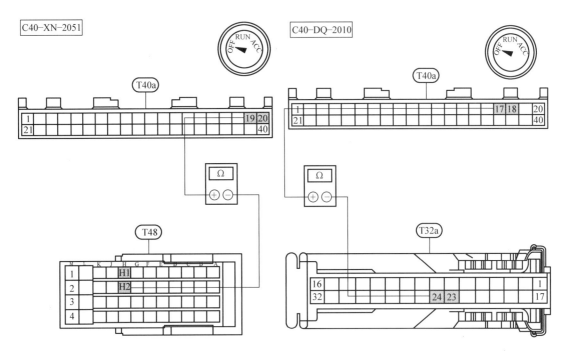

图 1-152　测量网关连接插头与高压驱动集成单元之间是否导通　　图 1-153　测量网关连接插头与组合仪表之间导线是否导通

否：故障排除。

11）检修或更换 PEU（OBC），重新进行诊断，读取故障码，确认故障码及症状是否存在。

是：从其他症状查找原因。

否：故障排除。

29. 北汽电动汽车 CP 信号异常故障

北汽电动汽车 P148801-CP 信号异常故障可能是信号异常故障、控制器故障。

诊断步骤：

1）重新上电，检查车辆是否恢复正常。

是：重新上电即可。

否：进行下一步。

2）启动停止按键置于 OFF 档时，断开高压驱动集成单元连接插头（U22）T48，检查高压驱动集成单元插头（U22）T48 是否有裂痕和异常，端子是否腐蚀、生锈。

是：清洁插头及端子。

否：进行下一步。

3）断开蓄电池负极电缆，测量交流插座 CP 端子与高压驱动集成单元插头（U22）T48/C3 端子之间导线是否导通。

是：进行下一步。

否：维修故障导线。

4）断开网关连接插头（I45）T40a，测量网关连接插头（I45）T40a/19、T40a/20 端子与高压驱动集成单元插头（U22）T48/H2、T48/H1 端子之间导线是否导通，如图 1-154 所示。

是：进行下一步。

否：维修故障导线。

5）断开组合仪表连接插头（I15）T32a，测量网关连接插头（I45）T40a/17、T40a/18 端子与组合仪表插头（I15）T32a/24、T32a/23 端子之间导线是否导通，如图 1-155 所示。

是：进行下一步。

否：维修故障导线。

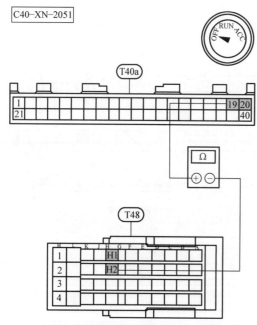

图 1-154　测量网关连接插头与高压驱动集成单元之间导线是否导通

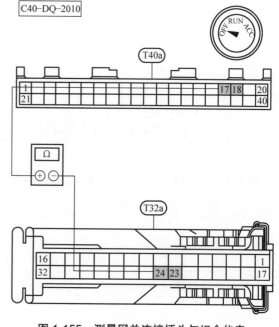

图 1-155　测量网关连接插头与组合仪表之间导线是否导通

6）检查组合仪表供电接地是否正常。

是：进行下一步

否：维修故障导线。

7）更换组合仪表，重新进行诊断，读取故障码，确认故障码及症状是否存在。

是：进行下一步。

否：故障排除。

8）检修或更换 PEU（OBC），重新进行诊断，读取故障码，确认故障码及症状是否存在。

是：从其他症状查找原因。

否：故障排除。

30. 北汽电动汽车空调 EAS 高低压互锁故障

北汽电动汽车电机系统高低压互锁故障（空调 EAS 高低压互锁故障）出现的故障码见表 1-18。

表 1-18　故障码含义及故障原因

DTC	DTC 定义	可能的故障原因
P116694	电机系统高低压互锁故障（空调 EAS 高低压互锁故障）	高压插接件连接问题，零部件质量问题
P116794	电机系统高低压互锁故障（空调 PTC 高低压互锁故障）	高压插接件连接问题，零部件质量问题
P116894	电机系统高低压互锁故障（动力电源高低压互锁故障）	高压插接件连接问题，零部件质量问题
P116994	电机系统高低压互锁故障（慢充高低压互锁故障，预留）	高压插接件连接问题，零部件质量问题
P116A94	电机系统高低压互锁故障（快充高低压互锁故障）	高压插接件连接问题，零部件质量问题
P116B94	电机系统高低压互锁故障（驱动电机高低压互锁故障，预留）	高压插接件连接问题，零部件质量问题

诊断步骤：

1）重新上电，检查车辆是否恢复正常。

是：重新上电即可。

否：进行下一步。

2）断开高压驱动集成单元连接插头（U22）T48，检查高压驱动集成单元插头（U22）T48 是否有裂痕和异常，端子是否腐蚀、生锈。

是：清洁插头及端子。

否：进行下一步。

3）断开蓄电池负极电缆，检查高压插接件连接是否正常。

是：进行下一步。

否：重新连接。

4）启动停止按键置于 OFF 档时，测量高压驱动集成单元插头（U22）T48/M3、T48/L3 端子与车身接地之间的电压是否为蓄电池电压，如图 1-156 所示。

是：进行下一步。

否：维修故障导线。

5）测量高压驱动集成单元插头（U22）T48/L4、T48/M4 端子与车身接地之间导线是否导通，如图 1-157 所示。

是：进行下一步。

否：维修故障导线。

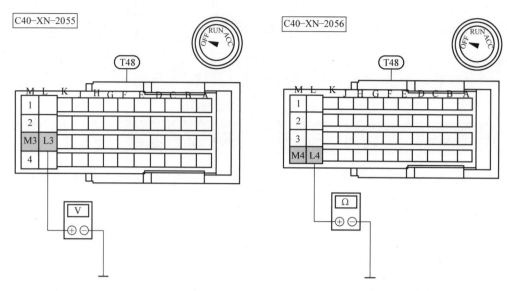

图 1-156 测量高压驱动集成单元插头与车身电压　　图 1-157 测量高压驱动集成单元插头与车身是否导通

6）测量高压驱动集成单元插头（U22）T48/H1 与 T48/H2 端子之间电阻是否正常，如图 1-158 所示。参考电阻：约 60Ω。

是：进行下一步。

否：进行第 8）步。

7）测量高压驱动集成单元插头（U22）T48/H1、T48/H2 端子与车身接地之间是否出现短路情况，如图 1-159 所示。

是：维修故障导线。

否：进行下一步。

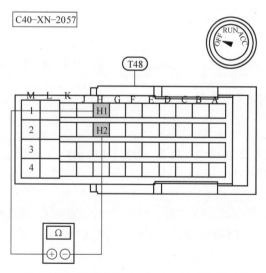 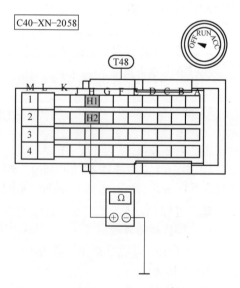

图 1-158 测量 T48/H1 与 T48/H2 端子之间电阻是否正常　　图 1-159 测量 T48/H1、T48/H2 端子与车身接地之间是否短路

8）断开网关连接插头（I45）T40a，测量高压驱动集成单元插头（U22）T48/H1、T48/H2端子与网关插头（I45）T40a/20、T40a/19之间导线是否导通，如图1-160所示。

是：进行下一步。

否：维修故障导线。

9）断开组合仪表连接插头（I15）T32a，测量组合仪表插头（I15）T32a/23、T32a/24端子与网关插头（I45）T40a/18、T40a/17之间导线是否导通，如图1-161所示。

是：进行下一步。

否：维修故障导线。

10）检修或更换PEU，重新进行诊断，读取故障码，确认故障码及症状是否存在。

是：从其他症状查找原因。

否：故障排除。

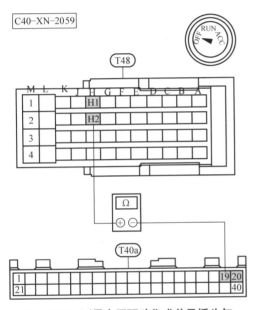

图1-160 测量高压驱动集成单元插头与网关插头是否导通

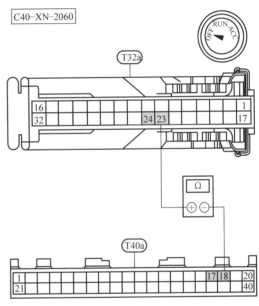

图1-161 测量组合仪表与网关是否导通

31. 北汽电动汽车MCU唤醒信号故障

北汽电动汽车P11A902-MCU唤醒信号故障可能的故障原因：MCU系统故障或线束故障。

诊断步骤：

1）重新上电，检查车辆是否恢复正常。

是：重新上电即可。

否：进行下一步。

2）检查前舱电器盒熔丝EF28（10A）是否熔断。

是：更换熔丝。

否：进行下一步。

3）断开高压驱动集成单元连接插头（U22）T48，检查高压驱动集成单元插头（U22）T48是否有裂痕和异常，端子是否腐蚀、生锈。

是：清洁插头及端子。

否：进行下一步。

4）启动停止按键置于 OFF 状态时，测量高压驱动集成单元插头（U22）T48/M3、T48/L3 端子与车身接地之间的电压是否为蓄电池电压，如图 1-162 所示。

是：进行下一步。

否：维修故障导线。

5）测量高压驱动集成单元插头（U22）T48/L4、T48/M4 端子与车身接地之间导线是否导通，如图 1-163 所示。

是：进行下一步。

否：维修故障导线。

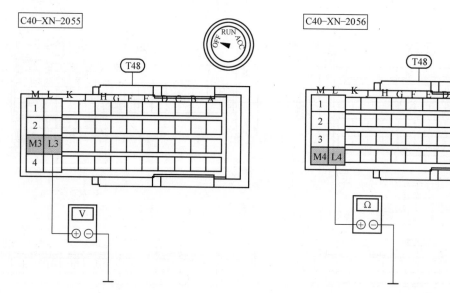

图 1-162　测量 T48/M3、T48/L3 端子与车身电压　　　　图 1-163　测量高压驱动集成单元与车身接地是否导通

6）断开电池管理系统连接插头（U19）T28/X，测量高压驱动集成单元插头（U22）T48/L1 与电池管理系统插头（U19）T28/X 之间导线是否导通，如图 1-164 所示。

是：进行下一步。

否：维修故障导线。

7）测量高压驱动集成单元插头（U22）T48/L1 与车身接地之间导线是否导通，如图 1-165 所示。

是：维修故障导线。

否：进行下一步。

8）检修或更换 PEU，重新进行诊断，读取故障码，确认故障码及症状是否存在。

是：从其他症状查找原因。

否：故障排除。

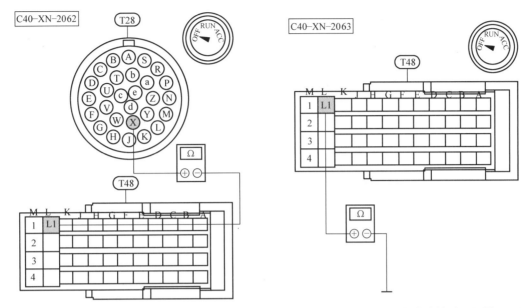

图 1-164 测量高压插头与电池管理系统插头是否导通　　图 1-165 测量 T48/L1 与车身接地之间是否导通

32. 北汽电动汽车低压电源欠电压故障

低压电源过压故障的故障码含义及故障原因见表 1-19。

表 1-19　低压电源过压故障的故障码含义及故障原因

故障码	含义	可能的故障原因
U300317	MCU 低压电源过压故障	·低压蓄电池过度充电 ·MCU 软硬件版本不匹配
U300316	MCU 低压电源欠压故障	·低压蓄电池亏电 ·电压供电线路故障 ·软硬件版本不匹配
P11AA01	MCU 主控板电源模块故障	·MCU 电源模块硬件损坏 ·MCU 软硬件版本不匹配
P11AB01	MCU 驱动板电源模块故障	·MCU 电源模块硬件损坏 ·MCU 软硬件版本不匹配

诊断步骤：

1）检查蓄电池充电线路是否正常，接线柱是否无松动、锈蚀等。

是：维修故障导线，紧固或清洁接线柱。

否：进行下一步。

2）检查蓄电池电压是否在正常范围内。

是：进行下一步。

否：检修或更换蓄电池。

3）检查前舱电器盒熔丝 EF17（10A）是否熔断。

是：更换熔丝。

否：进行下一步。

4）检查前舱电器盒熔丝 PF01（175A）是否熔断。

是：更换熔丝。

否：进行下一步。

5）检查 DC/DC 输出电压是否正常。DC/DC 输出电压范围：（14±0.25）V。

是：进行下一步。

否：检修（联系售后技术支持）或更换 PEU（DC/DC）。

6）启动停止按键置于 OFF 档时，测量高压驱动集成单元插头（U22）T48/M3、T48/L3 端子与车身接地之间电压是否为蓄电池电压，如图 1-166 所示。

是：进行下一步。

否：维修故障导线。

7）测量高压驱动集成单元插头（U22）T48/L4、T48/M4 端子与车身接地之间导线是否导通，如图 1-167 所示。

是：进行下一步。

否：维修故障导线。

8）检修或更换 PEU，重新进行诊断，读取故障码，确认故障码及症状是否存在。

是：从其他症状查找原因。

否：故障排除。

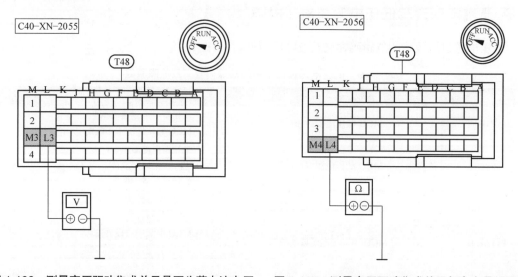

图 1-166 测量高压驱动集成单元是否为蓄电池电压　　图 1-167 测量高压驱动集成单元与车身是否导通

33. 北汽电动汽车 MCU IGBT 异常故障

北汽电动汽车 P11A707-MCU IGBT 异常故障可能原因：MCU 无法正常工作，MCU 内部硬件电路或线束损坏。

诊断步骤：

1）重新上电，检查车辆是否恢复正常。

是：重新上电即可。

否：进行下一步。

2）断开高压驱动集成单元连接插头（U22）T48，检查高压驱动集成单元插头（U22）T48有无裂痕和异常，端子是否腐蚀、生锈。

是：清洁插头及端子。

否：进行下一步。

3）检查前舱电器盒熔丝EF28（10A）是否熔断。

是：更换熔丝。

否：进行下一步。

4）启动停止按键置于OFF档时，测量高压驱动集成单元插头（U22）T48/M3、T48/L3端子与车身接地之间电压是否为蓄电池电压，如图1-168所示。

是：进行下一步。

否：维修故障导线。

5）测量高压驱动集成单元插头（U22）T48/L4、T48/M4端子与车身接地之间导线是否导通。

是：进行下一步。

否：维修故障导线。

6）断开蓄电池负极电缆，测量高压驱动集成单元插头（U22）T48/H1与T48/H2端子之间电阻是否正常，如图1-169所示。参考电阻：约60Ω。

是：进行下一步。

否：进行第8）步。

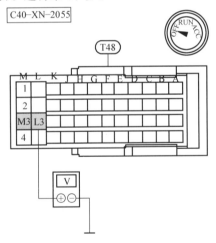 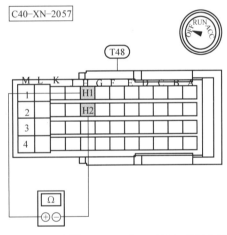

图1-168 测量高压驱动集成单元端子与车身之间的电压

图1-169 测量T48/H1与T48/H2端子之间的电阻是否正常

7）测量高压驱动集成单元插头（U22）T48/H1、T48/H2端子与车身接地之间是否短路，如图1-170所示。

是：维修故障导线。

否：进行下一步。

8）断开网关连接插头（I45）T40a，测量高压驱动集成单元插头（U22）T48/H1、T48/H2端子与网关插头（I45）T40a/20、T40a/19之间导线是否导通，如图1-171所示。

是：进行下一步。

否：维修故障导线。

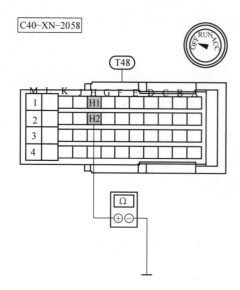

图 1-170 测量 T48/H1、T48/H2 端子与车身接地是否短路

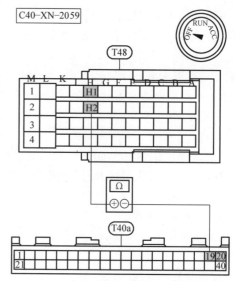

图 1-171 T48/H1、T48/H2 端子与网关是否导通

9）断开组合仪表连接插头（I15）T32a，测量组合仪表插头（I15）T32a/23、T32a/24 端子与网关插头（I45）T40a/18、T40a/17 之间导线是否导通，如图 1-172 所示。

是：进行下一步。

否：维修故障导线。

10）检修或更换 PEU，重新进行诊断，读取故障码，确认故障码及症状是否存在。

是：从其他症状查找原因。

否：故障排除。

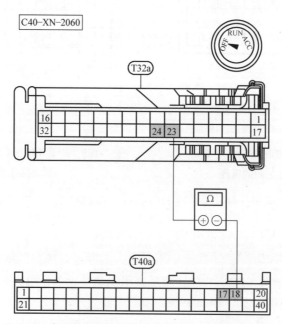

图 1-172 测量组合仪表与网关插头之间导线是否导通

34. 北汽电动汽车 MCU IGBT 过温故障

北汽电动汽车 MCU IGBT 过温故障码及可能原因见表 1-20。

表 1-20 过温故障码及可能原因

故障码	含义	可能的故障原因
P117098	MCU IGBT 过温故障（U 相 IGBT 过温）	·PEU 运行时间长 ·冷却系统故障
P117198	MCU IGBT 过温故障（V 相 IGBT 过温）	·PEU 运行时间长 ·冷却系统故障
P117298	MCU IGBT 过温故障（W 相 IGBT 过温）	·PEU 运行时间长 ·冷却系统故障
P117F98	MCU 过温故障	·PEU 运行时间长 ·冷却系统故障

诊断步骤：

1）重新上电，检查车辆是否恢复正常。

是：重新上电即可。

否：进行下一步。

2）检查膨胀壶内冷却液量是否在标准位置。

是：进行第 4）步。

否：进行下一步。

3）检查冷却液管路有无泄漏。

是：更换管路并补加冷却液。

否：进行下一步。

4）检查水泵是否正常工作。

是：进行下一步。

否：更换水泵。

5）检查电子风扇是否正常工作。

是：进行下一步。

否：更换电子风扇。

6）断开高压驱动集成单元连接插头（U22）T48，检查高压驱动集成单元插头（U22）T48 有无裂痕和异常，端子是否腐蚀、生锈。

是：清洁插头及端子。

否：进行下一步。

7）断开蓄电池负极电缆，测量高压驱动集成单元插头（U22）T48/H1 与 T48/H2 端子之间电阻是否正常，如图 1-173 所示。参考电阻：约 60Ω。

是：进行下一步。

否：进行第 9）步。

8）测量高压驱动集成单元插头（U22）T48/H1、T48/H2 端子与车身接地之间是否短路情况，如图 1-174 所示。

是：维修故障导线。

否：进行下一步。

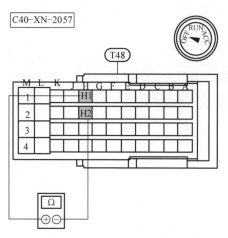

图 1-173　测量 T48/H1 与 T48/H2 端子之间电阻

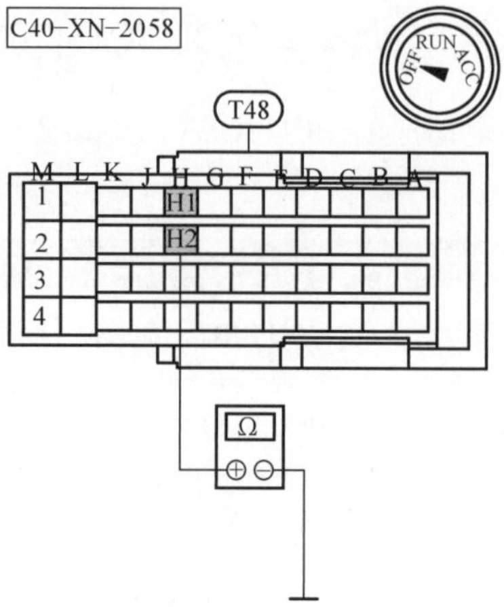

图 1-174　测量 T48/H1、T48/H2 端子与车身是否短路

9）断开网关连接插头（I45）T40a，测量高压驱动集成单元插头（U22）T48/H1、T48/H2 端子与网关插头（I45）T40a/20、T40a/19 之间导线是否导通，如图 1-175 所示。

是：进行下一步。

否：维修故障导线。

10）断开组合仪表连接插头（I15）T32a，测量组合仪表插头（I15）T32a/23、T32a/24 端子与网关插头（I45）T40a/18、T40a/17 之间导线是否导通，如图 1-176 所示。

是：进行下一步。

否：维修故障导线。

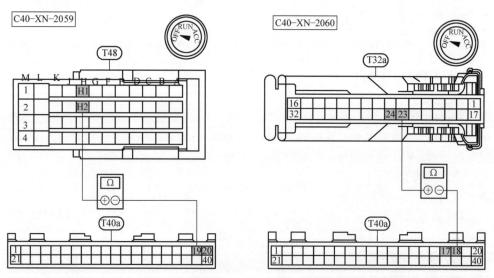

图 1-175　测量高压单元与网关插头之间是否导通　　图 1-176　测量组合仪表与网关插头之间是否导通

11）更换驱动电机，重新进行诊断，读取故障码，确认故障码及症状是否存在。

是：进行下一步。

否：故障排除。

12)检修或更换 PEU,重新进行诊断,读取故障码,确认故障码及症状是否存在。

是:从其他症状查找原因。

否:故障排除。

35. 北汽电动汽车预充继电器粘连故障

北汽电动汽车预充继电器粘连故障码及故障含义见表 1-21。

表 1-21 预充继电器粘连故障码及故障含义

故障码	含义	可能的故障原因
P0AE273	预充继电器粘连	·继电器带载动作或严重过电流 ·预充继电器相关线路故障
P0AE373	预充继电器断路	·预充继电器控制相关 ·预充继电器失效
P122001	预充电失败	·预充电阻失效 ·预充继电器失效

诊断步骤:

1)重新上电,检查车辆是否恢复正常。

是:重新上电即可。

否:进行下一步。

2)启动停止按键置于 OFF 档时,断开电池管理系统连接插头(U19)T28,检查电池管理系统插头(U19)T28 有无裂痕和异常,端子是否腐蚀、生锈。

是:清洁插头及针脚。

否:进行下一步。

3)测量电池管理系统插头(U19)T28/A、T28/F 端子与车身接地之间电压是否为蓄电池电压,如图 1-177 所示。

是:进行下一步。

否:维修故障导线。

4)测量电池管理系统插头(U19)T28/C、T28/H 端子与车身接地之间导线是否导通,如图 1-178 所示。

是:进行下一步。

否:维修故障导线。

5)断开蓄电池负极电缆,测量电池管理系统(U19)T28/P 与 T28/R 端子之间的电阻是否正常,如图 1-179 所示。参考电阻:约 120Ω。

是:进行下一步。

否:进行第 7)步。

6)测量电池管理系统插头(U19)T28/P、T28/R 端子与车身接地之间是否短路,如图 1-180 所示。

是:维修故障导线。

否:进行下一步。

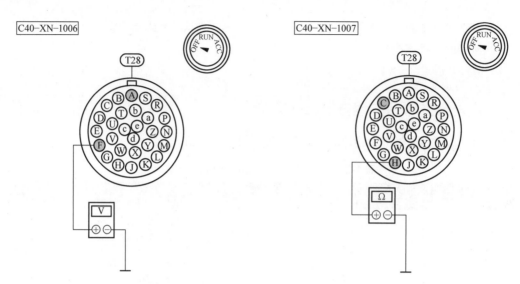

图 1-177　测量 T28/A、T28/F 端子与车身之间电压　　图 1-178　测量 T28/C、T28/H 端子与车身之间电压

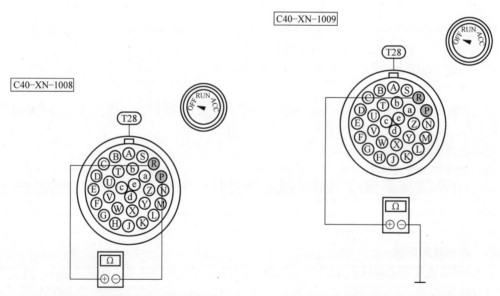

图 1-179　测量 T28/P 与 T28/R 端子之间的电阻　　图 1-180　测量 T28/P、T28/R 端子与
　　　　　　　　　　　　　　　　　　　　　　　　　　　　　　车身之间是否短路

7) 断开网关连接插头（I45）T40a，测量网关连接插头（I45）T40a/19、T40a/20 端子与电池管理系统（U19）T28/P、T28/R 端子之间的导线是否导通，如图 1-181 所示。

　　是：进行下一步。

　　否：维修故障导线。

8) 断开组合仪表连接插头（I15）T32a，测量网关插头（I45）T40a/17、T40a/18 端子与组合仪表插头（I15）T32a/24、T32a/23 端子之间的导线是否导通，如图 1-182 所示。

　　是：进行下一步。

　　否：维修故障导线。

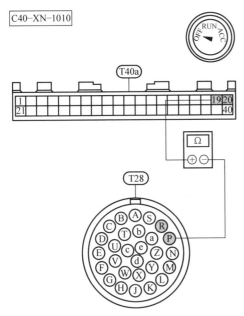

图1-181 测量网关与电池管理系统端子之间是否导通

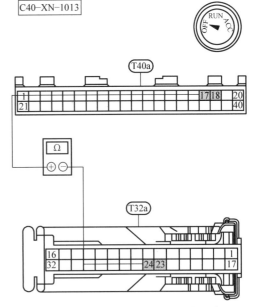

图1-182 测量网关插头与组合仪表插头之间是否导通

9）检修或更换锂离子动力电池系统，重新进行诊断，读取故障码，确认故障码及症状是否存在。

是：从其他症状查找原因。

否：故障排除。

36. 北汽 EU5 BMS 故障

北汽 EU5 BMS 故障码及含义见表1-22。

表1-22 北汽 EU5 BMS 故障码

故障码	含 义	故障码	含 义
P0A9409	DC/DC 故障	U007388	总线关闭（预留）
U300316	蓄电池电压低	P103364	BCU 自检超时
U300317	蓄电池电压高	P103464	MCU 高压自检超时
P0A9401	DC/DC 过电压故障	P103904	MCU 自检异常（初始化）
U011087	与 MCU 通信丢失	P103804	BCU/BMS 自检异常（初始化）
U025687	与 RMS 通信丢失故障	P13101C	直流充电插座温度传感器1故障
U025887	与 ICM 通信丢失故障	P13111C	直流充电插座温度传感器2故障
U014087	与 BCM 通信丢失故障	P13124B	直流充电插座过温故障
U029887	与 DC/DC 通信丢失故障	P13154B	交流充电插座过温故障
U026087	与 EHU 通信丢失故障	P101327	SOC 跳变报警
U011287	与 CMU 通信丢失故障	P101221	SOC 太低报警

(续)

故障码	含 义	故障码	含 义
P101001	DC/DC 温度故障	P119321	单体最低温度报警
P101101	动力电池包不匹配	P118674	充电电流异常
P118822	单体电池过电压	U025387	BMS 与车载充电机通信故障
P119022	总电压过电压	P121229	子板单体电压采集电路故障（单子板）
P118522	单体电池电压不均衡	P12F929	子板单体电压采集电路故障（多子板）
P118111	电池外部短路（过流故障）	P121329	子板模组电压采集电路故障
P118312	电池内部短路	P121429	子板温度采集电路故障（单通道）
P0A7E22	电池温度过高	P12FA29	子板温度采集电路故障（多通道）
P118722	温度不均衡	P121782	子板 VBU/BMS 节点通信丢失
P118427	电池温升过快	P11D829	总电流检测电路故障
P0AA61A	绝缘电阻低	P0A0A94	高低压互锁故障
U025482	电池系统内部通信故障（单通道）	P0AA473	负极继电器粘连
U119982	电池系统内部通信故障（多通道）	P0AE273	预充继电器粘连
P118964	内部总电压检测故障（V1）	P0AA073	正极继电器粘连
P118A64	外部总电压检测故障（V2）	P0AA572	负极继电器断路
P119B94	铜排松动（接触内阻加大）故障	P0AE372	预充继电器断路
P119C21	单体过放失效故障	P0AA272	正极继电器断路
P118E21	单体欠电压故障（正常放电窗口欠电压）	P11D213	预充电阻断路
P119121	电池总电压欠压	P0A9513	MSD/ 主熔丝断路
P121C01	动力蓄电池过充故障	P122001	预充电失败

37. 北汽 EU5 蓄电池电压低 / 高故障

（1）北汽 EU5 蓄电池电压低 / 高故障码见表 1-23

表 1-23 蓄电池电压低 / 高故障码

故障码	含义	可能的故障原因
U300316	蓄电池电压低	·蓄电池老化 ·DC/DC 未正常工作 ·负载短路
U300317	蓄电池电压高	·DC/DC 输出电压反馈电路故障导致输出电压过高

（2）DTC 检测步骤

1）在进行下列步骤之前，确认蓄电池电压为正常电压。

2）关闭启动停止按键及所有用电器。

3）将诊断仪 BDS 连接至车辆诊断接口上。

4）打开启动停止按键至 RUN 档。
5）用诊断仪读取和清除 DTC。

提示：

1）使用最新的软件检测。
2）关闭启动停止按键及所有用电器，3~5s 后重新打开启动停止按键。
3）用诊断仪读取 DTC。
4）如果检测到 DTC，则说明车辆有故障，请进行相应的诊断步骤。如果没有检测到 DTC，则说明先前检测到的故障为偶发性故障。

诊断步骤：

1）检查蓄电池充电线路是否正常，接线柱是否无松动、锈蚀等。

是：维修故障导线，紧固或清洁接线柱。

否：进行第 2）步。

2）检查蓄电池电压是否在正常范围内。

是：进行第 3）步。

否：检修或更换蓄电池。

3）检查前舱电器盒熔丝 EF23（10A）是否熔断。

是：更换熔丝。

否：进行第 4）步。

4）检查前舱电器盒熔丝 PF01（175A）是否熔断。

是：更换熔丝。

否：进行第 5）步。

5）检查 DC/DC 输出电压是否正常。DC/DC 输出电压范围：（14±0.25）V。

是：进行第 6）步。

否：检修（联系售后技术支持）或更换 PEU（DC/DC）。

6）启动停止按键置于 OFF 档时，断开电池管理系统连接插头 U19、T28，检查电池管理系统插头 U19、T28 是否有裂痕和异常，端子是否腐蚀、生锈。

是：清洁插头及端子。

否：进行第 7）步。

7）测量电池管理系统插头（U19）T28/A、T28/F 端子与车身接地之间的电压是否为蓄电池电压，如图 1-183 所示。

是：进行第 8）步。

否：维修故障导线。

8）测量电池管理系统插头（U19）T28/C、T28/H 端子与车身接地之间的导线是否导通，如图 1-184 所示。

是：进行第 9）步。

否：维修故障导线。

9）检修或更换锂离子动力电池系统，重新进行诊断，读取故障码，确认故障码及症状是否存在。

是：从其他症状查找原因。

否：故障排除。

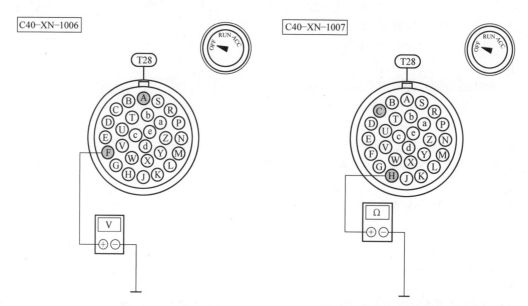

图 1-183 测量电池管理系统
插头（U19）T28 与车身接地之间的电压

图 1-184 测量电池管理系统插头（U19）T28/C、
T28/H 端子与车身接地之间的导线是否导通

38. 北汽 EU5 DC/DC 过电压故障

（1）故障码 P0A9401—DC/DC——过电压故障或控制单元故障。

（2）DTC 检测步骤

在进行下列步骤之前，确认蓄电池电压为正常电压。

1）关闭启动停止按键及所有用电器。

2）将诊断仪 BDS 连接至车辆诊断接口上。

3）打开启动停止按键至 RUN 档。

4）用诊断仪读取和清除 DTC。

（3）诊断步骤

提示：故障排除后，重新验证 DTC 及症状是否存在。

1）检查 DC/DC 供电接地是否正常。

是：进行下一步。

否：维修故障导线。

2）检修或更换 PEL、DC/DC，重新进行诊断，读取故障码，确认故障码及症状是否存在。

是：从其他症状查找原因。

否：故障排除。

39. 北汽 EU5 BMS 与车载充电机通信故障

（1）故障码 U025387—BMS 与车载充电机通信故障或 CAN 总线线路故障或车载充电机故障。

（2）DTC 检测步骤

1）在进行下列步骤之前，确认蓄电池电压为正常电压。

2）关闭启动停止按键及所有用电器。

3）将诊断仪 BDS 连接至车辆诊断接口上。

4）打开启动停止按键至 RUN 档。

5）用诊断仪读取和清除 DTC。

（3）诊断步骤

提示：故障排除后，重新验证 DTC 及症状是否存在。

1）启动停止按键置于 OFF 档时，断开电池管理系统连接插头（U19）T28，检查电池管理系统插头（U19）T28 是否有裂痕和异常，端子是否腐蚀、生锈。

　　是：清洁插头及端子。

　　否：进行下一步。

2）检查前舱电器盒熔丝 EF23（10A）是否熔断。

　　是：更换熔丝。

　　否：进行下一步。

3）测量电池管理系统插头（U19）T28/A、T28/F 端子与车身接地之间的电压是否为蓄电池电压。

　　是：进行下一步。

　　否：维修故障导线。

4）测量电池管理系统插头（U19）T28/C、T28/H 端子与车身接地之间的导线是否导通，如图 1-185 所示。

　　是：进行下一步。

　　否：维修故障导线。

5）断开蓄电池负极电缆，测量电池管理系统（U19）T28/P 与 T28/R 端子之间电阻是否正常。

　　参考电阻：约 120Ω。

　　是：进行下一步。

　　否：进行第 7）步。

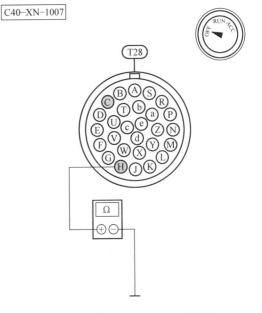

图 1-185　测量 T28/C、T28/H 端子与车身接地之间的导线是否导通

6）测量电池管理系统插头（U19）T28/P、T28/R 端子与车身接地之间是否出现短路情况。

　　是：维修故障导线。

　　否：进行下一步。

7）断开网关连接插头（I45）T40a，测量网关连接插头（I45）T40a/19、T40a/20 端子与电池管理系统（U19）T28/P、T28/R 端子之间导线是否导通测量，如图 1-186 所示。

　　是：进行下一步。

　　否：维修故障导线。

8）断开高压驱动集成单元连接插头（U22）T48，测量电池管理系统插头（U19）T28/P、T28/R 端子与高压驱动集成单元插头（U22）T48/H2、T48/H1 端子之间导线是否导通，如图 1-187 所示。

　　是：进行下一步。

　　否：维修故障导线。

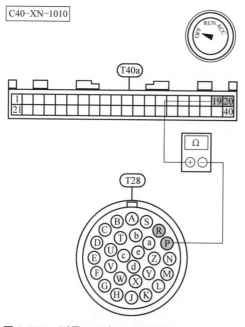
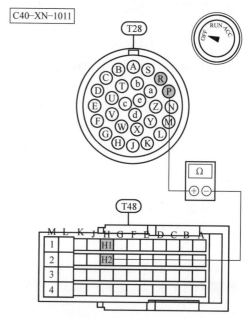

图 1-186　测量 T40 与 T28 导线之间是否导通　　图 1-187　测量 T48 与 T28 导线之间是否导通

9）检修或更换锂离子动力电池系统，重新进行诊断，读取故障码，确认故障码及症状是否存在。

是：从其他症状查找原因。

否：故障排除。

40. 北汽 EU5 车载充电机故障

车载充电机故障码诊断及含义见表 1-24。

表 1-24　车载充电机故障码诊断及含义

故障码	含　义	故障码	含　义
P14804B	一级过温故障	P148D14	电池侧短路故障
P14894B	二级过温故障	P149112	电池侧电流检测回路故障
P14801C	温度检测回路故障	P148C19	交流侧过电流故障
P148A16	交流侧欠电压故障	P149312	交流侧电流检测回路故障
P148A17	交流侧过电压故障	P148E09	OBC 内部故障
P14901C	交流侧电压检测回路故障	P148F01	OBC 漏电故障
P148B16	电池侧欠电压故障	U130087	与 BMS 通信异常故障
P148B17	电池侧过电压故障	P148402	CC 信号异常故障
P14921C	电池侧电压检测回路故障	P148801	CP 信号异常故障
P148D19	电池侧过电流故障	P148601	常电供电异常故障

41. 北汽 EU5 过温故障、温度检测回路故障

（1）过温故障、温度检测回路故障码（见表 1-25）

表 1-25 过温故障、温度检测回路故障码

故障码	含义	可能的故障原因
P14804B	一级过温故障	冷却系统异常 模块导热材料效果下降 电源内部异常发热
P14894B	二级过温故障	冷却系统异常 模块导热材料效果下降 电源内部异常发热
P17D11C	温度检测回路故障	冷却系统异常 信号故障 执行器故障 控制器故障

（2）DTC 检测步骤

在进行下列步骤之前，确认蓄电池电压为正常电压。

1）关闭启动停止按键及所有用电器。

2）将诊断仪 BDS 连接至车辆诊断接口上。

3）打开启动停止按键至 RUN 档。

4）用诊断仪读取和清除 DTC。

（3）诊断步骤

提示：故障排除后，重新验证 DTC 及症状是否存在。

1）重新上电，检查车辆是否恢复正常。

是：重新上电即可。

否：进行下一步。

2）检查膨胀壶内冷却液量是否在标准位置。

是：进行下一步。

否：补加冷却液。

3）检查冷却液管路有无泄漏。

是：更换管路并补加冷却液。

否：进行下一步。

4）检查散热器外观有无损坏。

是：更换散热器。

否：进行下一步。

5）断开电动水泵插头连接插头（P01）T10w、冷却液温度传感器连接插头（P02）T2at，检查电动水泵插头（P01）T10w、冷却液温度传感器插头（P02）T2at否有裂痕和异常，端子是否腐蚀、生锈。

是：清洁插头及端子。

否：进行下一步。

6）检查冷却液温度传感器本体（P02）T2at/1 与 T2at/2 之间端子的电阻是否随着温度升高

而变小。

是：进行下一步。

否：更换冷却液温度传感器。

7）测量电动水泵插头（P01）T10w/4、T10w/10端子与冷却液温度传感器插头（P02）T2at/1、T2at/2针脚之间导线是否断路，如图1-188所示。

是：进行下一步。

否：维修故障导线。

8）断开蓄电池负极电缆。

9）测量冷却液温度传感器插头（P02）T2at/1、T2at/2端子与蓄电池正极之间是否短路，如图1-189所示。

是：维修故障导线。

否：进行下一步。

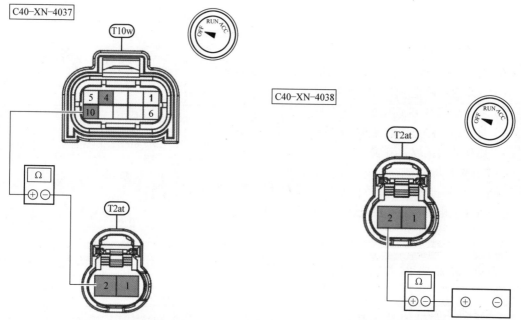

图1-188 测量导线是否断路　　图1-189 测量冷却液温度传感器插头与蓄电池正极之间是否短路

10）测量冷却液温度传感器插头（P02）T2at/1、T2at/2端子与车身接地之间是否出现短路情况。

是：维修故障导线。

否：进行下一步。

11）检查电子风扇是否正常工作。

是：进行下一步。

否：更换电子风扇。

12）检查电动水泵是否正常工作。

是：进行下一步。

否：进行第14）步。

13）检查电动水泵供电及接地是否正常。

是：进行下一步。

否：维修故障导线。

14）更换电动水泵供电，重新进行诊断，读取故障码，确认故障码及症状是否存在。

是：进行下一步。

否：故障排除。

15）更换冷却液温度传感器，重新进行诊断，读取故障码，确认故障码及症状是否存在。

是：进行下一步。

否：故障排除。

16）检修或更换 PEU，重新进行诊断，读取故障码，确认故障码及症状是否存在。

是：从其他症状查找原因。

否：故障排除。

42. 北汽 EU5 BMS 通信异常故障及 OBC 内部故障

（1）BMS 通信异常故障及 OBC 内部故障码（见表 1-26）

表 1-26　BMS 通信异常故障及 OBC 内部故障码

DTC	DTC 定义	可能的故障原因
U290087	与 BMS 通信异常故障	CAN 通信线故障 控制器故障
P148E09	OBC 内部故障	软件故障 存储故障

（2）**DTC 检测步骤**

在进行下列步骤之前，确认蓄电池电压为正常电压。

1）关闭启动停止按键及所有用电器。

2）将诊断仪 BDS 连接至车辆诊断接口上。

3）打开启动停止按键至 RUN 档。

4）用诊断仪读取和清除 DTC。

（3）**诊断步骤**

提示：故障排除后，重新验证 DTC 及症状是否存在。

1）启动停止按键置于 OFF 档时，断开高压驱动集成单元连接插头（U22）T48，检查高压驱动集成单元插头（U22）T48 有无裂痕和异常，端子是否腐蚀、生锈。

是：清洁插头及针脚。

否：进行下一步。

2）检查前舱电器盒熔丝 EF28（10A）是否熔断。

是：更换熔丝。

否：进行下一步。

3）测量高压驱动集成单元插头（U22）T48/M3、T48/L3 端子与车身接地之间电压是否为蓄电池电压，如图 1-190 所示。

是：进行下一步。

否：维修故障导线。

4）测量高压驱动集成单元插头（U22）T48/M4、T48/L4 端子与车身接地之间导线是否导通，如图 1-191 所示。

是：进行下一步。

否：维修故障导线。

5）测量高压驱动集成单元插头（U22）T48/M4、T48/L4 端子与车身接地之间导线是否导通。

是：进行下一步。

否：维修故障导线。

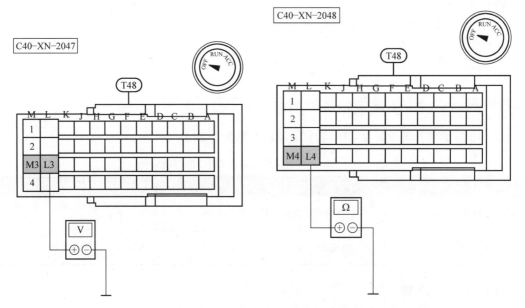

图 1-190　测量 T48/M3、T48/L3 端子与车身接地之间电压　　图 1-191　测量 T48/M4、T48/L4 端子与车身接地之间导线是否导通

6）测量高压驱动集成单元插头（U22）T48/H1、T48/H2 端子与车身接地之间是否短路，如图 1-192 所示。

是：维修故障导线。

否：进行下一步。

7）断开网关连接插头（I45）T40a，测量网关连接插头（I45）T40a/19、T40a/20 端子与高压驱动集成单元插头（U22）T48/H2、T48/H1 端子之间导线是否导通，如图 1-193 所示。

是：进行下一步。

否：维修故障导线。

8）断开电池管理系统连接插头（U19）T28，测量电池管理系统插头（U19）T28/P、T28/R 端子与高压驱动集成单元插头（U22）T48/H2、T48/H1 端子之间导线是否导通，如图 1-194 所示。

是：进行下一步。

否：维修故障导线。

9）检修或更换 PEU（OBC），重新进行诊断，读取故障码，确认故障码及症状是否存在。

是：从其他症状查找原因。

否：故障排除。

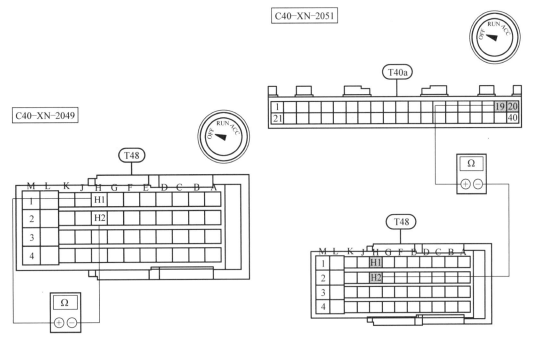

图 1-192 测量 T48/H1、T48/H2 端子与车身接地之间是否短路

图 1-193 测量 T40a 端子与高压驱动集成单元插头之间导线是否导通

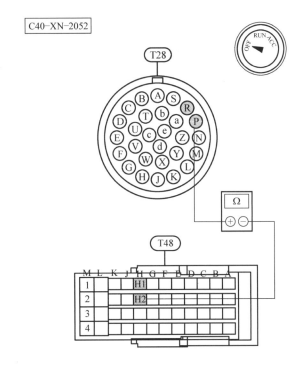

图 1-194 测量 T48/H2、T48/H1 端子之间导线是否导通

43. 北汽 EU5 常电供电异常故障

(1) 北汽 EU5 常电供电异常

故障码见表 1-27。

表 1-27 常电供电异常故障码

故障码	含义	可能的故障原因
P148601	常电供电异常故障	DC/DC 故障 电压过低 控制器故障

(2) 诊断步骤

提示：故障排除后，重新验证 DTC 及症状是否存在。

1）检查蓄电池充电线路是否正常，接线柱是否无松动、锈蚀等。

是：维修故障导线，紧固或清洁接线柱。

否：进行下一步。

2）检查蓄电池电压是否在正常范围内。

是：进行下一步。

否：检修或更换蓄电池。

3）检查前舱电器盒熔丝 EF28（10A）是否熔断。

是：更换熔丝。

否：进行下一步。

4）检查前舱电器盒熔丝 PF01（175A）是否熔断。

是：更换熔丝。

否：进行下一步。

5）检查 DC/DC 输出电压是否正常。DC/DC 输出电压范围：（14±0.25）V。

是：进行下一步。

否：检修或更换 PEU（DC/DC）。

6）启动停止按键置于 OFF 状态时，断开高压驱动集成单元连接插头（U22）T48，检查高压驱动集成单元插头（U22）T48 是否有裂痕和异常，端子是否腐蚀、生锈。

是：清洁插头及针脚。

否：进行下一步。

7）测量高压驱动集成单元插头（U22）T48/M3、T48/L3 端子与车身接地之间电压是否为蓄电池电压，如图 1-195 所示。

是：进行下一步。

否：维修故障导线。

8）测量高压驱动集成单元插头（U22）T48/M4、T48/L4 端子与车身接地之间导线是否导通，如图 1-196 所示。

是：进行下一步。

否：维修故障导线。

9）检修或更换 PEU（OBC），重新进行诊断，读取故障码，确认故障码及症状是否存在。

是：从其他症状查找原因。

否：故障排除。

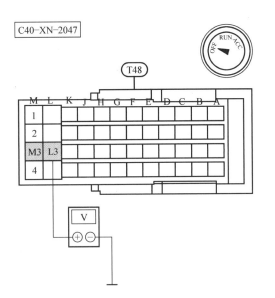

图 1-195　测量 T48/M3、T48/L3 端子与车身接地之间电压

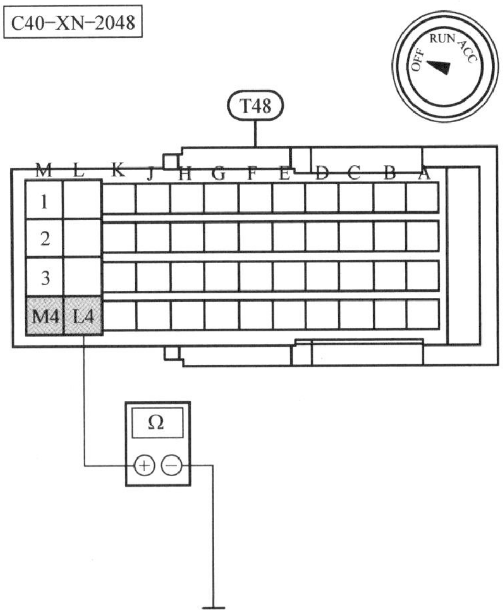

图 1-196　测量 T48/M4、T48/L4 端子与车身接地之间导线是否导通

44. 北汽 EU5 MCU 故障

北汽 EU5 MCU 故障码见表 1-28。

表 1-28　北汽 EU5 MCU 故障码

故障码	含　义
P11A101	MCU IGBT 驱动电路故障（U 相上桥臂）
P11A201	MCU IGBT 驱动电路故障（U 相下桥臂）
P11A301	MCU IGBT 驱动电路故障（V 相上桥臂）
P11A401	MCU IGBT 驱动电路故障（V 相下桥臂）
P11A501	MCU IGBT 驱动电路故障（W 相上桥臂）
P11A601	MCU IGBT 驱动电路故障（W 相下桥臂）
P116016	MCU 相电流硬件过电流故障（U 相硬件过电流）
P116116	MCU 相电流硬件过电流故障（V 相硬件过电流）
P116216	MCU 相电流硬件过电流故障（W 相硬件过电流）

(续)

故障码	含 义
P113519	MCU 相电流软件过流故障
P11A707	MCU IGBT 开管异常故障（预留）
P0A4400	电机超速故障
P114017	MCU 直流母线过压故障
P114016	MCU 直流母线欠压故障
P117098	MCU IGBT 过温故障（U 相 IGBT 过温）
P117198	MCU IGBT 过温故障（V 相 IGBT 过温）
P117298	MCU IGBT 过温故障（W 相 IGBT 过温）
P117F98	MCU 过温故障
P0A2F98	电机过温故障
P112164	电机三相电流校验故障
P118A12	MCU 相电流采样回路故障（U 相采样回路故障）
P118B12	MCU 相电流采样回路故障（V 相采样回路故障）
P118C12	MCU 相电流采样回路故障（W 相采样回路故障）
P0A3F00	MCU 位置信号检测回路故障
P11801C	MCU IGBT 温度采样回路故障（U 相检测回路故障）
P11801C	MCU IGBT 温度采样回路故障（V 相检测回路故障）
P11801C	MCU IGBT 温度采样回路故障（W 相检测回路故障）
P0A001C	电机温度检测回路故障
P11841C	MCU 直流母线电压采样回路故障
P0A5101	MCU 直流母线电流采样回路故障
P113064	MCU 反馈转矩与转矩命令校验错误故障
U011187	MCU 与 BMS 通信丢失故障
P0A0A94	电机系统高压暴露故障（预留）
P116694	电机系统高低压互锁故障（空调 EAS 高低压互锁故障）

（续）

故障码	含义
P116794	电机系统高低压互锁故障（空调 PTC 高低压互锁故障）
P116894	电机系统高低压互锁故障（动力电源高低压互锁故障）
P116994	电机系统高低压互锁故障（慢充高低压互锁故障，预留）
P116A94	电机系统高低压互锁故障（快充高低压互锁故障）
P116B94	电机系统高低压互锁故障（驱动电机高低压互锁故障，预留）
P11A902	MCU 唤醒信号故障
U300317	MCU 低压电源过电压故障
U300316	MCU 低压电源欠电压故障
P11AA01	MCU 主控板电源模块故障
P11AB01	MCU 驱动板电源模块故障
P118A28	MCU 相电流传感器零漂故障（U 相零漂故障）
P118B28	MCU 相电流传感器零漂故障（V 相零漂故障）
P118C28	MCU 相电流传感器零漂故障（W 相零漂故障）
P118D28	MCU 直流母线电流传感器零漂故障
P060444	MCU RAM 故障（预留）
P060545	MCU ROM 故障（预留）
P062F46	MCU EEPROM 故障（预留）
P060D1C	加速踏板信号错误
P060D64	加速踏板信号校验错误
P11AC01	加速踏板供电电源故障
P11AD01	制动踏板供电电源故障（预留）
U012187	MCU 与 ABS 通信丢失故障
U110087	MCU 与 ESK 通信丢失故障
U110187	MCU 与 VBP 通信丢失故障
U110287	MCU 与 DC/DC 通信丢失故障

（续）

故障码	含义
U110587	MCU 与 ECC 通信丢失故障
U110687	MCU 与 EWP 通信丢失故障
U110787	MCU 与 OBC 通信丢失故障
U110887	MCU 与 PCU 通信丢失故障
U110987	MCU 与 EHU 通信丢失故障
U110A87	MCU 与 ESP 通信丢失故障
U110B87	MCU 与 MRR 通信丢失故障

第二章 比亚迪电动汽车常见故障排除

45. 比亚迪纯电动汽车无法充电故障

（1）故障现象　一辆比亚迪 E5 纯电动汽车，电源开关置于 OFF 档，打开前充电舱并连接便携式 220V 交流充电枪，组合仪表上动力电池充电连接指示灯点亮，显示"充电连接中"，但无"充电连接成功"显示，交流充电无法完成，车辆无其他故障。

（2）故障诊断　接车后，首先验证故障现象，车辆连接充电枪后，仪表充电连接指示灯点亮，但并未听见前舱高压总成内部车载充电机散热风扇运行的声音（正常工作时，应伴有车载充电机散热风扇声），仪表屏幕一直显示"充电连接中"，未显示"充电连接成功"信息，这表明车辆并没有进行充电。车辆可以正常起动完成高压上电，仪表 OK 灯点亮，并未见其他故障灯点亮。根据故障现象可以初步排除动力电池故障（电池处于可充电状态，SOC 为 46%）、高压互锁线路故障、高压系统漏电故障等。然后连接道通 MS908 解码器，扫描控制单元，无故障码存储。读取车载充电机模块相关数据流，也未见异常，这说明控制单元工作正常。分析认为，故障应该出在交流充电系统上。

查询相关技术资料，比亚迪 E5 纯电动汽车充电系统工作原理如图 2-1 所示。

根据工作原理分析，当高压总成内充电枪触发单元通过与充电枪连接端子 CC 与端子 PE 检测到充电连接装置内的电阻后（确定充电连接装置额定容量），拉低充电连接信号，BMS 模块控制车辆低压供电线路 IG3 继电器吸合给相关部件提供电源，当 BMS 得电后执行充电程序并拉低仪表充电指示灯信号，仪表充电连接指示灯点亮。因此，测量充电枪端子 CC 与端子 PE 之间的电阻，为 681Ω，正常。因为仪表充电连接指示灯可正常点亮，据此分析端子 CC 与端子 PE 的连接信号正常。由于比亚迪 E5 纯电动汽车有预约充电功能，预约充电服务器集成在仪表控制单元内，在充电连接过程中，车载充电机需要通过 CAN 总线接收到仪表控制单元发来的确认充电报文信息，在确认当前无预约充电设置后，才能执行实时充电动作，充电成功后组合仪表才会显示正在充电中的信息。分析认为，如果预约充电功能误触发，也有可能对充电造成影响。对仪表控制单元进行恢复默认设置操作，并查看预约充电功能状态，为关闭状态，然后对车辆进行重新充电，故障现象依旧。

根据充电系统工作原理分析，认为很可能是交流充电控制导引电路存在连接线路故障、供电控制装置故障或车辆充电控制装置故障。交流充电控制电路原理如图 2-2 所示，其工作原理为：当充电接口已完全连接，则开关从 +12V 连接状态切换至 PWM（脉冲宽度调制）信号，供电控制装置通过测量检测点 1 的电压变化来判断充电连接装置是否完全连接，车辆控制装置通过测量检测点 2 位置的 PWM 信号来判断供电设备的供电能力，确认充电连接装置已完全连接。

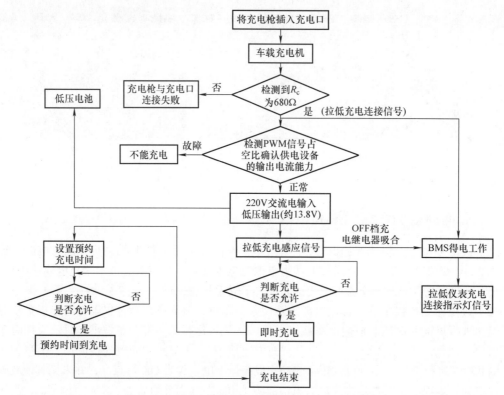

图 2-1　比亚迪 E5 纯电动汽车充电系统工作原理

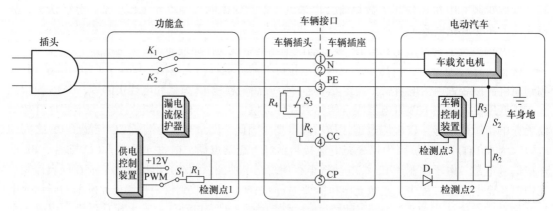

图 2-2　交流充电控制电路原理图

用万用表测量充电枪端子 PE 与端子 CP 之间的电压为 12V，端子 L 与端子 N 之间的电压为 0V，初步判断供电设备正常；查阅维修手册，找到交流充电电路如图 2-3 所示，用万用表测量交流充电口线束端导线连接器 B53（B）端子 1 与高压电控总成导线连接器 B28（A）端子之间的导通情况，发现 CP 连接线束断路：在前舱位置找到导线连接器 BJB01(A)，发现端子 12 退缩，从而导致 CP 信号在充电连接过程中断，出现无法充电的故障。

（3）故障排除 处理导线连接器 BJB01（A）端子 12，测量导线连接器 B53（B）端子 1 与 B28（A）端子之间的电阻为 0.2Ω，正常。对车辆进行充电，仪表显示正在充电的信息，有充电功率和预计充电时间显示，充电正常，故障排除。

46. 比亚迪纯电动汽车无法行驶故障

（1）故障现象 一辆比亚迪 E5 纯电动汽车，行驶里程 6000km，此车前部发生碰撞，修复车架后，车辆无法行驶，且仪表板上的动力电池断开故障灯和整车系统故障灯报警。

（2）故障诊断与排除 拆下机舱内所有高压部件和二次支架及机舱线束，进行钣金校正，且更换了外围部件，但线束和高压控制总成 VTOG 外壳未发生变形。除此之外，还更换了主、副驾驶安全气囊及安全气囊电控单元。

该车的装配工作已完成，目测机舱内低压线束和高压线束（包括熔丝盒）没有破损、变形和挤压，高压控制总成 VTOG 外观未受到挤压变形的现象。

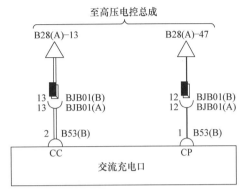

图 2-3 交流充电电路图

该车修复之后，行驶了 3km 后就无法继续行驶，充电指示灯点亮，OK 灯熄灭，仪表提示如图 2-4 所示。

使用故障诊断仪读取该车故障码，检查后发现无故障码，但发现有多个模块失去通信，如图 2-5 所示。根据诊断仪提示，多个高压控制总成 VTOG 模块失去通信，又因为充电指示灯点亮，初步判断有可能是高压控制总成 VTOG 模块常电断开。查阅该车型的维修手册上与 VTOG 模块相关的电路图，如图 2-6 所示，拔下 F2/2 熔丝检查发现该熔丝已熔断，测量对地电阻，万用表显示无穷大，判断该电路无短路现象。换上新的 F2/2 熔丝后，上电发现充电指示灯熄灭了，但 OK 灯未点亮。

图 2-4 故障车仪表提示信息   图 2-5 利用诊断仪读取故障车的故障信息

使用故障诊断仪读取故障码，各高压控制总成 VTOG 都能进入，且系统无故障码，读取数据流如图 2-7 所示，发现预充状态显示"未预充"、主接触器状态为"断开"、预充接触器状态为"断开"。根据数据流判断有可能是预充接触器或主接触器断开，但无法判断具体是哪个接触器的问题，所以插上充电枪进一步判断。

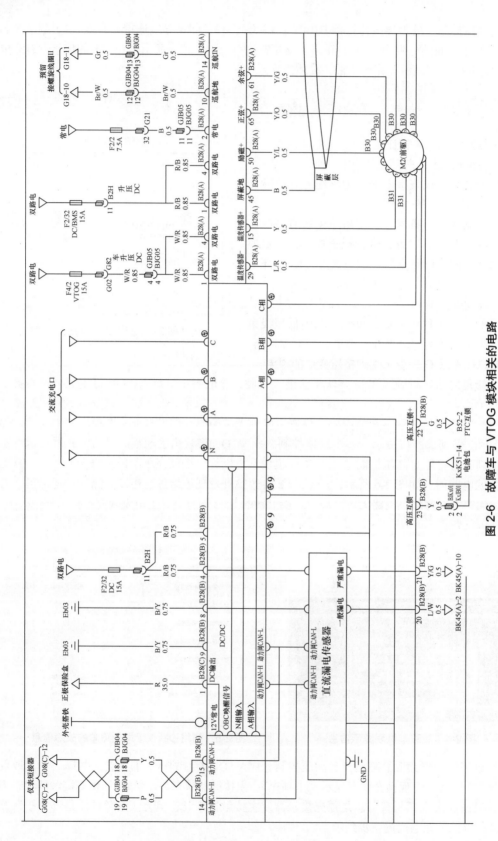

图 2-6 故障车与 VTOG 模块相关的电路

图 2-7 故障车上的数据流

插上充电枪后，仪表台没有显示任何与充电相关的信息，据此初步判断可能是主接触器损坏。查阅故障车维修手册与主接触器相关的电路图，如图 2-8 所示，并据此检测主接触器线路情况。首先断开负极，拔下 33 针插头，发现 B28（B）-32 号端子出现了退针现象如图 2-9 所示，对 33 针插头进行处理并重新装回，上电后发现 OK 灯点亮。使用诊断仪进行检测，发现一切正常，下电后插上充电枪，发现充电指示正常。至此，该车故障彻底排除。

（3）**维修小结**　电源主继电器和预充电继电器与动力蓄电池正极电源是并联的，应该是预充继电器首先接通，通过一定时间对车辆高压系统中的负载电容限流充电，使整个高压电路逐步达到动力蓄电池的电压，保护电源继电器的触点不被烧蚀而损坏。预充电继电器工作原理如图 2-10 所示，预充电过程电压与充电电流变化关系如图 2-11 所示。

因为三个电源继电器的接通和断开都由动力电池控制系统（BMS）控制，都通过 B28B 连接器连接至 BMS，所以必须对 B28B 连接器所有端子都进行一次认真的检查，防止其他故障再发生，保证一次性修复。

47. 比亚迪 E5 充电仪表无显示故障

（1）**故障现象**　一比亚迪 E5 插交流充电枪后仪表无充电指示，充电枪充电指示灯绿色常亮，尝试更换多个交流充电桩也无法充电，直流充电正常，可以上 OK 电正常行驶。

（2）**故障原因**　出现上述故障现象可能存在以下几个原因：交流充电设备故障、交流充电口故障、电池包及 BMS 故障、高压电控总成四合一故障、VTOG 与充电口、BMS、BCM 之间充电连接线路故障。

（3）**故障诊断**　首先验证故障现象，使用交流充电桩、单相壁挂式充电盒都一样，组合仪表上都无充电指示，这表明车辆未完成充电交互，无法进行充电。连接解码器，扫描各控制单元，系统显示无故障码存储。进入电池管理系统（BMS）读取相关充电数据流，显示"交流充电不允许，充电感应信号——交流无，充电接触器状态——无效数据"。根据故障现象和数据流分析，初步认为引起故障的原因可能在交流充电系统上。

为少走弯路，必须先熟练掌握比亚迪交流充电系统原理，根据故障可能原因再制订具体的故障排除方法，实施诊断流程。通过查阅该车型相关的技术资料，比亚迪交流充电系统工作原理如图 2-12 所示。

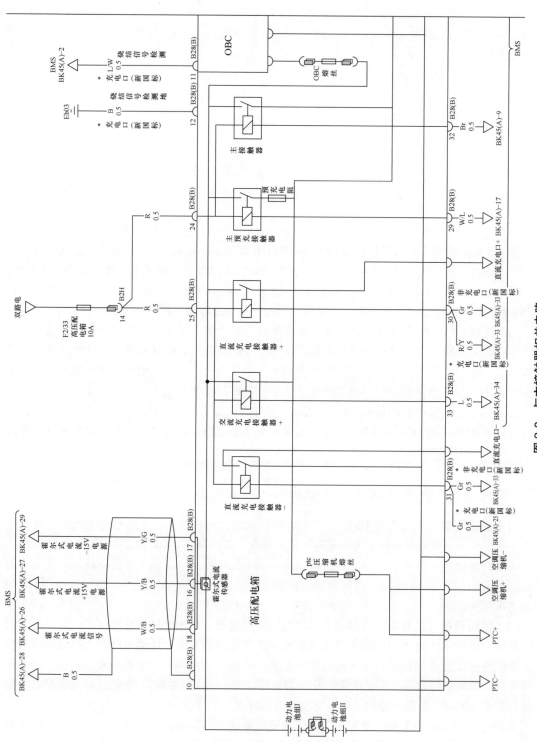

图 2-8 与主接触器相关电路

图 2-9　33 针插头出现退针现象

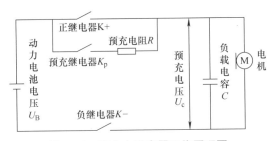

图 2-10　预充电继电器工作原理图

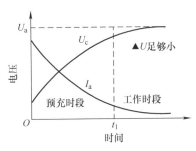

图 2-11　预充电过程电压与充电电流变化关系

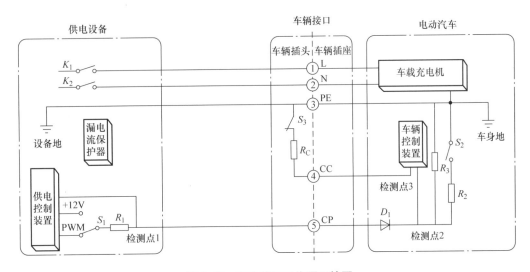

图 2-12　充电装置工作原理简图

根据充电工作原理分析，当充电枪插入充电口后，车辆控制装置通过充电连接确认端子 CC 与充电枪进行信息、交互（握手），VTOG 内充车载充电器检测到充电枪内的电阻 R_C 后确定充电枪额定容量（功率 3.3kW 以下的充电盒 CC 与 PE 之间的电阻为 680Ω，7kW 的充电盒 CC 与 PE 之间的电阻为 220Ω），系统通过充电控制端子 CP 接收到充电控制信号（PWM 信号）。当充电接口已连接好后，则开关 S_1 从 +12V 连接状态切换至 PWM 信号（占空比信号），供电设备中的供电控制装置通过监测检测点 1 上的电压值变化来判断充电连接装置是否完成连接，车辆控制装置通过监测检测点 2 上的 PWM 信号来判断供电设备的额定容量，确认充电连接装置交互是否完成。高压电控总成 VTOG 检测到这两个信号后，会发送充电连接确认信号 CC 到电池管理系统（BMS）和车身控制单元（BCM），由 BCM 控制双路电继电器 KG-Ⅰ 和 KG-Ⅱ 工作，通过双路电唤醒 DC/

DC 变换器模块、车载充电机模块、电池管理系统（BMS）、网关以及组合仪表等单元。当 BMS 在被唤醒之后设置车载充电机最大允许输入电流，启动充电，先检测 VTOG 发送的充电连接确认信号 CC，然后控制电池包里面的分压接触器、正极接触器、负极接触器、预充接触器、主接触器和交流充电接触器工作，BMS 得电后执行充电程序并拉低仪表充电指示灯信号，仪表充电连接指示灯点亮，激活仪表显示充电状态从而实现外部电源对车辆的慢充。

打开充电口盖充电照明灯亮，说明车身控制单元（BCM）供电正常，双路电继电器 KG-I 和 KG-II 工作正常，用万用表测量交流充电枪端子 CC 与端子 PE 之间的电阻，为 220Ω，正常，因为充电枪连接指示灯绿色灯常亮，据此可判定交流充电枪端子 CC 与端子 PE 的连接信号正常。用万用表电压档测量充电枪端子 CP 与端子 PE 之间的电压，为 11.86V，端子 L 与端子 N 之间的电压为 0V，初步判断供电设备正常。那故障点可能在交流充电口至高压电控总成 VTOG 之间连接线路或高压电控总成本体。比亚迪 E5 交流充电口电路如图 2-13 所示。

用万用表电阻档测量交流充电口 CP 端子与 PE 之间电阻，为 141kΩ，正常；测量交流充电口 CC 端子与 PE 之间电压，为 0.5V（正常为 4.5~5.5V）异常，断电操作（先断开低压蓄电池，再拔下维修塞），用万用表电阻档测量充电口 CC 端子与高压电控总成导线连接器 B28A 端子 13 之间的导通情况，为 ∞；根据电路图，在充电口后方位置找到导线连接器 B53 插接器，拔开 B53 插接器，发现此插接器外壳与车身固定位置脱离，连接器外壳固定锁扣有损坏，线束没有固定好，再用万用表分段测量充电口 CC 端子与 B53B-2 之间电阻，为 0.5Ω，正常。B53A-2 与高压电控总成 B28A-13 之间的电阻为 0.4Ω，正常，仔细检查发现端子 B53A-2 存在退针如图 2-14 所示，原因是 B53 插接器外壳固定锁扣损坏，线束因没有可靠固定，在汽车行驶过程中振动拉扯导致其中导线退针，最终引起充电连接确认信号充电口 CC 端子与高压电控总成 B28A-13 之间断路，导致高压电控总成无法收到电确认信号，组合仪表出现无充电显示、不能充电的故障。

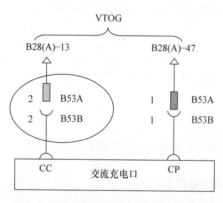

图 2-13 比亚迪 E5 交流充电口电路图

图 2-14 CC 端子退针图

（4）故障排除 处理好导线连接器 B53A 号端子退针问题，插接好线束连接器 B53，并用扎带固定好。测量充电口 CC 端子与 B28A 端子 13 之间的电阻，为 0.2Ω，正常，连接好所拔线束与插接器，用万用表电压，档测量充电口 CC 端子与 PE 端子之间的电压，为 4.78V（标准值为 4.5~5.5V），正常。连接交流充电桩对车辆进行充电，仪表显示"正在充电中"，有充电功率和预计充满时间显示，充电正常，如图 2-15 所示，故障排除。

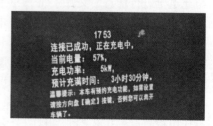

图 2-15 充电正常显示图

48. 比亚迪纯电动汽车交流充电指示灯常亮故障

（1）故障现象 一辆比亚迪 E5 纯电动汽车，行驶里程 1 万多 km，不插充电枪时，打开点火开关无法正常上电，"OK"指示灯熄灭且充电指示灯点亮。点火开关置于 OFF 档，插枪充电，车辆仪表板上红色的充电指示灯依旧点亮，但车辆无法正常进行慢充。

（2）故障分析 车辆处于正常交流充电（慢充）模式状态时，双向逆变充放电式电机控制器（VTOG）会首先检查交流充电口的充电连接确认信号 CC 和控制引导信号 CP。确认完成物理连接后唤醒电池管理系统（BMS），再由 BMS 控制车载充电机进行充电。此时，控制接触器 K3 闭合，开始充电。

根据已知故障现象，开始进行故障诊断。将诊断仪与车辆连接，进入车辆 BMS 通道，未读取到故障码存储。将点火开关置于 OFF 档，读取 BMS 充电时的相关数据流，显示为"充电不允许，无电感应交流且充电接触器不吸合"。

纯电动汽车交流充电通常是指车辆按照相应充电模式，通过传导的方式，调整交流电源为与车辆匹配的电压或电流，为纯电动汽车动力电池补充电能的过程。纯电动汽车交流充电系统的典型结构主要包括交流充电设施、充电连接装置以及车载充电机，如图 2-16 所示。

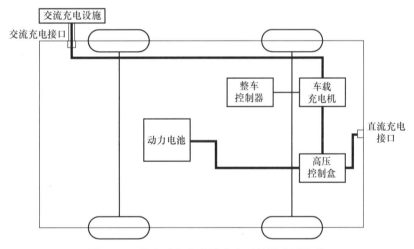

图 2-16 纯电动汽车交流充电系统的典型结构

根据 GB/T 20234.2—2011，纯电动汽车交流充电系统的接口使用 7 针接口，端子分别是 CC、CP、N、L、NC1、NC2 和 PE。其接口形状及端子含义如图 2-17 所示。

纯电动汽车交流充电系统工作电路如图 2-18 所示，充电流程如下：

1）CC 充电连接确认。充电枪与车辆充电插座连接后，车辆不可行驶。检测点 3 与 PE 之间的电阻是车辆控制装置用来判断充电枪与车辆插座是否完全连接的依据。配备有电子锁的车辆在确认完全连接后，电子锁在开始供电前锁定充电枪，并保持到充电结束。

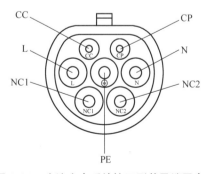

图 2-17 交流充电系统接口形状及端子含义
CC—充电确认 CP—控制引导 N—中性线 L—A 相 NC1—B 相 NC2—C 相 PE—搭铁

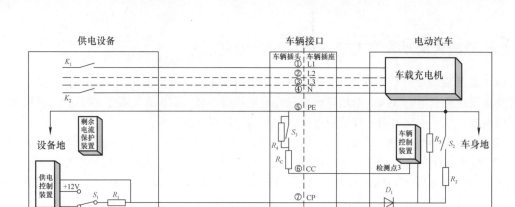

图 2-18 纯电动汽车交流充电系统工作电路

2) CP 控制引导确认。在确认供电接口已完全连接且充电设备无故障后,供电控制装置开始发出脉宽调制(PWM)信号,通过开关 S_1 送出。此时,测量检测点 1 或检测点 4 的电压是充电连接装置是否完全连接的判断依据,由供电控制装置进行测量。而车辆控制装置则通过测量检测点 2 处的 PWM 信号,判断充电连接装置是否已正常连接。

3) 充电能力匹配。电动汽车与充电设施通过能力匹配在确保安全的前提下,达到最高的充电效率。匹配时,当前充电设施可提供的最大充电电流由检测点 2 处的 PWM 信号占空比来决定。

4) 启动充电。在充电连接装置已完全连接得到车辆控制系统确认后,BMS 被唤醒,设置车载充电机最大允许输入电流,启动充电。

5) 过程监测。充电过程中,当供电设备供电能力发生波动时,车辆控制装置可通过实时测量检测点 2 的 PWM 信号占空比变化,调整车辆实际充电电流,从而完成车辆充电设施周期性的供电能力监测,确保在供电能力无法匹配时及时停止充电,预防车辆损坏。

6) 充电结束。在充电过程中,当 BMS 监测到充电完成或达到车辆设置的结束条件、驾驶人对车辆实施了停止充电的指令时,开关 S2 断开,车载充电机停止充电。

将待修车辆的实际故障现象以及诊断仪的故障提示,与交流充电过程相结合,寻找故障原因。首先,连接交流充电机,使用 VDS 诊断仪扫描各控制单元,可读取到 VTOG、BMS 等控制单元,说明控制确认信号已经被 VTOG 检测到。而车辆断开交流充电枪后依旧出现交流充电指示灯常亮的情况,则意味着 VTOG 始终能接收到控制确认信号。

根据电路图分析,可能出现的故障原因如下:
1) 充电枪故障,造成误插枪信号。
2) 控制确认信号线路故障,造成误插枪信号。
3) VTOG 故障(局部短路),造成误插枪信号。

根据故障点分析,结合图 2-19,逐步进行以下检测:
1) 在断电状态下,测量充电枪 CC 端子与 PE 端子之间电阻为 680Ω,正常,排除充电枪本身故障。

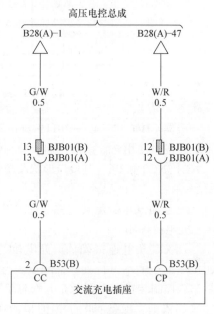

图 2-19 比亚迪 E5 交流充电口控制电路

2)连接车辆充电枪与插座,关闭点火开关,测量 B28A 插接器 13 端子与搭铁之间的电阻小于 1Ω。正常时应大于 10kΩ,此测量值表明存在短路故障。

3)断开 FBJB01 插接器,测量 BJB01A 插接器 13 号端子与搭铁之间的电阻小于 1Ω。由此判断短路点位置在交流充电插座到 BJB01A 插接器之间的线路上。

4)断开 FB53B 插接器,测量交流充电插座 CC 端子与 PE 端子之间的电阻大于 10kΩ,交流充电插座内部无短路。至此,确定短路位置位于 B53B 插接器至 BJB01A 插接器这段线束上。

(3)故障排除 更换线束后,排除故障。

49. 比亚迪纯电动汽车无法上高压电故障

(1)故障现象 一辆比亚迪 E5 纯电动汽车,打开点火开关,车辆无法上高压电。

(2)故障诊断 接车后,首先试车验证故障现象。踩下制动踏板,按下电源开关,组合仪表上的动力系统故障灯点亮,OK 灯并未点亮,且信息显示中心提示"请检查动力系统",如图 2-20 所示,故障现象的确如车主所述。用故障检测仪进行检测,在电池管理系统内存储有故障码"P1A5F00 分压接触器 4 回检故障""P1A6000 高压互锁 1 故障",如图 2-21 所示。记录并尝试清除故障码,发现可以清除故障码 P1A6000,但故障码 P1A5F00 依然存在。读取电池管理系统数据流,如图 2-22 所示,发现所有接触器均显示为"断开"。

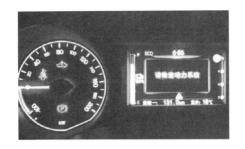

图 2-20 故障车的组合仪表提示

图 2-21 读得的故障码

高压电控系统控制原理如图 2-23 所示,发现分压接触器 4 很可能是其中某个接触器。得知故障码中的"分压接触器 4"实际是指电池包内的负极接触器。另外,在车辆上电过程中,高压配电箱内的预充接触器、主接触器和电池包中的正极接触器、分压接触器 1、分压接触器 2、负极接触器都要吸合,而负极接触器是所有接触器中最后吸合的。当电池管理控制器检测到上述某个接触器或其控制线路存在故障时,系统将禁止上高压电,并存储故障码 P1A5F00。

首先检查高压配电箱内各接触器控制线路,在检查过程中,发现线束保护套已受损,且其中一根导线与高压电控总成壳体相接触。查阅相关电路,得知受损的线路为交流充电接触器的控制线路。原来,该车在维修过程中由于操作不当使得交流充电接触器的控制线路受损,接触到高压电控总成壳体,与车身形成回路。用绝缘胶带缠绕交流

图 2-22 读取的电池管理系统数据流

充电接触器的控制线路,按下电源开关,发现车辆依旧无法上高压电。这很可能是交流充电接触器的控制线路长时间与车身搭铁,进而造成交流充电接触器内部触点烧结,应进一步检查交流充电接触器。

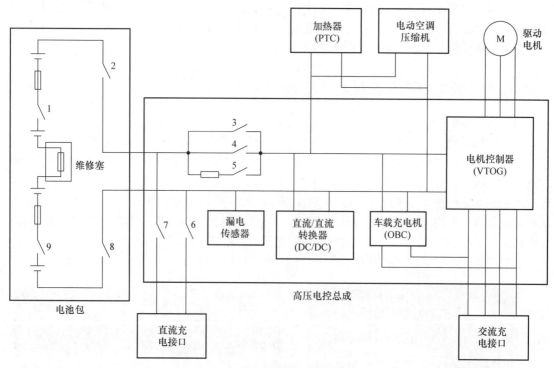

图 2-23　高压电控系统控制原理

1—电池包分压接触器1　2—正极接触器　3—主接触器　4—交流充电接触器　5—预充接触器
6—直流充电负极接触器　7—直流充电正极接触器　8—负极接触器　9—电池包分压接触器2

交流充电接触器安装在高压配电箱内部,属于高压电部分,戴上1000V的绝缘手套,拆下维修塞,断开高压直流母线正负极,拆下高压电控总成外壳护板,找到交流充电接触器,如图2-24所示。测量交流充电接触器上高压接线柱两端的电阻,为1.5Ω,异常(正常时,交流充电接触器高压接线柱两端的电阻应为∞)。诊断至此,判定为交流充电接触器内部触点烧结。

(3) **故障排除**　用绝缘胶带包扎交流充电接触器的控制线路,更换交流充电接触器,清除故障码后试车,故障排除。

图 2-24　交流充电接触器

50. 比亚迪电动汽车无法交流慢充电故障

(1) **故障现象**　比亚迪EV360,行驶里程600多km,使用交流慢充无法充电。

（2）故障分析　首先要了解车载充电机结构、物理连接的流程与充电步骤以及要掌握车辆车载充电机的充电过程，如图2-25、图2-26所示。

图2-25　车载充电机内部结构

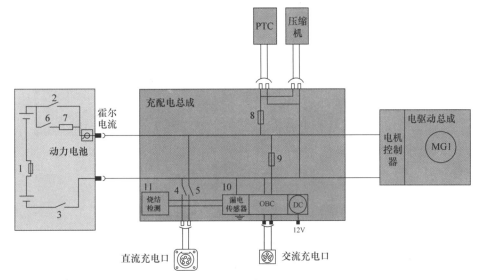

图2-26　充电原理图

1—维修开关+主熔丝　2—主正接触器　3—负极接触器　4—直流充电负极接触器　5—直流充电正极接触器
6—预充接触器　7—预充电阻　8—空调/PTC熔丝　9—OBC/DC熔丝　10—漏电传感器　11—烧结检测

了解了车辆的充配电总成的内部结构与充电过程后，诊断步骤与分析如下：

1）故障验证：插上充电枪后，查看组合仪表充电状态，充电连接指示灯点亮"⚡"，但是在组合仪表显示屏上一直显示"充电连接中，请稍后……"如图2-27所示，说明充电枪与充电口正在连接，充电枪的连接电阻正常，充电口的CC端口5V电压输出正常。

2）使用诊断仪读取系统故障码，则显示"P157016——车载充电机交流测电压低，"如图2-28所示。

图2-27　组合仪表显示充电状态　　　　　　图2-28　读取故障码

故障可能原因：外部交流供电设备故障、车载充电机内部交流保险故障、充电口接口端子不接触故障、充电口至充配电总成线束故障、车载充电机（OBC）故障。

3）读取车载充电机数据流，（含电压与电流）如图2-29所示。

数据流分析如下：

故障状态，显示"正常"，侧交流电压，只有5V，需要进行验证故障生成原因的2～6项，直流侧电压为358V，则说明OBC/DC熔丝正常，如果电压异常，但是车辆可以正常行驶，而只有数据流的直流电压异常，则在系统中存储"交流侧电压低的故障"，需要检查其熔丝。

测量交流熔丝输入端，电压正常，而测量熔丝输出端电压只有12V。

测量交流熔丝导通状态，则显示无穷大，说明交流熔丝内部断路，如图2-30所示。

CP信号数据流信号分析如图2-31所示。

图2-29　读取数据流

图2-30　测量交流熔丝导通状态

图2-31　CP占空比信号分析

PWM波占空比为26%，说明交流供电设备的CP信号正常，并且外部交流供电设备与车载充电器交互成功。若数据流一直显示0%或100%，这说明CP信号异常。

"交流外充设备故障状态"显示状态数据，此数据为"正常"，若外部充电设备数据处于异常，则在本项目显示"异常"状态数据。

4）根据以上数据流分析，使用外用表测量OBC交流熔丝和交流电压，状态正常，则故障锁定在"OBC车载充电机故障"。

（3）**故障排除**　更换车载充电机总成后，故障排除，如图2-32所示。

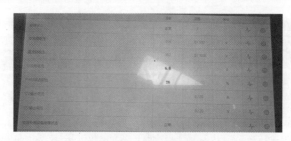

图2-32　正常的数据流

51. 比亚迪电动汽车行驶中仪表提示"请检查动力系统"故障

（1）故障现象 比亚迪电动汽车行驶中仪表提示"请检查动力系统"，OK 灯亮，车辆可以行驶。

（2）故障分析

1）高压系统故障。

2）线束故障。

3）BMS 故障。

（3）维修过程

1）利用诊断仪器读取车辆故障码，BMS 报"一般漏电"，故障码无法清除，如图 2-33 所示。

2）检查各高压系统，断开 PTC 加热模块高压插头，短接 PTC 高压互锁端子后，车辆可以上电，系统不再报漏电故障，仪表无故障信息提示，如图 2-34 所示。

图 2-33　读取车辆故障码

图 2-34　断开 PTC 加热模块高压插头

3）更换 PTC 加热模块故障排除。

（4）维修小结

1）BMS 报"一般漏电"，车辆可以行驶，报"严重漏电"车辆无法行驶。

2）判定一个高压模块或高压线束漏电时，尽量再将高压模块或线束插头插上去，确认故障是否再现，避免零部件误判。

3）PTC 正极或负极对地绝缘电阻一般在 1MΩ 以上。

52. 比亚迪电动汽车空调不制冷故障

（1）故障现象 比亚迪电动汽车可以正常行驶，但空调不制冷。

（2）故障分析

1）系统压力异常。

2）电动压缩机故障。

3）高压系统故障。

4）线路故障。

（3）维修过程

1）读取系统故障"与电动压缩机失去通信"，如图 2-35 所示。

2）读取 PTC 数据流发现，亦显示没有高压电输入，如图 2-36 所示。

3）测量高压电控总成侧面 32A 熔丝，不导通。

4）测量电动压缩机高压正负极之间为导通。

5）测量电动压缩机低压电源、CAN 电压均正常。

6）由此判定为电动压缩机短路导致 32A 熔丝烧损引起，更换压缩机及 32A 熔丝后，试车故障排除。

图 2-35　读取系统故障　　　　　　　　图 2-36　读取 PTC 数据流

（4）维修小结　本案例维修中，巧用了 PTC 的数据流，确定无高压输入；根据整车高压结构，车辆能够正常行驶，说明主接触器及电池包内部接触器都是正常吸合的，此时电动压缩机及 PTC 也应该有高压输入，结果却无高压输入，进而联想到 32A 空调熔丝是否完好；然后根据熔丝烧损再确定相关用电设备是否短路。这需要对整车的结构非常了解才能迅速找到故障点。

53. 比亚迪电动汽车仪表提示"请检查充电系统"故障

（1）故障现象　比亚迪电动汽车行驶中仪表提示"请检查充电系统，请检查低压电池系统"，车辆熄火后无法启动。

（2）故障分析

1）低压起动电池故障。

2）高压电控总成故障。

3）低压线路故障。

（3）维修过程

1）测量低压启动电池电压为 0V，判断低压电池亏电已进入超低功耗模式。

2）按左前门微动开关进行手动唤醒，测量低压电池电压 12V（>7.5V），车辆无法启动，并联蓄电池启动车辆，仪表板充电故障指示灯亮，提示"请检查充电系统和低压电池系统"。

3）OK 电时用 VDS 读取系统故障码，分别是"降压时低压侧电压过低""降压时硬件故障"，故障点全部指向降压过程。

4）读取电池模组数据流正常，读取 DC 系统数据显示 DC 不工作，此时测量高压电控总成（DC/DC）低压输出端电压 11.3V，电压远低于 13.8V，判断 DC 不工作导致低压电池馈电，更换高压电控总成故障排除，如图 2-37 所示。

图 2-37　读取数据流

（4）维修小结　此次维修主要通过读取系统故障码直接锁定故障点，然后通过验证 DC 的输出电压确定故障在 DC，更换高压电控后故障排除。

车辆行驶过程中 DC 与低压电池并联给整车低压电器供电，当低压电池单节电压过低时会由 DC 将电池包的高压电降压给低压电池充电，DC 故障时，电池得不到充电，当电池单节电压低于 3.1V 时会进入超低功耗模式，正常 DC 输出电压为 13.8V 左右。

更换高压电控总成时，需要对新旧控制器进行密码清除和防盗编程。

54. 比亚迪电动汽车直流充电桩无法充电故障

（1）故障现象　车主反映车辆在直流充电桩上无法充电，显示"启动充电未能成功"，尝试更换多个充电桩也无法充电，可以使用交流充电桩充电。

（2）故障分析

1）直流充电口故障。

2）直流充电低压通信线路故障。

3）电池管理器故障或控制直流充电的低压线路故障。

（3）维修过程

1）首先测试插上充电枪后仪表，只有充电连接指示灯亮，再无其他充电相关信息，充电桩上显示"充电启动未能成功"，但交流可以充电，由此可以暂定电池管理器能正常工作，故障应该在直流充电过程中涉及的元器件或线束。

2）由于车辆有亮充电连接指示灯，充电桩上却显示"充电未能成功启动"，所以将故障定位于充电过程中的 CAN 线信息交互失败上。

3）接下来插上充电枪充电，测量电池管理器 BK45（B）插接件的 14 号端子无电压，测量 20 号端子 2.9V 电压，CAN 线电压正常应为 2.5V 左右，测量电池管理器 BK45（B）插接件的 14 号端子到充电口 S- 端子不导通，电池管理器 BK45（B）插接件的 20 号端子到充电口 S+ 端子导通正常，如图 2-38 所示。

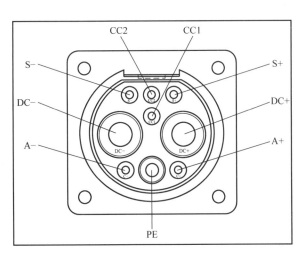
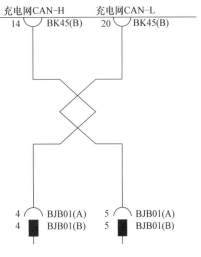

图 2-38　直流充电口电路图

4)测量充电口的 S- 端和 S+ 端到前舱线束 BJB01（B）插接件 4 号和 5 号端子导通正常，可以排除直流充电口故障，再测量前舱线束 BJB01（A）5 号端子到电池管理器 BK45（B）20 号端子导通正常，BJB01（A）4 号端子和电池管理器 BK45（B）14 号端子不导通，判定为该线束断路故障导致，更换前舱线束后，故障排除。

（4）维修小结 此次故障维修需要非常了解整个直流充电的过程才能在信息有限的条件下作出正确的判断。

直流充电流程分析：插枪后，充电柜检测到 CC1 1kΩ 电阻确认枪插好，直流充电柜控制吸合直流充电继电器，电池管理器得到双路电可以工作，车辆检测到 CC2 1kΩ 电阻后确认充电柜连接正常，电池管理器控制点亮仪表充电连接指示灯并与直流充电柜进行 CAN 通信，通信正常后，直流充电柜输出高压电为车辆充电。

根据直流充电流程，该车辆电池管理器已经控制点亮仪表充电连接指示灯，说明 CC1、CC2 已经完成，判断为 CAN 通信未完成，怀疑 CAN 线路或充电口故障导致。

维修新能源车辆时，经常会遇到故障码"U02A200——与主动泄放模块通信故障"，该故障码形成原因是：每次高压上电不成功或充电不成功时，电池管理器内就会报：主动泄放模块通信故障，所以维修时不能根据此故障码来确定故障点。

55. 比亚迪电动汽车行驶中电量不下降、充电时电量不上升故障

（1）故障现象 比亚迪电动汽车偶尔出现行驶中电量不下降、充电时电量不上升。

（2）故障分析

1）BMS 故障。

2）高压电控（霍尔式电流传感器）故障。

3）电流传感器线路故障。

（3）维修过程

1）怀疑是 BMS 故障，更换 BMS 后，故障依旧存在。

2）行驶中电量不下降、充电时电量不上升，观察 BMS，当前总电流几乎一直为 0A，遂怀疑霍尔式电流传感器或线束故障，初步查看线束未发现异常。

3）更换高压电控总成，故障依旧。

4）仔细检查从高压电控与 BMS 之间线路，发现高压电控 33pin 插接件的 18 号、33 号端子退针，检修处理后，故障排除，如图 2-39、图 2-40 所示。

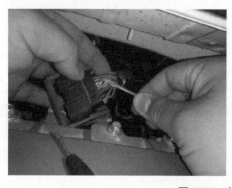 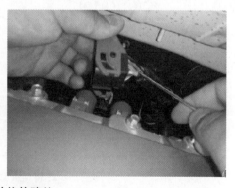

图 2-39 检修故障处

（4）维修小结 处理此类故障，必须掌握 SOC 变化原理：BMS 监测电池包电量是根据霍尔式电流传感器检测到的电流变化信号，在 BMS 内部按照特定的计算方法折算成 SOC 的变化，BMS 和仪表进行通信，将 SOC 显示在仪表上。使用原理图进行分析有助于更快地找到故障点。

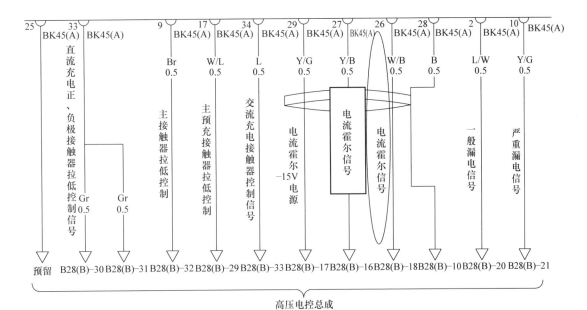

图 2-40 电池控制器电路

56. 比亚迪电动汽车无法交流充电故障

（1）故障现象 一辆比亚迪电动汽车无法交流充电，仪表一直显示"充电连接中"；可以上 OK 电正常行驶。

（2）故障分析

1）交流充电设备故障。

2）交流充电口故障。

3）电池包及 BMS 故障。

4）四合一故障。

5）线路故障。

（3）维修过程

1）使用交流充电盒、单相壁挂式充电盒都一样，仪表一直显示"充电连接中"。

2）如果仪表显示"充电连接中"，则说明充电设备和整车还没有交互完成。

3）BMS 数据流中显示"有充电感应信号（交流）"，如图 2-41 所示，说明 CC 信号正常。

4）VTOG 数据流中 CP 占空比信号一直是 0%，如图 2-42 所示，说明 CP 信号异常；测量交流充电口 CP 端子与 VTOG 的 64 针插接件 CP 端子导通性，发现不导通，仔细检查发现 BJB01 的 12 号端子退针，检修后试车故障排除，电路如图 2-43 所示。

（4）维修小结 处理此类故障，需要掌握 VTOG 充电控制流程。

VTOG充电流程如下：将交流充电枪插入充电口，VTOG检测插枪信号即CC信号后，向BCM发出充电连接信号。BCM控制双路电继电器吸合，BMS与VTOG获得双路电。VTOG检测CP信号、BMS接收到充电感应信号后自检（无故障），BMS控制电池包内接触器和预充接触器吸合进行预充（预充完成后，吸合交流充电接触器、断开预充接触器），VTOG检测到动力电池包的反灌电压后控制交流充电桩输出交流电（给VTOG）进行充电。

图2-41 BMS数据流

图2-42 VTOG数据流

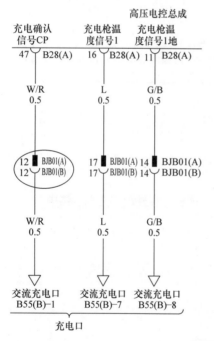

图2-43 高压总成电路

57. 比亚迪电动汽车行驶中严重挫车故障

（1）故障现象 一辆比亚迪电动汽车行驶里程5000km，急加速或行驶一段路后出现严重顿挫、闯车现象；仪表板故障指示灯不亮，但功率会从25kW降至10kW，且来回摆动。

（2）故障分析

1）机械类故障。

2）冷却系统故障。

3）高压电控总成故障。

4）电机故障。

（3）维修过程

1）使用 VDS1000 扫描，没有历史故障码，VTOG、电池管理器数据流正常。

2）试车至故障出现时，查看 VTOG 数据流发现：电机转矩从 62N·m 和电机功率从 26kW 瞬间掉到 0，且来回跳动。

3）进一步查看发现出现挫车时，IGBT 温度达到 99℃，分析挫车正是由于 IGBT 过温导致的功率限制，如图 2-44 所示。

4）检查冷却系统：电子扇工作正常；检查电子水泵发现没有运转，测量电子水泵插接件供电电压 13.41V，正常，如图 2-45 所示。

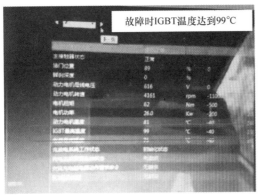
图 2-44　读取 VTOG 数据流

图 2-45　测量水泵供电电压

5）更换电子水泵后试车，故障排除，查看 VTOG 数据流 IGBT 温度为 43℃，恢复正常。

（4）维修小结　本故障是在行驶一段里程或急加速（大功率输出）后才出现问题，初步可以排除机械类故障原因。另外，注意多结合数据流来分析，很快就能找出故障点。

58. 比亚迪 E6/E6A VTOG 故障诊断

（1）诊断流程

1）把车开进维修车间。

2）检查低压电池电压。标准电压：11~14V。如果电压低于 11V，在进行下一步之前应充电或更换蓄电池。

3）故障诊断见表 2-1。

表 2-1　故障诊断

结果	进行
现象不在故障症状表中	全面诊断
现象在故障症状表中	调整、维修或更换

4）确认测试。

5）结束。

（2）故障症状表　故障症状表见表2-2。故障码见表2-3。

表2-2　故障症状表

故障症状	可能发生部位
电机控制系统不工作	1）VTOG 高压电源电路 2）VTOG 低压电源电路 3）线束
档位异常	1）档位控制器回路 2）线束

表2-3　故障码

MG2 电机控制器模块		
故障码	故障描述	可能发生部位
P1B0000	IPM 故障	电机控制器
P1B0100	旋变故障	MG2 电机 线束，插接件
P1B0200	欠电压保护故障	电机控制器
P1B0300	主接触器异常故障	电机控制器 电池管理器 高压配电箱
P1B0400	过压保护故障	电机控制器
P1B0500	IPM 散热器过温故障	电机控制器
P1B0600	档位故障	档位控制器 电机控制器 线束
P1B0700	油门异常故障	加速踏板深度传感器回路
P1B0800	电机过温故障	制动踏板深度传感器回路
P1B0900	动力电机过电流故障	MG2 电机
P1B0A00	缺相故障	电机控制器，线束
P1B0B00	EEPROM 失效故障	—

59. 比亚迪不能起动故障

（1）故障现象　比亚迪 E5，踩下制动踏板，同时按下启动按钮，准备检查车辆的常规电气系统和高压系统是否能正常工作，结果发现车辆不能启动，仪表黑屏，如图2-46 所示，这和不踩制动踏板、按下启动开关的现象一模一样，制动灯也不亮。

（2）故障分析　回顾一下车辆的操作步骤，得出以下结论：

车辆低压正常启动，需要满足以下条件：

1）踩下制动踏板的信号需要被车辆接收，因此制动灯

图2-46　仪表黑屏并提示

开关的功能必须正常。

2）制动灯开关与启动开关的操作信号要被车身控制器接收，因此车身控制器不能罢工。

3）I-KEY 工作正常，否则防盗信息不能被验证，电气系统无法启动。

4）所有信号回路正常。

现在车辆低压无法启动，需重点关注上述条件是否被满足。

1）连接解码器，扫描全车模块，车身控制器模块能被查找到，并无故障码提示，说明模块工作正常。解码器可读取车身控制器数据，说明模块本身、电源、搭铁、启动 CAN 通信都正常，由此排除车身控制器故障。

2）按下启动按钮时，仪表并没有显示"未检测到钥匙"信息，可排除 I-KEY 系统问题。

3）读取踩下制动踏板数据流，找到启动网—车身控制器，读取制动信号见表 2-4 所示。

表 2-4　踩下制动踏板数据流

项目	数值	判断
启动网—车身控制器：12V 制动信号状态	踩下：无效	异常

（3）**故障诊断**　结合仪表现象、诊断数据和电路图分析，基本上可以锁定故障方向在制动灯开关及相关线路，制动控制电路如图 2-47 所示。

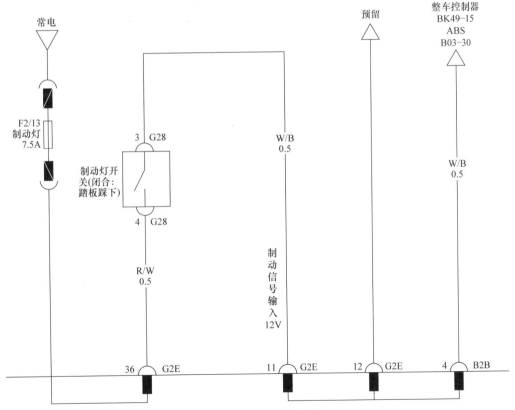

图 2-47　制动控制电路

执行部件、电路测试，故障验证见表 2-5。

表 2-5 故障验证

部件/电路范围	检查或测试后的判断结果		结论
关闭启动按钮,断开蓄电池负极,踩下制动踏板,测量线路 F2/13 熔丝下游至 G2E/11 电阻:<1Ω	☑ 正常	☐ 不正常	制动灯开关正常
连接蓄电池负极,测量 F2/13 熔丝上游对车身的电压:12.68V	☑ 正常	☐ 不正常	熔丝上游供电正常
连接蓄电池负极,测量 F2/13 熔丝下游对车身的电压:0V	☐ 正常	☑ 不正常	熔丝熔断
断开蓄电池负极,拔下 F2/13 熔丝,踩下制动踏板,测量熔丝下游对车身的电阻:∞	☑ 正常	☐ 不正常	熔丝输出端对地无短路

因为制动灯熔丝断开,制动灯无法工作,根据电路图分析,制动灯开关闭合后,车身控制器仍不能接收制动信号的输入,因此不能启用电气系统。经测试,熔丝输出端不存在对地短路现象,并且无其他设备加装现象造成熔丝过载,因此断定熔丝熔断是由于本身质量不佳,如图 2-48 所示。

在断电状态下更换新的熔丝,连接蓄电池负极,踩下制动踏板,按下启动按钮,车辆顺利启动,再次连接解码器扫描全车控制单元,没有出现任何故障码,踩下制动踏板换档,车辆缓缓起步,已经恢复了正常行驶的功能。

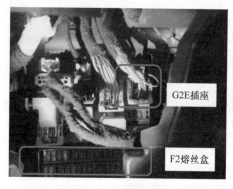

图 2-48　F2/13 熔丝熔断

60. 比亚迪无法直流充电故障

比亚迪 E5 检查步骤如下:

(1) 检查直流充电口总成高低压线束

1) 分别拔出直流充电口总成的高压插接件和低压插接件,如图 2-49 所示。

2) 分别测试正负极电缆和低压线束是否导通。

3) 用万用表测量低压插接件与充电口电阻是否正常,见表 2-6。

4) 如果测量值不正常,更换直流充电口。

5) 如果正常,进行下一步。

(2) 检查低压线束

1) 电源置于 OFF 档。

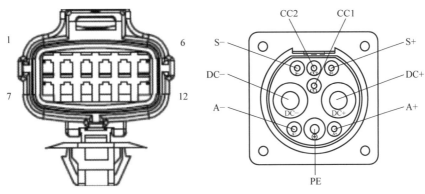

图 2-49 直流充电口总成的高压插接件和低压插接件

表 2-6 低压插接件与充电口电阻正常值

端子	线色	正常值
1～A-（低压辅助电源负）	B	小于1Ω
2～A+（低压辅助电源正）	R	小于1Ω
3～CC2（直流充电感应信号）	R	小于1Ω
4～S-（CAN-L）	B	小于1Ω
5～S+（CAN-H）	R	小于1Ω
CC～车身地	W/B	1kΩ±30Ω

2）拔出电池管理器低压插接件 BMC 02，如图 2-50 所示。

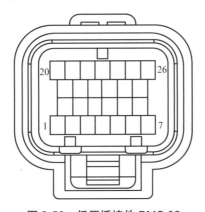

图 2-50 低压插接件 BMC 02

3）用万用表测量电池管理器插接件 BMC 02 与充电口端子值，见表 2-7。

表 2-7 测量电池管理器插接件 BMC 02 与充电口端子正常值

端子	线色	正常值
BMC02-04～CC2（直流充电感应信号）	R	
BMC02-14～S+（CAN-H）	R	
BMC02-20～S-（CAN-L）	B	小于1Ω
1～A-（低压辅助电源负）	B	
1～A+（低压辅助电源正）	R	

4)如果测量值不正常,更换线束。

5)如果正常,进行下一步。

(3)检查高压电控总成

1)电源置于 OFF 档。

2)连接充电枪,准备充电。

3)用万用表测量电池管理器插接件 BMC 02 与车身地值,见表 2-8。

4)断开充电枪。

5)拔下电池管理器插接件,将直流充电正负极接触器控制端子与车身地短接,将吸合充电正负极接触器。

6)用万用表测量充电口 DC+ 与 DC- 之间的电压,正常约为 650V。

7)如果测量值不正常,检修高压电控总成。

8)如果正常,更换电池管理器。

表 2-8 测量电池管理器插接件 BMC 02 与车身地正常值

端子	线色	正常值
直流充电正负极接触器电源端子—车身地	W/R	11~14V
直流充电接触器控制端子—车身地	B	小于 1Ω

61. 比亚迪元、宋、E5 动力电池故障诊断

1)检查蓄电池电压及整车低压线束供电是否正常。标准电压:12.8 ~ 13.8V。如果电压低于 12.8V,在进行诊断之前,应充电或更换蓄电池或检查整车低压线束。

2)对接好插接件,整车上 ON 档电,进入电池管理器诊断故障码。

3)针对故障进行调整、维修或更换。

4)确认测试。

5)比亚迪 E5 动力电池故障码见表 2-9。

表 2-9 比亚迪 E5 动力电池故障码

编号	DTC	描述	应检查部位
1	P1A0000	严重漏电故障	检查动力电池、电驱动总成、充配电总成、空调压缩机和 PTC
2	P1A0100	一般漏电故障	检查动力电池、电驱动总成、充配电总成、空调压缩机和 PTC
3	P1A0200	BIC1 工作异常故障	采集器 1
4	P1A0300	BIC2 工作异常故障	采集器 2
5	P1A0400	BIC3 工作异常故障	采集器 3
6	P1A0500	BIC4 工作异常故障	采集器 4
7	P1A0600	BIC5 工作异常故障	采集器 5
8	P1A0700	BIC6 工作异常故障	采集器 6
9	P1A0800	BIC7 工作异常故障	采集器 7
10	P1A0900	BIC8 工作异常故障	采集器 8
11	P1A0A00	BIC9 工作异常故障	采集器 9
12	P1A0B00	BIC10 工作异常故障	采集器 10

（续）

编号	DTC	描述	应检查部位
13	P1A9800	BIC11 工作异常故障	采集器 11
14	P1A9900	BIC12 工作异常故障	采集器 12
15	P1A9A00	BIC13 工作异常故障	采集器 13
16	P1A9B00	BIC14 工作异常故障	采集器 14
17	P1A9C00	BIC15 工作异常故障	采集器 15
18	P1A9D00	BIC16 工作异常故障	采集器 16
19	P1A9E00	BIC17 工作异常故障	采集器 17
20	P1A9F00	BIC18 工作异常故障	采集器 18
21	P1AA000	BIC19 工作异常故障	采集器 19
22	P1AA100	BIC20 工作异常故障	采集器 20
23	P1A0C00	BIC1 电压采样异常故障	电池模组 1；软件会自己屏蔽掉，无需处理，若无法屏蔽，则需更换电池模组
24	P1A0D00	BIC2 电压采样异常故障	电池模组 2；软件会自己屏蔽掉，无需处理，若无法屏蔽，则需更换电池模组
25	P1A0E00	BIC3 电压采样异常故障	电池模组 3；软件会自己屏蔽掉，无需处理，若无法屏蔽，则需更换电池模组
26	P1A0F00	BIC4 电压采样异常故障	电池模组 4；软件会自己屏蔽掉，无需处理，若无法屏蔽，则需更换电池模组
27	P1A1000	BIC5 电压采样异常故障	电池模组 5；软件会自己屏蔽掉，无需处理，若无法屏蔽，则需更换电池模组
28	P1A1100	BIC6 电压采样异常故障	电池模组 6；软件会自己屏蔽掉，无需处理，若无法屏蔽，则需更换电池模组
29	P1A1200	BIC7 电压采样异常故障	电池模组 7；软件会自己屏蔽掉，无需处理，若无法屏蔽，则需更换电池模组
30	P1A1300	BIC8 电压采样异常故障	电池模组 8；软件会自己屏蔽掉，无需处理，若无法屏蔽，则需更换电池模组
31	P1A1400	BIC9 电压采样异常故障	电池模组 9；软件会自己屏蔽掉，无需处理，若无法屏蔽，则需更换电池模组
32	P1A1500	BIC10 电压采样异常故障	电池模组 10；软件会自己屏蔽掉，无需处理，若无法屏蔽，则需更换电池模组
33	P1AA200	BIC11 电压采样异常故障	电池模组 11；软件会自己屏蔽掉，无需处理，若无法屏蔽，则需更换电池模组
34	P1AA300	BIC12 电压采样异常故障	电池模组 12；软件会自己屏蔽掉，无需处理，若无法屏蔽，则需更换电池模组
35	P1AA400	BIC13 电压采样异常故障	电池模组 13；软件会自己屏蔽掉，无需处理，若无法屏蔽，则需更换电池模组
36	P1AA500	BIC14 电压采样异常故障	电池模组 14；软件会自己屏蔽掉，无需处理，若无法屏蔽，则需更换电池模组
37	P1AA600	BIC15 电压采样异常故障	电池模组 15；软件会自己屏蔽掉，无需处理，若无法屏蔽，则需更换电池模组
38	P1AA700	BIC16 电压采样异常故障	电池模组 16；软件会自己屏蔽掉，无需处理，若无法屏蔽，则需更换电池模组
39	P1AA800	BIC17 电压采样异常故障	电池模组 17；软件会自己屏蔽掉，无需处理，若无法屏蔽，则需更换电池模组
40	P1AA900	BIC18 电压采样异常故障	电池模组 18；软件会自己屏蔽掉，无需处理，若无法屏蔽，则需更换电池模组

（续）

编号	DTC	描述	应检查部位
41	P1AAA00	BIC19 电压采样异常故障	电池模组 19；软件会自己屏蔽掉，无需处理，若无法屏蔽，则需更换电池模组
42	P1AAB00	BIC20 电压采样异常故障	电池模组 20；软件会自己屏蔽掉，无需处理，若无法屏蔽，则需更换电池模组
43	P1A2000	BIC1 温度采样异常故障	电池模组 1；软件会自己屏蔽掉，无需处理，若无法屏蔽，则需更换电池模组
44	P1A2100	BIC2 温度采样异常故障	电池模组 2；软件会自己屏蔽掉，无需处理，若无法屏蔽，则需更换电池模组
45	P1A2200	BIC3 温度采样异常故障	电池模组 3；软件会自己屏蔽掉，无需处理，若无法屏蔽，则需更换电池模组
46	P1A2300	BIC4 温度采样异常故障	电池模组 4；软件会自己屏蔽掉，无需处理，若无法屏蔽，则需更换电池模组
47	P1A2400	BIC5 温度采样异常故障	电池模组 5；软件会自己屏蔽掉，无需处理，若无法屏蔽，则需更换电池模组
48	P1A2500	BIC6 温度采样异常故障	电池模组 6；软件会自己屏蔽掉，无需处理，若无法屏蔽，则需更换电池模组
49	P1A2600	BIC7 温度采样异常故障	电池模组 7；软件会自己屏蔽掉，无需处理，若无法屏蔽，则需更换电池模组
50	P1A2700	BIC8 温度采样异常故障	电池模组 8；软件会自己屏蔽掉，无需处理，若无法屏蔽，则需更换电池模组
51	P1A2800	BIC9 温度采样异常故障	电池模组 9；软件会自己屏蔽掉，无需处理，若无法屏蔽，则需更换电池模组
52	P1A2900	BIC10 温度采样异常故障	电池模组 10；软件会自己屏蔽掉，无需处理，若无法屏蔽，则需更换电池模组
53	P1AAC00	BIC11 温度采样异常故障	电池模组 11；软件会自己屏蔽掉，无需处理，若无法屏蔽，则需更换电池模组
54	P1AAD00	BIC12 温度采样异常故障	电池模组 12；软件会自己屏蔽掉，无需处理，若无法屏蔽，则需更换电池模组
55	P1AAE00	BIC13 温度采样异常故障	电池模组 13；软件会自己屏蔽掉，无需处理，若无法屏蔽，则需更换电池模组
56	P1AAF00	BIC14 温度采样异常故障	电池模组 14；软件会自己屏蔽掉，无需处理，若无法屏蔽，则需更换电池模组
57	P1AB000	BIC15 温度采样异常故障	电池模组 15；软件会自己屏蔽掉，无需处理，若无法屏蔽，则需更换电池模组
58	P1AB100	BIC16 温度采样异常故障	电池模组 16；软件会自己屏蔽掉，无需处理，若无法屏蔽，则需更换电池模组
59	P1AB200	BIC17 温度采样异常故障	电池模组 17；软件会自己屏蔽掉，无需处理，若无法屏蔽，则需更换电池模组
60	P1AB300	BIC18 温度采样异常故障	电池模组 18；软件会自己屏蔽掉，无需处理，若无法屏蔽，则需更换电池模组
61	P1AB400	BIC19 温度采样异常故障	电池模组 19；软件会自己屏蔽掉，无需处理，若无法屏蔽，则需更换电池模组
62	P1AB500	BIC20 温度采样异常故障	电池模组 20；软件会自己屏蔽掉，无需处理，若无法屏蔽，则需更换电池模组
63	P1A3400	预充失败故障	检查动力电池、电驱动总成、充配电总成、空调压缩机和 PTC、漏电传感器

（续）

编号	DTC	描述	应检查部位
64	P1A3522	动力电池单节电压严重过高	动力电池
65	P1A3622	动力电池单节电压一般高	动力电池
66	P1A3721	动力电池单节电压严重过低	动力电池
67	P1A3821	动力电池单节电压一般过低	动力电池
68	P1A3922	动力电池单节温度严重过高	动力电池
69	P1A3A22	动力电池单节温度一般高	动力电池
70	P1A3B21	动力电池单节温度严重过低	动力电池
71	P1A3C00	动力电池单节温度一般过低	动力电池
72	P1A3D00	负极接触器回检故障	动力电池包、低压线束
73	P1A3E00	主接触器回检故障	电池管理器、充配电总成
74	P1A3F00	预充接触器回检故障	电池管理器、充配电总成
75	P1A4000	充电接触器回检故障	电池管理器、充配电总成
76	P1A4100	主接触器烧结故障	充配电总成
77	P1A4200	负极接触器烧结故障	动力电池包、低压线束
78	P1A4800	因电机控制器断开主接触器	电驱动总成、低压线束
79	P1A4C00	漏电传感器失效故障	漏电传感器、低压线束
80	P1A4D04	霍尔式电流传感器故障	霍尔式电流传感器、低压线束
81	P1A5100	碰撞硬线信号 PWM 异常告警	安全气囊 ECU、低压线束、电池管理器
82	P1A5200	碰撞系统故障	安全气囊 ECU、低压线束、电池管理器
83	U011000	与电机控制器通信故障	电驱动总成、低压线束
84	U110387	与气囊 ECU 通信故障	气囊 ECU、低压线束
85	P1A5C00	分压接触器 1 回检故障	分压接触器、模组采样通信线
86	P1A5D00	分压接触器 2 回检故障	分压接触器、模组采样通信线
87	P1A5E00	分压接触器 3 回检故障	分压接触器、模组采样通信线
88	P1A5F00	分压接触器 4 回检故障	分压接触器、模组采样通信线
89	P1A6000	高压互锁 1 故障	电池管理器、充配电总成、维修开关、电驱动总成、低压线束
90	U20B000	BIC1 CAN 通信超时故障	采集器、CAN 线
91	U20B100	BIC2 CAN 通信超时故障	采集器、CAN 线
92	U20B200	BIC3 CAN 通信超时故障	采集器、CAN 线
93	U20B300	BIC4 CAN 通信超时故障	采集器、CAN 线
94	U20B400	BIC5 CAN 通信超时故障	采集器、CAN 线
95	U20B500	BIC6 CAN 通信超时故障	采集器、CAN 线
96	U20B600	BIC7 CAN 通信超时故障	采集器、CAN 线
97	U20B700	BIC8 CAN 通信超时故障	采集器、CAN 线
98	U20B800	BIC9 CAN 通信超时故障	采集器、CAN 线
99	U20B900	BIC10 CAN 通信超时故障	采集器、CAN 线
100	U20BA00	BIC11 CAN 通信超时故障	采集器、CAN 线
101	U20BB00	BIC12 CAN 通信超时故障	采集器、CAN 线
102	U20BC00	BIC13 CAN 通信超时故障	采集器、CAN 线
103	U20BD00	BIC14 CAN 通信超时故障	采集器、CAN 线
104	U20BE00	BIC15 CAN 通信超时故障	采集器、CAN 线
105	U20BF00	BIC16 CAN 通信超时故障	采集器、CAN 线
106	U208000	BIC17 CAN 通信超时故障	采集器、CAN 线

（续）

编号	DTC	描述	应检查部位
107	U208100	BIC18 CAN 通信超时故障	采集器、CAN 线
108	U208200	BIC19 CAN 通信超时故障	采集器、CAN 线
109	U208300	BIC20 CAN 通信超时故障	采集器、CAN 线
110	U029787	与车载充电机通信故障	车载充电机、低压线束
111	U012200	与低压 BMS 通信故障	电池管理器、蓄电池、低压线束
112	P1AC000	气囊 ECU 碰撞报警	安全气囊 ECU、低压线束、电池管理器
113	U110400	与后碰 ECU 通信故障	后碰 ECU、低压线束、电池管理器
114	P1AC500	BIC 程序不一致	漏电传感器、低压线束、电池管理器
115	P1AC600	BMC 程序与 BIC 程序不匹配	电池管理器、通信转换模块
116	P1AC700	湿度过高故障	动力电池包
117	P1AC800	正极接触器回检故障	动力电池包、低压线束
118	P1AC900	直流充电感应信号断线故障	电池管理器、低压线束
119	U029C00	电池管理器与 VTOG 通信故障	电池管理器、VTOG 通信模块、低压线束
120	U029800	电池管理器与 DC 通信故障	电池管理器、DC、低压线束
121	U02A200	与主动泄放模块通信故障	电池管理器、主动泄放模块、低压线束
122	U016400	与空调通信故障	电池管理器、空调控制器、低压线束
123	P1ACA00	电池组放电严重报警	动力电池包
124	U02A100	与漏电传感器通信故障	漏电传感器、低压线束
125	P1AD000	模组连接异常	动力电池包
126	P1ADA00	入口温度传感器故障	入口温度传感器
127	P1ADB00	出口温度传感器故障	出口温度传感器
128	UO23487	与电池加热器通信故障	电池加热器、低压线束
129	P1ADE00	因空调系统故障导致无法进行电池冷却	空调系统
130	P1ADF00	因空调系统故障导致无法进行电池内循环	空调系统
131	P1AE000	因空调系统故障故障导致无法进行电池加热	空调系统
132	P1AE100	因电池加热器故障导致无法进行电池加热	电池加热器
133	P1AD44B	充电口温度一般过高 1（60℃ < T ≤ 75℃）	充电口、温度传感器
134	P1AD54B	充电口温度一般过高 2（75℃ < T ≤ 80℃）	充电口、温度传感器
135	P1AD698	充电口温度一般过高 3（80℃ < T ≤ 215℃）	充电口、温度传感器
136	P1AD74B	充电口温升一般过高（ΔT ≥ 45℃）	充电口、温度传感器
137	P1AD898	充电口温升严重过高（ΔT > 50℃）	充电口、温度传感器
138	P1AD900	充电口温度采样点异常	充电口、温度传感器
139	P1A5B00	因双路电供电故障断开接触器	电池管理器、充配电总成、低压线束
140	P1A5500	电池管理器 12V 电源输入过高	电池管理器、充配电总成、低压线束
141	P1A5600	电池管理器 12V 电源输入过低	电池管理器、充配电总成、低压线束
142	P1A8E73	直流充电正极接触器烧结	电池管理器、充配电总成
143	P1A8F73	直流充电负极接触器烧结	电池管理器、充配电总成

62. 比亚迪 E5 动力系统故障灯点亮故障

（1）故障现象 一辆比亚迪 E5 纯电动汽车，用户反映仪表板"OK"指示灯不亮，提示"请检查动力系统"，且动力系统故障灯点亮。

（2）故障分析 维修人员接车后用诊断仪对该车进行检测，进入双向逆变充放电式驱动电机控制单元 VTOG，读取故障码显示"P1B0100—旋变（旋变传感器也叫旋转变压器，简称旋变）故障"。清除故障码后试车，故障码再次出现，说明为静态故障。根据故障现象以及诊断仪的故障提示，初步判断为旋变传感器相关故障。

旋变安装在驱动电机内部，它输出的电压会跟随转子角度的变化而改变，主要用来监测电机转子的位置。旋变主要由转子和定子组成，如图 2-51 所示，励磁绕组和输出绕组都安装在定子槽内，转子与电机输出轴安装在一起，随输出轴一起转动。

图 2-51 旋变传感器结构

车辆在行驶过程中，VTOG 需要对驱动电机的工作状态进行实时监测，从而实现精确控制。旋变可将电机的转速及位置信号转变成电压信号发送给 VTOG 以控制电机。车辆起动时，VTOG 也需要检测到来自旋变的信号，才能顺利完成自检，进入准备起步状态，即"OK"灯亮起。

该车旋变传感器的电路如图 2-52 所示，结合故障码分析，可能的故障原因有：

1）VTOG 与旋变之间的线路有故障。

2）旋变自身有故障。

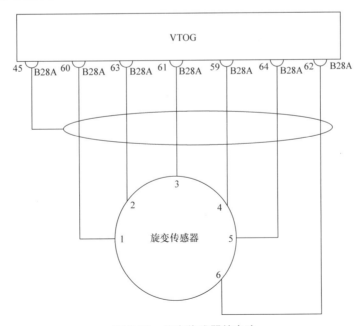

图 2-52 旋变传感器的电路

结合电路图进行以下检测：断开高压维修开关和蓄电池负极；将车辆举升至合适高度，检查 VTOG 和旋变插接器，正常；断开 VTOG 插接器 B28A，将万用表调至电阻档，测量线束侧

59号与60号端子之间的电阻,为7.3Ω,正常;测量线束侧61号与62号端子之间的电阻,为13.2Ω,正常;测量线束侧63号与64号端子之间的电阻,为∞,异常,说明线路断路。

由以上过程并结合电路图分析,VTOG的63号端子与旋变的2号端子、旋变的2号端子与5号端子或者VTOG的64号端子与旋变的5号端子之间可能断路。依次测量,发现VTOG的63号端子与旋变2号端子之间的电阻,为∞,至此找到故障点。

(3)故障排除 更换VTOG与旋变之间的线束,故障排除。

63. 比亚迪元、宋、E5充电系统故障码

比亚迪元、宋、E5充电系统故障码见表2-10。

表2-10 充电系统故障码

序号	故障码	故障描述
		OBC故障码
1	P157016	交流侧电压低
2	P157017	交流侧电压高
3	P157219	直流侧过电流
4	P157216	直流侧电压低
5	P157217	直流侧电压高
6	P157400	供电设备故障
7	P157616	低压供电电压过低
8	P157617	低压供电电压过高
9	P157897	CC信号异常
10	P15794B	温度采样1高
11	P157A37	充电电网频率高
12	P157A36	充电电网频率低
13	P157B00	交流侧过电流
14	P157C00	硬件保护
15	P157E11	充电连接信号外部对地短路
16	P157E12	充电连接信号外部对电源短路
17	P157F11	交流输出端短路
18	P15834B	温度采样2高
19	P158798	充电口温度严重过高
20	P158900	充电口温度采样异常
21	P158A00	电锁异常
22	P151100	交流端高压互锁故障
23	U011100	BCM通信超时
24	U015500	组合仪表通信超时
25	U024500	多媒体通信超时
26	P151500	冷却液温度传感器故障

(续)

序号	故障码	故障描述
OBC 故障码		
27	P15FD00	冷却液温度高
28	U014087	BCM 通信超时
29	U011181	BCM 报文数据异常
30	U015587	组合仪表报文数据异常
31	U024587	多媒体报文数据异常
32	U014081	BM 报文数据异常
33	U011182	BCM 循环计数器异常
34	P15FE00	主控与子模块通信故障
35	P15FF00	内部温度传感器故障
DC/DC 故障码		
1	P1EC000	降压时高压侧电压过高
2	P1EC100	降压时高压侧电压过低
3	P1EC600	降压时高压侧电流过高
4	P1EC200	降压时低压侧电压过高
5	P1EC300	降压时低压侧电压过低
6	P1EC400	降压时低压侧电流过高
7	P1EC700	降压时硬件故障
8	P1EE000	散热器过温
9	U011100	与动力电池管理器通信故障
10	U014000	与 BCM 通信故障
11	P1ED317	低压供电电压过低
12	P1ED316	低压供电电压过高
漏电传感器故障码		
1	P1CA100	严重漏电故障
2	P1CA200	一般漏电故障
3	P1CA000	漏电传感器自身故障

64. 比亚迪元、宋、E5 高压电控系统故障码

比亚迪元、宋、E5 高压电控系统故障码见表 2-11。

表 2-11 高压电控系统故障码

序号	故障码	故障定义	DTC 值
1	P1B0000	驱动 IPM 故障	1B0000
2	P1B0100	旋变故障	1B0100
3	P1B0200	驱动欠电压保护故障	1B0200
4	P1B0300	主接触器异常故障	1B0300

(续)

序号	故障码	故障定义	DTC值
5	P1B0400	驱动过电压保护故障	1B0400
6	P1B0500	IPM散热器过温故障	1B0500
7	P1B0600	档位故障	1B0600
8	P1B0700	油门异常故障	1B0700
9	P1B0800	电机过温故障	1B0800
10	P1B0900	电机过流故障	1B0900
11	P1B0A00	电机缺相故障	1B0A00
12	P1B0B00	EEPROM失效故障	1B0B00
13	P1B3100	IGBT过热	1B3100
14	P1B3200	GTOV电感温度过高	1B3200
15	P1B3400	电网电压过高	1B3400
16	P1B3500	电网电压过低	1B3500
17	P1B3800	可自适应相序保护错误	1B3800
18	P1B3900	交流电压霍尔异常	1B3900
19	P1B3A00	交流电流霍尔失效	1B3A00
20	P1B3B00	三相交流过流	1B3B00
21	P1B4000	GTOV母线电压过高	1B4000
22	P1B4100	GTOV母线电压过低	1B4100
23	P1B4300	GTOV母线电压霍尔异常	1B4300
24	P1B4700	GTOV直流电流过电流保护	1B4700
25	P1B4900	GTOV直流电流霍尔异常	1B4900
26	P1B4A00	GTOV直流电流瞬时过高	1B4A00
27	P1B4B00	GTOV-IPM保护	1B4B00
28	P1B4C00	GTOV可恢复故障连续触发	1B4C00
29	P1B4D00	GTOV可恢复故障恢复超时	1B4D00
30	U025F00	与P档电机控制器通信故障	C25F00
31	U029E00	与主控通信故障	C29E00
32	U011100	与电池管理器通信故障	C11100
33	U029D00	与ESP通信故障	C29D00
34	U012100	与ABS通信故障	C12100
35	U029F00	与OBC通信故障	C29F00
36	P1B6800	充电枪过温	1B6800
37	P1B6900	启动前交流过电流	1B6900
38	P1B6A00	启动前直流过电流	1B6A00
39	P1B6B00	频率过高	1B6B00
40	P1B6C00	频率过低	1B6C00
41	P1B6D00	不可自适应相序错误保护	1B6D00

（续）

序号	故障码	故障定义	DTC 值
42	P1B6E00	直流预充满	1B6E00
43	P1B6F00	直流短路	1B6F00
44	P1B7000	直流断路	1B7000
45	P1B7100	电机接触器烧结	1B7100
46	P1B7200	CC 信号异常	1B7200
47	P1B7300	CP 信号异常	1B7300
48	P1B7400	IGBT 检测故障	1B7400
49	P1B7500	交流三相电压不平衡	1B7500
50	P1B7600	交流三相电流不平衡	1B7600
51	P1B7700	电网电压零漂不过	1B7700
52	P1B7800	逆变电压零漂不过	1B7800
53	P1B7900	交流电流零漂不过	1B7900
54	P1B7A00	直流电流零漂不过	1B7A00
55	P1B7B00	SCI 通信异常	1B7B00
56	U015500	与仪表 CAN 通信失效	C15500
57	P1EC000	降压时高压侧电压过高	1EC000
58	P1EC100	降压时高压侧电压过低	1EC100
59	P1EC200	降压时低压侧电压过高	1EC200
60	P1EC300	降压时低压侧电压过低	1EC300
61	P1EC400	降压时低压侧电流过高	1EC400
62	P1EC700	降压时硬件故障	1EC700
63	P1EC800	降压时低压侧短路	1EC800
64	P1EC900	降压时低压侧断路	1EC900
65	P1EE000	散热器过温	1EE000
66	U012200	与低压 BMS 通信故障	C12200
67	U011100	与动力电池管理器通信故障	C11100
68	U014000	与 BCM 通信故障	C14000
69	P1BF400	驱动电机控制器主动泄放模块故障	1BF400
70	U011000	与驱动电机控制器通信故障	C11000
71	U011100	与动力电池管理器通信故障	C11100
72	P150000	车载充电机输入欠压	150000
73	P150100	车载充电机输入过压	150100
74	P150200	车载充电机高压输出断线故障	150200
75	P150300	车载充电机高压输出电流过电流	150300
76	P150400	车载充电机高压输出电流过低	150400
77	P150500	车载充电机高压输出电压低	150500
78	P150600	车载充电机高压输出电压高	150600

（续）

序号	故障码	故障定义	DTC 值
79	P150700	车载充电机接地状态故障	150700
80	P150800	车载充电机风扇状态故障	150800
81	P150900	DC 逆变桥温度故障	150900
82	P150A00	PFC 输出状态故障	150A00
83	P150B00	PFC 桥温度故障	150B00
84	P150C00	供电设备故障	150C00
85	P150D00	低压输出断线	150D00
86	P150E00	低压蓄电池电压过低	150E00
87	P150F00	低压蓄电池电压过高	150F00
88	P151000	交流充电感应信号断线故障	151000
89	U011100	与动力电池管理器通信故障	C11100
90	U015500	与组合仪表通信故障	C15500

第三章 江淮电动汽车常见故障排除

65. 江淮 iEV6 无法起动故障

（1）故障现象　一辆江淮 iEV6，行驶里程约为 5 万 km，接通电源开关，尝试起动车辆，车辆通电正常，但不能进入 READY 状态，无法行驶。仪表板出现提示信息"请前往 4S 店维修"，同时车身电器故障警示灯常亮，如图 3-1 所示。

（2）故障诊断　连接故障检测仪，读取故障码，读取到的故障码为 P3011，如图 3-2 所示。记录并清除故障码，随后断开车辆电源，约 10s 后，尝试重新启动车辆，故障依旧。重新读取故障码，仍为 P3011。查阅维修手册，得知故障码 P3011 的含义为"高压互锁短路故障"。根据故障码的提示，判断故障原因可能是汽车前舱高压电路故障或高压互锁检测电路故障。

图 3-1　故障车的仪表

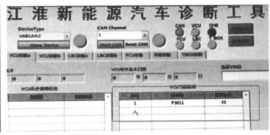
图 3-2　读取到的故障码

由于涉及高压部分的检修，维修人员按照行业标准和维修手册的要求，做好相关防护措施。根据操作流程，将车辆置于"LOCK"档，断开 12V 蓄电池的负极，拔出维修开关后等待 10min 才可继续操作。同时，要确保维修开关随身携带，并在车顶上方放置"危险"和"高压操作"等警示标志。

检查高压电路各高压插接件的插接情况，如图 3-3 所示，未见插接件松脱、损坏等异常现象。接下来，检查高压互锁检测电路（检查 12V 高压互锁信号）。先用万用表电压档测量信号终端 VCU 的 1 号导线连接器 F24 的端子 39 的电压，为 0V，初步判定高压互锁检测电路断路或高压互锁装置失效。用万用表电压档测量高压接线盒导线连接器 F19 端子 6，有 12V 的电压，说明高压互锁检测电路的输入端有信号输入，而输出端的信号丢失，说明在信号传递的过程中出了故障。用万用表蜂鸣档分别测量 VCU 的 1 号导线连接器 F24 的端子 39 与电机控制器盒导线连接器 F23 的端子 5，以及电机控制器盒导线连接器 F23 的端子 6 与高压接线盒插件导线连接器 F19 的端子 7 的导通情况，发现均导通，如图 3-4 所示。

图 3-3　高压插接件的插接情况

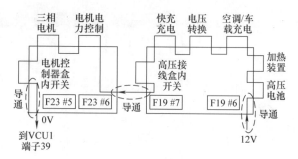

图 3-4　高压互锁检测电路的检测情况

分析高压电路各高压插接件的插接情况，良好，高压互锁检测电路各外部线路也未检测到断路，初步判断为电机控制器盒或高压接线盒内部的高压互锁检测电路断路。

断开高压接线盒导线连接器 F19 和电机控制器盒导线连接器 F23，检查导线连接器，正常；用万用表蜂鸣档检测电机控制器盒和高压接线盒内部的高压互锁检测电路的导通情况，检查发现电机控制器盒一侧导线连接器如图 3-5 所示，端子 5 和端子 6 导通，说明电机控制器盒内部的高压互锁检测电路正常。而高压接线盒一侧导线连接器如图 3-6 所示，端子 6 和端子 7 之间则不导通，说明高压接线盒内部的高压互锁检测电路断路。

图 3-5　电机控制器盒一侧的导线连接器

图 3-6　高压接线盒一侧的导线连接器

断开高压接线盒上高压电池 LBC 线束、DC/DC 变换器线束、加热元件 PTC 线束、高压配电空调装置/车载充电机线束及快速充电线束的导线连接器，分别用万用表蜂鸣档检测各线束内部的高压互锁装置，正常，由此可以断定各高压线束内部的互锁装置无故障，于是重点检查高压接线盒。

拆卸高压接线盒上的 8 个螺栓，打开高压接线盒，检查其内部。用万用表蜂鸣档检测高压接线盒内的压力开关，如图 3-7 所示，用手按下按钮，发现开关仍不导通，说明压力开关失效。压力开关的工作原理如图 3-8 所示，当不安装高压接线盒盖板时，开关处于常开状态；当安装高压接线盒盖板后，触点被压下，内部导通。

（3）**故障排除**　更换压力开关，将高压接线盒盖板装复后，用万用表蜂鸣档检测高压接线盒一侧导线连接器端子 6 和端子 7 之间的导通情况，导通。将各线束装复后试车，车辆顺利起动。清除故障码，再次读取故障码，无故障码，仪表显示正常，故障彻底排除。

 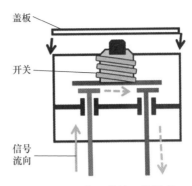

图 3-7 压力开关　　　　　　　图 3-8 压力开关的工作原理

（4）故障总结　江淮 iEV6 电动汽车高压部分的标准电压为 345.6V。为此，江淮 iEV6 电动车采取的保护措施是在关键的高压线束导线连接器上安装了高压互锁装置，如图 3-9 所示，用以检测高压线束是否完全插接到位。装有高压互锁装置的高压线束主要有高压电池 LBC 线束、电压 DC/DC 变换器线束、加热元件 PTC 线束、高压配电空调装置/车载充电机线束、快速充电线束、电机电力控制 PCU 线束及三相电机线束的导线连接器等。

高压互锁装置的工作原理如下：

各高压互锁装置以串联方式连接，形成高压互锁检测电路。12V 检测信号从高压接线盒导线连接器 F19 端子 6 进入高压接线盒，经过 LBC 线束、DC/DC 线束、PTC 线束、高压配电线束、快速充电线束和高压接线盒内开关的高压互锁装置后，从高压接线盒导线连接器 F19 端子 7 输出到电机控制器盒，检测信号再从电机控制器盒导线连接器 F23 端子 6 输入，经过三相电机线束、PCU 线束及电机控制器盒内开关的高压互锁装置后，从电机控制器盒导线连接器 F23 端子 5 输出，到 VCU（从 VCU 的 1 号导线连接器 F24 端子 39 进入）。任何一个高压互锁装置失效或高压线束导线连接器没有完全插接到位，串联电路即断路，VCU 就检测不到高压互锁信号，VCU 会开启保护功能，自动切断一切高压部分的工作，车辆也就不能起动了。

图 3-9 高压互锁装置

66. 江淮纯电动汽车电流传感器故障

江淮纯电动汽车 iEV5/iEV6 动力电池 P3129- 电流传感器故障诊断逻辑见表 3-1。

表 3-1 故障诊断逻辑

故障码	故障名称	故障诊断条件	可能导致故障的原因
P3129	电流传感器故障	电流传感器电压异常（低于正常值）	线束或插接件 电流传感器 LBC

故障码确诊步骤：

（1）执行故障码确认步骤

1）将钥匙置于"ON"档，等待 2s 以上。

2）检查诊断结果。

3）是否检测到 DTC ？

是：进行下一步骤。

否：检查结束。

警告：由于电动汽车含有高电压电池，如果对高压组件和车辆的处理方式不正确，有发生触电、休克、漏电或类似事故的风险，因此一定要按照正确的流程检查和维护。

断开维修开关前，必须将钥匙置于"LOCK"档或拔出。

检查或维护高压系统之前，必须断开维修开关，且在检查和维护过程中禁止任何人闭合维修开关。开始进行高电压系统操作之前，一定要穿戴绝缘防护装备。

维修人员在操作高压系统时，确保其他人不会碰车。在不进行维修保养工作时，对高压部分进行绝缘防护，以防止其他人员触摸到。

断开维修开关后，禁止钥匙置于"ON"档或转至"START"档。

（2）拆卸动力电池总成

1）将钥匙置于"LOCK"档或拔出。

2）拆卸动力电池总成，查阅"动力电池总成拆卸与安装 - 动力电池总成"。

3）检测连接状态。

4）检测 LBC 与 BDU（电流传感器）之间的线束或插接件的连接状态是否正常。

5）检测结果是否正常？

是：进行下一步。

否：恢复连接状态。

（3）检测线束导通状态

1）检测电流传感器导通情况见表 3-2。

表 3-2　检测电流传感器导通情况

万用表笔正极		万用表笔负极		导通情况
BDU（电流传感器）		LBC		
插接件	端口号	插接件	端口号	
15326815	A	1318756-1（J5）	12	导通
	B		11	
	C		3	
	D		4	

2）检测结果是否正常？

是：更换 LBC。

否：修复线束或插接件。

（4）使用"新能源汽车诊断工具"查询 LBC 诊断服务信息

1）将钥匙置于"ON"档，等待时间大于或等于 10s。

2）读取 LBC 温度信息。

3）故障是否还存在？

是：更换 BDU 总成。

否：检查结束。

67. 江淮纯电动汽车充电连接和接地电路故障诊断

江淮纯电动汽车 iEV5/iEV6 充电连接和接地电路诊断步骤如下：

（1）检查熔丝

检查以下熔丝是否熔断（高压接线盒：交流充电熔丝、直流充电熔丝）。

（2）检查熔丝是否熔断

是：更换熔丝。

否：检查车载充电机是否接地。

（3）检查车载充电机是否接地

1）钥匙置于"LOCK"档。

2）断开车载充电机插接件。

3）检查车载充电机插接件与地之间是否导通情况，见表 3-3。

表 3-3　检查车载充电机插接件与地之间是否导通

+		—	导通情况
车载充电机			
连接器	端子		
CH1	C	地	是

4）检查是否导通。

是：测量车载充电机绝缘电阻。

否：维修或者更换有故障的插接件。

（4）测量车载充电机绝缘电阻

1）测量车载充电机绝缘电阻见表 3-4。

表 3-4　测量车载充电机绝缘电阻

+		—	>20MΩ（500V 档测量）
车载充电机			
连接器	端子		
CH1	A 或 B	地	是
CH2	1 或 2		是

2）测量结果是否正常。

是：检查交流充电插座是否导通。

否：维修或者更换有故障的车载充电机。

（5）检查交流充电插座是否导通

1）检查交流充电插座线束导通情况，见表 3-5。

2）检查是否导通。

是：测量车载充电机唤醒信号。

否：维修或者更换有故障的交流充电插座。

表 3-5 检查交流充电插座线束导通

交流充电插座		插座端	是否导通
连接器	端子		
NC1	L	L	是
	N	N	
	PE	PE	
NC2	CC	CC	
	CP	CP	

（6）测量车载充电机唤醒信号

1）连接车载充电机高压插接件，断开车载充电机低压插接件。

2）连接交流充电插头。

3）测量车载充电机唤醒信号端子与地之间的电压，见表 3-6。

表 3-6 测量车载充电机唤醒信号端子与地之间的电压

车载充电机		—	电压
连接器	端子		
CH3	6	地	12V

4）测量结果是否正常。

是：测量车载充电机 CAN 通信信号。

否：维修或者更换有故障的车载充电机。

（7）测量车载充电机 CAN 通信信号

1）连接车载充电机高压插接件，断开车载充电机低压插接件。

2）连接交流充电插头。

3）测量车载充电机 CAN-H 与 CAN-L 之间的电压，见表 3-7。

表 3-7 测量车载充电机 CAN-H 与 CAN-L 之间的电压

车载充电机		车载充电机		电压
连接器	端子	连接器	端子	
CH3	8	CH3	7	0.3V 左右

4）测量结果是否正常。

是：检查结束。

否：维修或者更换有故障的车载充电机。

68. 江淮纯电动汽车车载充电机故障诊断

江淮纯电动汽车 iEV5/iEV6 车载充电机故障症状见表 3-8～表 3-12。

表 3-8　立即充电无法执行

症状	检查项目	解决方案
立即充电无法执行	外部充电电源无输出	确认外部电源有无输出。如果外部电源带有定时装置,在定时范围内外部电源才会有输出
	充电插头连接不正确	确认充电插头连接正确
	充电插接件连接不到位	确认充电插接件连接到位
	车辆处于上电状态	充电前,确认车辆钥匙处于"LOCK"档
	交流充电与直流充电均连接	连接交流充电或直流充电中(交流充电和直流充电不能同时进行)
	定时开关被设置	按下定时开关
	动力电池满电	无动作(如果动力电池已经满电,充电不会进行。如果动力电池已经充满,充电自动停止)
	电池温度过高	确认电池温度低于 65℃
	12V 铅酸电池馈电	给 12V 铅酸电池充电
	电动汽车故障	检查 VCU 故障码

表 3-9　远程充电无法执行

症状	检查项目	解决方案
远程充电无法执行	外部充电电源无输出	确认外部电源有无输出。如果外部电源带有定时装置,在定时范围内外部电源才会有输出
	充电插头连接不正确	确认充电插头连接正确
	充电插接件连接不到位	确认充电插接件连接到位
	车辆处于上电状态	充电前,确认车辆钥匙处于"LOCK"档
	动力电池满电	无动作(如果动力电池已经满电,充电不会进行。如果动力电池已经充满,充电自动停止)
	动力电池温度过高	确认电池温度低于 65℃
	12V 铅酸电池馈电	给 12V 铅酸电池充电
	电动汽车故障	检查 VCU 故障码
	电动汽车接收不到充电信号	确认你所在的位置有信号 确认电动汽车所在的位置有信号

表 3-10　充电中断 / 直流充电无法执行

症状	检查项目	解决方案
充电中断	外部电源无输出	确认外部电源有无输出。确认断路器是闭合的。如果外部电源带有定时装置,在定时范围内外部电源才会有输出
	达到定时充电结束时间	执行普通充电(当定时充电被设置,达到定时充电结束时间,即使电池没有充满,充电也将结束)

(续)

症状	检查项目	解决方案
充电中断	动力电池温度过高	确认电池温度低于 65℃
	电动汽车故障	检查 VCU 故障码
直流充电无法执行	充电插接件连接不到位	确认充电插接件连接到位
	车辆处于上电状态	充点前,确认车辆钥匙处于"LOCK"档
	动力电池温度过高	确认电池温度低于 65℃
	动力电池满电	无动作(如果动力电池已经满电,充电不会进行。如果动力电池已经充满,充电自动停止)
	12V 铅酸电池馈电	给 12V 铅酸电池充电
	电动汽车故障	检查 VCU 故障码

表 3-11 定时充电无法执行

症状	检查项目	解决方案
定时充电无法执行	外部充电电源无输出	确认外部电源是否有输出。如果外部电源带有定时装置,在定时范围内外部电源才会有输出
	充电插头连接不正确	确认充电插头连接正确
	充电插接件连接不到位	确认充电插接件连接到位
	车辆处于上电状态	充电前,确认车辆钥匙处于"LOCK"档
	交流充电与直流充电均连接	连接交流充电与直流充电中一种即可(交流充电与直流充电不能同时进行)
	动力电池满电	无动作(如果动力电池已经满电,充电不会进行。如果动力电池已经充满,充电自动停止)
	电池温度过高	确认电池温度低于 65℃
	12V 铅酸电池馈电	给 12V 铅酸电池充电
	电动汽车故障	检查 VCU 故障码
	设置的充电开始时间在充电结束时间之后	设置正确的充电开始和结束时间
	设置的充电开始时间在当前时间之前	设置充电开始时间在当前时间之后
	设置的充电结束时间在当前时间之前	设置充电结束时间在当前时间之后
	计时器上的日期和时间错误	确认计时器上的日期和时间正确
	没有设置定时充电	按计划设置定时充电

表 3-12 直流充电中断

症状	检查项目	解决方案
直流充电中断	交流充电与直流充电均连接	连接交流充电与直流充电中一种即可(交流充电与直流充电不能同时进行)
	动力电池温度过高	确认电池温度低于 65℃
	电动汽车故障	检查 VCU 故障码

69. 江淮纯电动汽车 VCU 供电与接地电路故障检查

江淮 iEV5/iEV6 VCU 供电与接地电路故障检查步骤：

（1）**检查熔丝** 检查以下熔丝是否熔断（供电：自保持熔丝 - 室外熔丝盒；"ON"档信号 IG1 熔丝 - 室外熔丝盒）。

（2）**熔丝是否熔断**

是：更换熔丝。

否：转至检测 VCU 接地电路。

（3）**检测 VCU 接地电路**

1）将钥匙置于"LOCK"档或拔出。

2）断开 VCU 插接件。

3）检测 VCU 插接件与车身地的导通情况，见表 3-13。

表 3-13　检测 VCU 插接件与车身地的导通情况

万用表笔正极		万用表笔负极	导通情况
DC/DC			
插接件	端口号		
C17	1	车身地	导通
	9		
	47		
	66		

4）检测结果是否正常。

是：转至检测 VCU 供电。

否：维修或更换故障件。

（4）**检测 VCU 供电**

1）检测 VCU 插接件与车身地之间的电压，见表 3-14。

表 3-14　检测 VCU 插接件与车身地之间的电压

万用表笔正极		万用表笔负极	电压
VCU			
插接件	端口号		
C17	10	车身地	应与 12V 蓄电池电压大致相同
	29		
	48		
	67		

2）检测结果是否正常。

是：转至检查钥匙信号的供电。

否：转至检测 VCU 供电电路。

（5）**检测 VCU 供电电路**

1）检测 VCU 插接件和低压配电控制器插接件的导通情况，见表 3-15。

表 3-15 检测 VCU 插接件和低压配电控制器插接件的导通情况

万用表笔正极		万用表笔负极		导通情况
VCU		低压配电控制器		
插接件	端口号	插接件	端口号	
C17	10	C14	10	导通
	29			
	48			
	67			

2）检查插接件是否被地短路。
3）检测结果是否正常。
是：检测蓄电池电压。
否：维修或更换故障件。

（6）检查钥匙信号的供电

1）将钥匙置于"ON"档。
2）检测 VCU 插接件与车身地之间的电压，见表 3-16。

表 3-16 检测 VCU 插接件与车身地之间的电压

万用表笔正极		万用表笔负极	电压
VCU			
插接件	端口号		
C17	43	车身地	11~14V

2）检查结果是否正常。
是：检查结束。
否：转至检测钥匙信号的供电电路。

（7）检测钥匙信号的供电电路

1）将钥匙置于"LOCK"档或拔出。
2）检测 VCU 插接件与熔丝的导通情况，见表 3-17。

表 3-17 检测 VCU 插接件与熔丝的导通情况

万用表笔正极		万用表笔负极	导通情况
VCU			
插接件	端口号		
C17	43	IG1 熔丝（室外熔丝盒）	导通

3）检查插接件是否被地短路。
4）检查结果是否正常。
是：检查蓄电池供电电路。
否：维修或更换故障件。

70. 江淮纯电动汽车常见故障码

江淮纯电动汽车 iEV5/iEV6 故障码及含义见表 3-18。

表 3-18　江淮纯电动汽车 iEV5/iEV6 故障码及含义

DTC	故障名称	故障灯
P0642	VCU 芯片供电故障	系统故障灯
P0643	VCU 芯片供电故障	系统故障灯
P0A02	冷却液温度传感器故障	—
P0A03	冷却液温度传感器故障	—
P0A8D	VCU 供电故障	蓄电池故障灯
P0A8E	VCU 供电故障	蓄电池故障灯
P0A94	DC/DC 故障	蓄电池故障灯
P0AA1	高压正极继电器故障	—
P0AA4	高压负极继电器故障	系统故障灯
P0AA0	高压预充继电器故障	系统故障灯
P2122	加速踏板第一路传感器故障	系统故障灯
P2123	加速踏板第一路传感器故障	系统故障灯
P2127	加速踏板第二路传感器故障	系统故障灯
P2128	加速踏板第二路传感器故障	系统故障灯
P2138	加速踏板比例故障	系统故障灯
P3012	电机控制器故障	电机故障灯
P3013	电池控制器故障	电池故障灯
P3015	高压回路故障	系统故障灯
P3016	高压回路故障	系统故障灯
P3017	高压回路故障	系统故障灯
P3010	车辆碰撞故障	系统故障灯
P3006	换档操纵机构故障	档位故障灯
P3007	换档操纵机构故障	档位故障灯
P3008	换档操纵机构故障	档位故障灯
P3009	换档操纵机构故障	档位故障灯
P300C	电池控制器报文丢失故障	电池故障灯
P300D	电池控制器报文丢失故障	电池故障灯
P300E	电池控制器报文丢失故障	电池故障灯
P300F	电机控制器报文丢失故障	电机故障灯
P301F	车载充电机控制器报文丢失故障	—
P3020	充电桩报文丢失故障	—
P3014	M/C 继电器故障	系统故障灯
P3011	高压互锁故障	系统故障灯
P301A	电机高压回路故障	系统故障灯
P301B	空调压缩机高压回路故障	系统故障灯

71. 江淮纯电动汽车高压正极继电器故障

江淮纯电动汽车 iEV5/iEV6P0AA1- 高压正极继电器故障诊断逻辑见表 3-19。

表 3-19 故障诊断逻辑

DTC 编号	故障名称	DTC 诊断条件	可能导致故障的原因
P0AA1	高压正极继电器故障	当只有高压正极继电器断开时,电机控制器反馈电压没有下降	线束或插接件 高压正极继电器（电池包内）

DTC 确诊步骤：

（1）执行 DTC 确诊步骤

1）将钥匙置于"LOCK"档或拔出，至少等待 100s。

2）将钥匙置于"ON"档。

3）检查 DTC。

4）是否检查到 DTC？

是：进行下一步。

否：检查结束。

（2）检测线束

1）将钥匙置于"LOCK"档或拔出。

2）断开 VCU 线束插接件。

3）检测 VCU 线束插接件和车身地的电压，见表 3-20。

表 3-20 检测 VCU 线束插接件和车身地的电压

万用表笔正极		万用表笔负极	电压
VCU 线束插接件			
插接件	端口号		
F22	107	车身地	约为 0V

4）检测结果是否正常？

是：检查高压正极继电器是否粘合。

否：维修或更换 VCU 线束。

72. 江淮纯电动汽车高压负极继电器故障

江淮 iEV5/iEV6 纯电动汽车 P0AA4 高压负极继电器故障诊断逻辑见表 3-21。

表 3-21 故障诊断逻辑

DTC 编号	故障名称	DTC 诊断条件	可能导致故障的原因
P0AA4	高压负极继电器故障	当只有预充继电器吸合时，电机控制器反馈电压高于一定的值	线束或插接件 高压负极继电器（电池包内）

DTC 确诊步骤：

（1）执行 DTC 确诊步骤

1）将钥匙置于"LOCK"档或拔出，至少等待 100s。

2）将钥匙置于"ON"档。

3）检查 DTC。

4）是否检查到 DTC？

是：进行下一步。

否：检查结束。

（2）检测线束

1）将钥匙置于"LOCK"档或拔出。

2）断开 VCU 线束插接件。

3）检测 VCU 线束插接件和车身地的电压，见表 3-22。

表 3-22　检测 VCU 线束插接件和车身地的电压

万用表笔正极		万用表笔负极	电压
VCU 线束插接件			
接插件	端口号		
F22	99	车身地	约为 0V

4）检测结果是否正常？

是：检查高压负极继电器是否粘合。

否：维修或更换 VCU 线束。

73. 江淮纯电动汽车高压预充继电器故障

江淮纯电动汽车 iEV5/iEV6P0AA0 高压预充继电器故障诊断逻辑见表 3-23。

表 3-23　故障诊断逻辑

DTC 编号	故障名称	DTC 诊断条件	可能导致故障的原因
P0AA0	预充继电器故障	当只有高压负极继电器吸合时，电机控制器反馈电压高于一定的值	线束或插接件 高压负极继电器（电池包内）

DTC 确诊步骤：

（1）执行 DTC 确诊步骤

1）将钥匙置于"LOCK"档或拔出，至少等待 100s。

2）将钥匙置于"ON"档。

3）检查 DTC。

4）是否检查到 DTC？

是：进行下一步。

否：检查结束。

（2）检测线束

1）将钥匙置于"LOCK"档或拔出。

2）断开 VCU 线束插接件。

3）检测 VCU 线束插接件和车身地的电压，见表 3-24。

4）检测结果是否正常？

是：检查预充继电器是否粘合。

否：维修或更换 VCU 线束。

表 3-24 检测 VCU 线束插接件和车身地的电压

万用表笔正极		万用表笔负极	电压
VCU 线束插接件			
插接件	端口号		
F22	100	车身地	约为 0V

74. 江淮纯电动汽车加速踏板第一路传感器故障

江淮纯电动汽车 iEV5/iEV6P2122、P2123 加速踏板第一路传感器故障诊断逻辑见表 3-25。

表 3-25 故障诊断逻辑

故障码	故障名称	诊断条件	可能导致故障的原因
P2122	加速踏板第一路传感器对地短路	VCU 诊断到加速踏板第一路传感器信号电压过低	线束或插接件（加速踏板第一路传感器电路开路或短路）加速踏板第一路传感器
P2123	加速踏板第一路传感器对电源短路	VCU 诊断到加速踏板第一路传感器信号电压过高	

DTC 确诊步骤：

（1）执行 DTC 确诊步骤

1）将钥匙置于"ON"档。

2）检查诊断结果。

3）是否检查到 DTC？

是：进行下一步。

否：检测结束。

（2）检测加速踏板第一路传感器供电 1

1）将钥匙置于"LOCK"档或拔出。

2）检查诊断结果。

3）将钥匙置于"ON"档。

4）检测加速踏板第一路传感器供电电压，见表 3-26。

表 3-26 检测加速踏板第一路传感器供电电压

加速踏板第一路传感器			电压
插接件	万用表笔正极	万用表笔负极	
	端口号		
F15	2	3	约为 5V

5）检测是否正常？

是：转至检测加速踏板第一路传感器输出线束。

否：转至检测加速踏板第一路传感器正极供电 2。

(3) **检测加速踏板第一路传感器正极供电 2**

1) 检测加速踏板第一路传感器正极供电,见表 3-27。

表 3-27 检测加速踏板第一路传感器正极供电

万用表笔正极		万用表笔负极	电压
加速踏板第一路传感器			
插接件	端口号		
F15	2	地	约为 5V

2) 检测是否正常?

是:转至检测加速踏板第一路传感器负极供地线束。

否:转至检测加速踏板第一路传感器正极供电线束。

(4) **检测加速踏板第一路传感器正极供电线束**

1) 将钥匙置于"LOCK"档或拔出。
2) 断开 VCU 线束插接件。
3) 检测加速踏板第一路传感器正极供电线束,见表 3-28。

表 3-28 检测加速踏板第一路传感器正极供电线束

万用表笔正极		万用表笔负极		导通情况
加速踏板第一路传感器		VCU		
插接件	端口号	插接件	端口号	
F15	2	F23	112	导通

4) 检测线束是否被电源或地短路。
5) 检测是否正常?

是:检测低压配电控制器供电。

否:维修或更换加速踏板。

(5) **检测加速踏板第一路传感器负极供电线束**

1) 钥匙置于"LOCK"档或拔出。
2) 断开 VCU 线束插接件。
3) 检测加速踏板第一路传感器负极供电线束,见表 3-29。

表 3-29 检测加速踏板第一路传感器负极供电线束

万用表笔正极		万用表笔负极		导通情况
加速踏板第一路传感器		VCU		
插接件	端口号	插接件	端口号	
F15	3	F22	72	导通

4) 检测线束是否被电源短路。
5) 检测是否正常?

是:检测 VCU 负极供地电路。

否:维修或更换加速踏板。

(6) **检测 VCU 负极供地电路**

1) 检测 VCU 负极供地电路,见表 3-30。

表 3-30 检测 VCU 负极供地电路

万用表笔正极		万用表笔负极	导通情况
VCU 插接件	端口号		
F22	1	地	导通
	9		
	47		
	66		

2）检测是否正常？

是：进行故障模拟测试。

否：进行 VCU 检查。

（7）检测加速踏板第一路传感器输出线束

1）将钥匙置于"LOCK"档或拔出。

2）断开 VCU 线束插接件。

3）检测加速踏板第一路传感器输出线束，见表 3-31。

表 3-31 检测加速踏板第一路传感器输出线束

万用表笔正极		万用表笔负极		导通情况
加速踏板第一路传感器		VCU		
插接件	端口号	插接件	端口号	
F15	4	F22	34	导通

4）检测线束是否被电源或地短路。

5）检测是否正常。

是：检测加速踏板第一路传感器。

否：维修或更换加速踏板。

（8）检测加速踏板第一路传感器

1）检测加速踏板第一路传感器。

2）检测是否正常。

是：进行故障模拟测试。

否：维修或更换加速踏板。

（9）零部件检测（加速踏板第一路传感器）

1）将钥匙置于"LOCK"档或拔出。

2）重新连接所有断开的线束插接件。

3）将钥匙置于"ON"档。

4）检测 VCU 插接件的电压，见表 3-32。

5）检测结果是否正常。

是：检测结束。

否：更换加速踏板。

表 3-32　检测 VCU 插接件的电压

插接件	VCU 万用表笔正极 端口号	万用表笔负极 端口号	条件		电压值 /V
F22	34	地	加速踏板	完全释放	0.75 ± 0.1
				完全压下	4.45 ± 0.2
	15			完全释放	0.375 ± 0.1
				完全压下	2.225 ± 0.2

75. 江淮纯电动汽车加速踏板第二路传感器故障

江淮纯电动汽车 iEV5/iEV6 P2127、P2128 加速踏板第二路传感器故障诊断逻辑见表 3-33。

表 3-33　故障诊断逻辑

故障码	故障名称	诊断条件	可能导致故障的原因
P2127	加速踏板第二路传感器对地短路	VCU 诊断到加速踏板第二路传感器信号电压过低	线束或插接件（加速踏板第二路传感器电路开路或短路）加速踏板第二路传感器
P2128	加速踏板第二路传感器对电源短路	VCU 诊断到加速踏板第二路传感器信号电压过高	

DTC 确诊步骤：

（1）**执行 DTC 确认步骤**

1）将钥匙置于"ON"档。

2）检测诊断结果。

3）是否检测到 DTC？

是：进行下一步。

否：检测结束。

（2）**检测加速踏板第二路传感器供电 1**

1）将钥匙置于"LOCK"档或拔出。

2）检测诊断结果。

3）将钥匙置于"ON"档。

4）检测加速踏板第二路传感器供电电压，见表 3-34。

表 3-34　检测加速踏板第二路传感器供电电压

插接件	加速踏板第二路传感器 万用表笔正极	万用表笔负极	电压
	端口号	端口号	
F15	1	5	约为 5V

5）检测是否正常。

是：转至检测加速踏板第二路传感器输出线束。

否：转至检测加速踏板第二路传感器正极供电 2。

(3) 检测加速踏板第二路传感器正极供电2

1) 检测加速踏板第二路传感器正极供电，见表3-35。

表3-35　检测加速踏板第二路传感器正极供电

万用表笔正极		万用表笔负极	电压
加速踏板第二路传感器			
插接件	端口号		
F15	1	地	约5V

2) 检测是否正常？

是：转至检测加速踏板第二路传感器负极供地线束。

否：转至检测加速踏板第二路传感器正极供电线束。

(4) 检测加速踏板第二路传感器正极供电线束

1) 将钥匙置于"LOCK"档或拔出。

2) 断开VCU线束插接件。

3) 检测加速踏板第二路传感器正极供电线束，见表3-36。

表3-36　检测加速踏板第二路传感器正极供电线束导通情况

万用表笔正极		万用表笔负极		导通情况
加速踏板第二路传感器		VCU		
插接件	端口号	插接件	端口号	
F15	1	F23	104	导通

4) 检测线束是否被电源或地短路。

5) 检测是否正常？

是：检测自保持继电器供电。

否：维修或更换线束。

(5) 检测加速踏板第二路传感器负极供电线束

1) 将钥匙置于"LOCK"档或拔出。

2) 断开VCU线束插接件。

3) 检测加速踏板第二路传感器负极供电线束，见表3-37。

表3-37　检测加速踏板第二路传感器负极供电线束

万用表笔正极		万用表笔负极		导通情况
加速踏板第二路传感器		VCU		
插接件	端口号	插接件	端口号	
F15	5	F22	53	导通

4) 检测线束是否被电源短路。

5) 检测是否正常？

是：转至检测VCU负极供地电路。

否：维修或更换线束。

（6）检测 VCU 负极供地电路

1）检测 VCU 负极供地电路见表 3-38。

表 3-38 检测 VCU 负极供地电路

万用表笔正极 VCU		万用表笔负极	导通情况
插接件	端口号		
F22	1	地	导通
	9		
	47		
	66		

2）检测是否正常。

是：进行"故障模拟测试"。

否：进行 VCU 检查。

（7）检测加速踏板第二路传感器输出线束

1）将钥匙置于"LOCK"档或拔出。

2）断开 VCU 线束插接件。

3）检测加速踏板第二路传感器输出线束，见表 3-39。

表 3-39 检测加速踏板第二路传感器输出线束

万用表笔正极 加速踏板第二路传感器		万用表笔负极 VCU		导通情况
插接件	端口号	插接件	端口号	
F15	6	F22	15	导通

4）检测线束是否被电源或地短路。

5）检测是否正常。

是：转至检测加速踏板第二路传感器。

否：维修或更换线束。

（8）检测加速踏板第二路传感器

1）检测加速踏板第二路传感器。

2）检测是否正常。

是：进行"故障模拟测试"。

否：维修或更换加速踏板。

（9）零部件检测（加速踏板第二路传感器）

1）将钥匙置于"LOCK"档或拔出。

2）重新连接所有断开的线束插接件。

3）将钥匙置于"ON"档。

4）检测 VCU 插接件的电压，见表 3-40。

5）检测结果正常。

是：检测结束。

否：更换加速踏板。

表 3-40 检测 VCU 插接件的电压

插接件	VCU 万用表笔正极 端口号	万用表笔负极 端口号	条件		电压 /V
F22	34	1	加速踏板	完全释放	0.75 ± 0.1
				完全压下	4.45 ± 0.2
	15			完全释放	0.375 ± 0.1
				完全压下	2.225 ± 0.2

76. 江淮 iEV6 无法行驶故障

（1）**故障现象** 一辆江淮 iEV6，行驶里程 5000km，组合仪表故障灯常亮，动力中断，车辆无法行驶。

（2）**故障排除** 插接整车诊断口，将控制器上电，读取上位机监测数据，存在 DTC178，指示 CAN 通信故障。检查 PCU 低压控制插接件内 CAN-H、CAN-L 两个端子，确定整车 CAN 终端电阻为 60Ω，但无法确定 PCU 内部 CAN 终端电阻有无故障。根据电动汽车维修规程，首先断开维修开关，维修开关位于动力电池总成中间表面位置，打开中央通道末端地毯盖板下方的维修开关盖板，操作维修开关，如图 3-10 所示。切断整车高压，再拔掉正负母线接头，拆下 PCU 的接线盒盖，然后拆下三相线，拔掉低压插接件，移除 DC/DC 搭铁，再拆下进 / 出水管，最后拆卸 PCU 的 4 个固定螺栓，这样即可完全拆下 PCU，进行车下检查。步骤如图 3-11~图 3-13 所示。

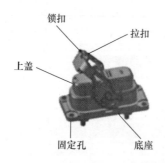

图 3-10 维修开关

图 3-11 拆卸电机控制器接线盒

第三章　江淮电动汽车常见故障排除

图 3-12　拆下 PCU 低压接线

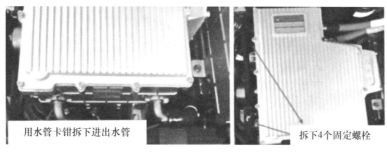

图 3-13　检查电机控制器

对 PCU 内部进一步进行检查，发现 DC/DC 损坏，如图 3-14 所示。更换 PCU 控制器后，重新装车试车，故障排除。

（3）**故障总结**　江淮纯电动汽车采用 CAN 通信，整车 CAN 通信拓展图如图 3-15 所示。驱动电机控制器 PCU 内部集成 DC/DC 模块，其功能是将电池的高压电变换成低压电，提供整车低压系统供电。

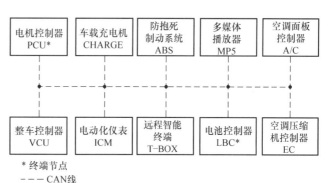

图 3-14　PCU 总成内部元件损坏　　　　图 3-15　整车 CAN 通信拓展图

77. 江淮纯电动汽车无法提速故障

（1）**故障现象**　一辆江淮 iEV6，行驶里程约为 6000km，反映组合仪表上存在提示语"限功率模式"，最高车速限制在 40~50km/h，无法正常提速。

（2）**故障诊断**　根据故障现象，判断该车进入了跛行模式。查阅维修手册，得知电机故障灯点亮、提示"限功率模式"时，故障点可能为：IGBT过温、单体电池温度过高。

使用上位机监控检测诊断软件发现车辆IGBT温度高于85℃，显示故障码为P301E。首先检查前舱的冷却水箱内冷却液液位，正常。再检查PCU控制器本身内部水道有无堵塞不畅，拔出PCU上的冷却液进水管和出水管，利用风枪对着吹风，观察另一端的出风情况，也正常。最后检查水泵，发现水泵不工作，导致冷却系统不循环，使控制器无法降温，导致PCU过温，车辆限功率。水泵工作需要满足2个条件：

1）VCU输出的转速信号。

2）12V的低压供电，M/C继电器由VCU控制，为PCU、LBC、冷却风扇、电子冷却水泵及电池风扇供电。所以重点检查水泵继电器和M/C继电器，钥匙在ON档时，测量到水泵低压插接件没有12V供电，因为水泵继电器和日间行车灯继电器可以通用，把前舱继电器盒中的日间行车灯继电器与水泵继电器对调，确认故障点为继电器烧毁失效。

（3）**故障排除** 更换新的继电器，试车，水泵继电器检查与更换如图3-16所示。新款江淮纯电动汽车驱动电机控制器采用水冷模式，PCU通过冷却液循环实现降温，VCU转速信号根据冷却液温度来自动调节水泵转速，转速信号从上位机监控检测诊断软件确认。一旦检测到PCU内的IGBT温度超过85℃，车辆就会进入限功率模式，正常情况下钥匙转到ON档，水泵就会处于工作状态，如果水泵不工作，可以通过测量水泵低压插件确认电压是否正常（12V），如果是12V但水泵不工作，一般处理方法为更换水泵总成。

图3-16 水泵继电器检查与更换

78. 江淮纯电动汽车连接充电桩无法充电故障

（1）**故障现象** 一辆江淮iEV6，行驶里程5000km，出行回来停放时发现无法充电。

（2）**故障排除** 检查车辆随车充电线正常，连接充电桩，车辆仪表中的充电指示灯不亮，将钥匙转到READY档，仪表指示均不亮，确实无法充电。进一步检查发现该车12V蓄电池亏电严重，电压仅为5.6V，而同悦iEV需要随车的12V蓄电池来唤醒充电器工作，如果蓄电池无电就无法唤醒充电器工作，电池组就不能正常充电，进而影响车辆使用，充电控制策略如图3-17所示。

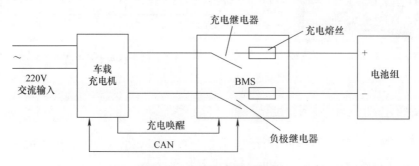

图3-17 iEV充电控制策略

首先对 12V 蓄电池进行快充，然后再对电池组充电，1 小时后车辆仪表充电指示灯开始点亮，表示车辆已进入正常充电状态。继续进行电池组充电后，可以点亮 READY 灯，车辆使用功能恢复正常。

（3）**故障总结**　该车由于长时间放置停用，引起 12V 铅酸蓄电池亏电。同悦纯电动汽车装有两种电池：①磷酸铁锂动力电池，用于向驱动电机供电，电机驱动车辆行驶；② 12V 铅酸蓄电池（即传统燃油车的铅酸蓄电池），布置在前舱，用于车上的前照灯、音响、喇叭等低压电气系统供电。在车辆运行过程中，通过 DC/DC 由动力电池组给铅酸蓄电池充电，保障低压用电设备工作。长时间停用的纯电动汽车需要定期充电或干脆断开 12V 铅酸蓄电池的负极。原车 12V 蓄电池会影响高压电池组充电。同悦 iEV 车载充电机的工作过程是在停车状态下 BMS 才允许充电，充电机连接 220V 电源后开始工作。充电机工作后会向仪表地址发报文，仪表检测到充电机的报文后会把充电连接指示灯点亮，给出一个充电唤醒信号，BMS 收到唤醒信号后开始进入充电模式；充电回路接通后充电机开始给电池充电，电流不断增大；同时充电机会不断地向仪表地址报告输出电流，仪表收到报文后，当电流大于 1A 时，仪表点亮充电标志信号灯。

79. 江淮纯电动汽车充电桩无法充电故障

（1）**故障现象**　一辆江淮 iEV6，行驶里程 2 万 km，车辆无法充电。

（2）**故障排除**　取出随车配置的普通型充电线缆，将电源插头插入简易充电桩插座内，再打开车辆充电插头的防护盖，将充电插头插入车辆充电口，充电线缆连接完成后，观察车辆仪表板上的指示灯，充电线连接指示灯和电池组充电灯均未亮起，表明车辆未进入充电状态。

仔细检查客户的简易充电桩，检测到充电桩标准插座上端的两个信号端子之间电压为直流 12V，如图 3-18 所示；进一步检测有无交流 220V 电压，充电桩插座无 220V 指示，判断充电桩功能失效。打开简易充电桩后盖，发现内部继电器已经烧毁，更换新的继电器后，如图 3-19 所示，充电功能恢复正常。

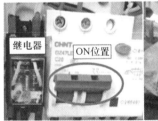

图 3-18　简易充电桩功能性检查　　　　图 3-19　充电桩继电器更换

（3）**故障总结**　充电桩安装及故障检查方法涉及强电检查操作，不具备电工知识的客户往往很为难。接通充电桩外部总电源后，此时如果用电动车充电线缆插头插入充电桩，充电桩上的指示灯亮，表明充电桩功能正常，可以使用；如果充电桩上的指示灯不亮，则应检查充电桩内部继电器或保护开关是否失效。交流充电桩的控制原理如图 3-20 所示。如果标准插头的信号端子没有 12V，则先断开简易充电桩外部总电源，打开简易充电桩后盒盖，检查漏电保护开关是否在 ON 位置，或检查充电桩继电器是否损坏，来判断充电桩的供电接口与供电设备有无故障。

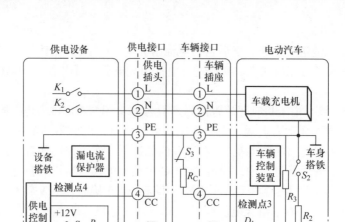

图 3-20　交流充电桩的控制原理

80. 江淮纯电动汽车无法充电故障

（1）**故障现象**　一辆江淮 iEV6，行驶里程约为 8000km，车辆无法充电。

（2）**故障诊断**　接车后，试车验证故障现象，确认充电线路连接可靠，观察仪表板指示灯，发现充电线连接指示灯和电池组充电指示灯均不亮。

据知，BMS 在停车状态下才允许充电系统工作。待车辆停稳，连接充电电源后，车载充电机准备开始工作，此时会通过 CAN 通信模块经 CAN 网络发送工作请求，仪表控制模块在得到车载充电机的请求后会点亮充电连接指示灯，同时给出一个充电唤醒信号。BMS 在收到唤醒信号后即开始进入充电模式，充电回路接通，车载充电机开始给高压电池组充电，电流不断增大，车载充电机不断地向 CAN 网络发送信号汇报充电电流数据，当仪表控制模块收到充电电流大于 1A 的信号后，点亮电池组充电指示灯。

由此怀疑，车载充电机存在故障。用万用表测量车载充电机后部的四端子连接器上 CAN-H 和 CAN-L 之间的电压，为 0V，由此判断车载充电机的 CAN 通信模块存在故障。

（3）**故障排除**　更换车载充电机，如图 3-21 后，再次对车辆进行充电操作，故障排除。

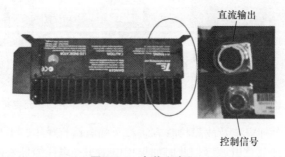

图 3-21　车载充电机

81. 江淮纯电动汽车无法起动故障

（1）**故障现象**　一辆江淮 iEV6，行驶里程约为 2 万 km，车辆无法起动。

（2）**故障诊断和排除**　试车发现车辆确实无法起动，仪表板上电池报警灯点亮。根据上述故障现象，怀疑高压部分存在故障，电池管理系统（BMS）切断了高压，驱动电机无法供电，导致车辆无法行驶。分析可知，电池报警灯点亮的原因有很多，例如单体电池自放电压差大、电池管理系统故障、绝缘故障和高压互锁故障等。

用监测程序进入 BMS 查看，发现总电压对应的 SOC（荷电状态）存在差异。按下行李舱电池组的维修开关，断开高压主线束与动力电池的连接，故障现象依然存在，说明问题出现在电池组内部。根据先单体、后整体的原则进行检查，发现该车电池组单体存在欠电压故障，更换电池组总成后试车，故障排除。

（3）**故障总结**　对于电池报警灯点亮的故障，排查时应用监测程序进入 BMS，查看总电压对应的 SOC 是否存在差异。如果有差异，说明故障确实存在，可以通过切断高压主线束与动力电池之间的连接的方法判断具体故障部位。如果切断高压主线束与动力电池之间的连接后故障消失，说明问题出在高压电池组外部，可按照从后往前查的原则（用兆欧表从动力电池组总正端与总负端向前舱方向排查高压系统的绝缘情况）进行排查；若切断高压主线束与动力电池的连接后故障依然存在，则说明问题出现在电池内部，则按照先单体、后整体的原则进一步检查，且只能通过更换电池组单体模块或电池组总成解决。

82. 江淮纯电动汽车充电系统故障

江淮纯电动汽车 iEV5/iEV6 充电系统主要由车载充电机、普通充电插头总成、充电桩专用充电插头总成和充电插座总成组成。

（1）**正常状态**　在整车仪表中设置了两个指示灯，分别是充电线连接指示灯 和电池组充电指示灯 。电动汽车正常充电时，仪表板上的充电线连接指示灯和电池组充电指示灯都会点亮，如图 3-22 所示。

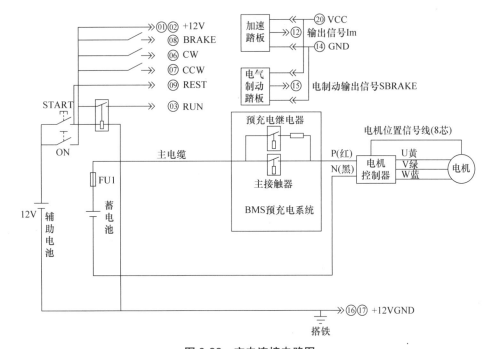

图 3-22　充电连接电路图

（2）故障状态

状态1：充电时，如果只有充电线连接指示灯点亮，如图3-23所示。

这表明充电系统中的220V交流电源输入线路正常，充电机已经发出CAN报文，按照以下顺序进行检查。

1）断开供电电源，检查与充电机相连接的插接件是否插接完好、到位。

2）充电系统上电，需要用电池管理系统专用软件监控电池管理系统工作状态：判断电池管理系统是否被充电唤醒，如果电池管理系统没有被唤醒，需要检测充电机的唤醒信号输出是否正常。如果充电机唤醒信号输出正常，则检测充电机与BMS之间的充电唤醒信号线是否正常。如果充电唤醒信号线正常，则检测BMS状态。如果电池管理系统已被充电唤醒，则检测BMS监测的电池组信息是否正常，以及BDU充电状态下相应的继电器是否工作正常。

3）在以上都正常的情况下，检测BMS与充电机之间的CAN通信线是否正常。

4）以上检测部不能解决问题时，需用专用软件监控充电机与BMS之间的CAN通信报文。报文的ID地址分别为0x1806E5F4、0x18FF50E5。其中，0x1806E5F4为BMS发送给充电机的指令，0x18FF50E5为充电机发送到总线的充电机信息。信息依据充电机与BMS之间的CAN通信协议进行分析，查找故障原因。

状态2：充电时，如果充电线连接指示灯和电池组充电指示灯都不点亮，如图3-24所示。

1）断开供电电源，检查与充电机相连接的插接件是否插接完好、到位。

2）检查供电电源及其设备是否正常。

3）检查普通充电插头总成或充电桩专用充电插头总成功能是否正常。

4）检查充电插座线缆总成是否正常。

5）用状态良好的充电机在线替换。

6）查找其他问题。

图3-23　指示灯点亮

图3-24　充电指示灯都不点亮

83. 江淮纯电动汽车高压系统不上电故障

（1）故障现象　一辆江淮iEV6，搭载电动机和单级减速器，行驶里程3万km。车辆起动时，高压不上电，READY指示灯也不点亮，车辆仪表板显示"动力电池系统故障"。将换档杆分别换入D档和R档，车辆均无法行驶。

（2）故障诊断　连接江淮新能源汽车专用诊断仪，查找故障码，发现动力控制单元（PCU）和电源管理系统（LBC）均无法进入，因此无法读取故障码。

根据上述故障现象判断，初步认为故障车辆的高压供电控制系统存在故障，造成PCU和LBC失去电源无法工作。

此外，也不能排除相关线束或电子元件故障的可能性。断开低压蓄电池负极线束，静待

5min 后,佩戴绝缘手套,拆下维修开关,开始检查高/低压线束插接器的连接状态。维修开关内的高压互锁无断开迹象,所有高压部件和低压控制电路的插接器状态均良好,没有断开和接触不良的情况。用万用表测量低压蓄电池电压,为 12.8V,电压正常。

由此判定,故障车辆的低压供电系统正常,导致高压不上电的原因并非是低压电源电量不足。

由于诊断仪无法与 PCU 和 LBC 进行通信,因此怀疑控制单元与诊断接口 DLC 之间因 CAN 线异常而出现通信障碍。断开诊断仪,从 DLC 测量 CAN-H 和 CAN-L 端子与搭铁之间的电压,测量位置分别是 DLC 的 6 号和 14 号端子。

得知 CAN-H 的标准电压为 2.5～3.5V,CAN-L 的标准电压为 1.5～2.5V。测量结果显示,DLC 上 2 个端子的 CAN 线电压均在标准范围内。

电压正常并不代表 CAN 线完全正常,CAN 线还可能对搭铁短路。断开低压蓄电池负极线 5min,测量 DLC 的 6 号和 14 号端子与搭铁之间的电阻,测量结果均为断路,即不存在 CAN 线对搭铁短路。继续测量 DLC 的 6 号端子与 14 号端子之间的电阻,为 62Ω,确定 CAN-L 与 CAN-H 之间无短路。至此,确定诊断仪无法与 PCU、LBC 进行通信的原因与 CAN 线无关。接下来,开始检查车辆高压系统。根据系统原理,高压互锁回路故障是车辆高压无法上电的原因之一,如图 3-25 所示。

对高压互锁回路进行测量,结果为导通,表明高压互锁没有故障。检查整车控制系统,该系统的主要元件包括 4 号熔丝和 M/C 继电器,它们负责为 PCU 和 LBC 供电,如图 3-26 所示。

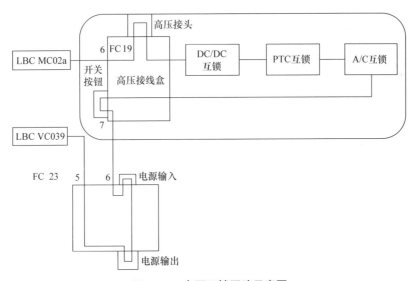

图 3-25　高压互锁回路示意图

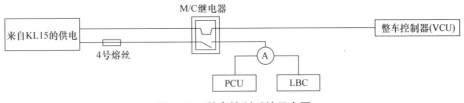

图 3-26　整车控制系统示意图

4号熔丝或M/C继电器出现断路,就会引发PCU和LBC无供电。确认低压蓄电池负极线处于断开状态并做好绝缘防护后,取下4号熔丝观察,熔丝正常,用万用表测量电阻为0.01Ω,正常。取下M/C继电器,根据图3-27用万用表测量85号端子与86号端子之间的导通情况,为断路,继电器内的线圈损环,无法吸合。

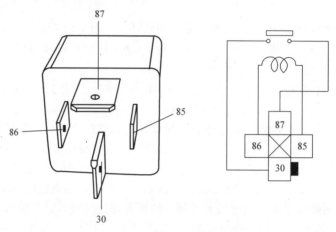

图3-27 M/C继电器结构图

(3) **故障排除**　更换M/C继电器,将低压蓄电池负极线接回。车辆高压系统上电正常,READY指示灯点亮。清除故障码后,故障警告消失,车辆行驶状态恢复正常。

第四章 荣威电动汽车常见故障排除

84. 荣威 Ei6 主高压互锁回路失效故障

故障码说明：P0A0C——主高压互锁回路失效—占空比低，P0A0D——主高压互锁回路失效—占空比高。

（1）**故障诊断运行条件**　将点火开关置于 ON 位置。

（2）**诊断故障码设置条件**

P0A0C：主高压互锁回路的信号占空比低于 40%，持续时间超过 5s。

P0A0D：主高压互锁回路的信号占空比高于 60%，持续时间超过 5s。

（3）**诊断故障码清除条件**

P0A0C：主高压互锁回路的信号占空比高于 40%，持续时间超过 5s。经过 40 次唤醒/待机循环后，历史故障码将被清除。

P0A0D：主高压互锁回路的信号占空比低于 60%，持续时间超过 5s。经过 40 次唤醒/待机循环后，历史故障码将被清除。

（4）**可能的原因**　相关线路故障、连接器故障或接触不良故障、高压电池包故障、DC/DC 变换器故障、高压互锁故障。

（5）**诊断测试步骤**

1）使用诊断仪读取相关参数或强制输出，确认故障状态：

① 连接诊断仪，将点火开关置于 ON 档。

② 读取"高压互锁回路（A）状态"和"高压互锁回路（B）状态"是否在合理的范围内。

高压互锁回路（A）状态：该参数来自于高压互锁回路的输入信号；高压互锁回路的作用是用低压回路来判断各个高压部件的插接件是否可靠，当高压回路中的任何一个部件的插接件松动或者断开，高压互锁回路断开，系统均无法上高压电。该参数表示高压电池包与车辆（例如 PEB、EDU、空调压缩机）之间的高压互锁回路状态。

高压互锁回路（B）状态：该参数来自于高压互锁回路的输入信号；高压互锁回路的作用是用低压回路来判断各个高压部件的插接件是否可靠，当高压回路中的任何一个部件的插接件松动或者断开，高压互锁回路断开，系统均无法上高压电。该参数表示高压电池包与车载充电机之间的高压互锁回路状态。

是：转到下一步。

否：检测 / 更换高压互锁线束。

2）检验插接件的连接性：

① 检查高压电池包的线束连接器 BY123 和 DC/DC 变换器的线束连接器 EB177 是否存在接触不良、腐蚀、污染、变形等现象。

② 对于目视有问题的部件进行清洁、维修或更换。

③ 检修相关部件后，关闭并重新打开点火开关，再次读取故障码，确认故障码是否继续存在。

是：转到下一步。

否：诊断结束。

3）检测相关线路：

① 将点火开关置于 OFF 档，车辆静置 5min 以上，操作手动维修开关断开高压电池电源，断开蓄电池负极接线。

② 断开 DC/DC 变换器的线束连接器 EB177 和断开高压电池包的线束连接器 BY123。

③ 测量高压电池包的线束连接器端子 BY123-6 与高压 DC/DC 变换器的线束连接器端子 EB177-8 之间的电阻是否小于 5Ω。

如果不在规定范围内，则检修电路开路、电阻过大故障。

④ 测量高压电池包的线束连接器端子 BY123-6 或高压 DC/DC 变换器的线束连接器端子 EB177-8 与电源之间的电阻是否为无穷大，连接器如图 4-1、图 4-2 所示。

图 4-1 高压电池包 -1 连接器（黑色）

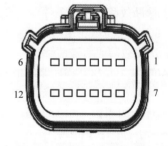

图 4-2 高压 DC/DC- 信号连接器（黑色）

如果不在规定范围内，则检修电路开路、电阻过大故障。

⑤ 测量高压电池包的线束连接器端子 BY123-6 或高压 DC/DC 变换器的线束连接器端子 EB177-8 与接地之间的电阻是否为无穷大。

如果不在规定范围内，则检修电路对电源短路故障。

⑥ 测量高压电池包的线束连接器端子 BY123-6 或高压 DC/DC 变换器的线束连接器端子 EB177-8 与接地之间的电阻是否为无穷大。

如果不在规定范围内，则检修电路对接地短路故障。

⑦ 检修相关部件后，关闭并重新打开点火开关，再次读取故障码，确认故障码是否存在。

是：转到下一步。

否：诊断结束。

4）检测、更换动力电池管理系统。

经过以上检修后如果故障码依然存在，则尝试检测、更换动力电池管理系统或主高压互锁线束。

85. 荣威 Ei6 本地 CAN 总线关闭故障

（1）故障诊断码说明　U0076- 本地 CAN 总线关闭。

（2）故障诊断运行条件　点火开关置于 ON 位置。

（3）故障发生后电控单元采取的操作　停止慢充充电。

（4）可能的原因　相关线路故障、连接器故障或配合不良、高压电池包故障、车载充电机故障。

（5）诊断测试步骤

1）检验插接件的导通性：

① 检查高压电池包的线束连接器 BY123 和车载充电机的线束连接器 EB173 是否存在接触不良、腐蚀、污染、变形等现象。

② 对于目视有问题的部件进行清洁、维修或更换。

③ 检修相关部件后，关闭并重新打开点火开关，再次读取故障码，确认故障码是否存在。

是：转到下一步。

否：诊断结束。

2）检测相关线路：

① 高速 CAN 网络的完整性检查。如果其他模块测试正常，则继续以下检测流程。

② 将点火开关置于 OFF 位置，车辆静置 5min 以上，操作手动维修开关断开高压电池电源，断开蓄电池负极接线。

③ 断开高压电池包的线束连接器 BY123 和车载充电机的线束连接器 EB173。

④ 测量高压电池包的线束连接器 BY123 端子与车载充电机的线束连接器 EB173 端子之间的电阻是否小于 5Ω（测量端子 BY123-4 与端子 EB173-6、端子 BY123-3 与端子 EB173-5）。

如果不在规定范围内，则检修电路开路、电阻过大故障。

⑤ 测量高压电池包的线束连接器 BY123 端子或车载充电机的线束连接器 EB173 端子与接地之间的电阻是否为无穷大（测量端子 BY123-4 与端子 EB173-6、端子 BY123-3 与端子 EB173-5）。

⑥ 连接蓄电池负极接线，将点火开关置于 ON 位置，测量下列高压电池包的线束连接器 BY123 端子或车载充电机的线束连接器 EB173 端子与接地之间的电压是否为 2~3V，端子如图 4-3、图 4-4 所示（测量端子 BY123-4 与端子 EB173-6、端子 BY123-3 与端子 EB173-5）。

如果不在规定范围内，则检修电路对电源短路故障。

⑦ 检修相关部件后，关闭并重新打开点火开关，再次读取故障码，确认故障码是否存在。

是：转到下一步。

否：诊断结束。

3）检测、更换电池管理控制器或车载充电机。

经过以上检修后如果故障码依然存在，则尝试检测、更换电池管理控制器或车载充电机。

图 4-3　高压电池包 -1 端子 BY123　　　　图 4-4　车载充电机端子（黑色）

86. 荣威 Ei6 慢充口小门无法打开故障

荣威 Ei6 慢充口小门无法打开故障的测试条件与排除措施见表 4-1。

表 4-1　慢充口小门无法打开故障的测试条件与排除措施

测试条件	细节 / 结果 / 措施
1. 检查慢充口小门开启拉索到开启拉手的连接	1）检查慢充口小门开启拉索与开启拉手的连接是否正常，若未正常连接，重新连接或更换开启拉手，若能正常打开慢充口小门，则诊断结束 2）若不能打开慢充口小门，则检查其他可能原因
2. 检查慢充口小门开启拉索到慢充口小门锁体的连接	1）检查慢充口小门开启拉索与慢充口小门锁体的连接是否正常，若未正常连接，重新连接或更换慢充口小门锁体，若能正常打开慢充口小门，则诊断结束 2）若不能打开慢充口小门，则检查其他可能原因
3. 检查慢充口小门	检查慢充口小门有无变形、卡滞等迹象 1）若有此迹象，维修 / 更换慢充口小门后，确认慢充口小门能否正常释放，若能正常释放，则诊断结束；若仍不能正常释放，则检查其他可能原因 2）若没有此迹象，则检查其他可能原因
4. 检查慢充口小门开启拉索	检查慢充口小门开启拉索有无损坏 1）检查慢充口小门开启拉索是否有损坏，若有损坏，则更换开启拉索，确认能否正常打开慢充口小门。若能，则诊断结束；若不能，则检查其他可能原因 2）若慢充口小门开启拉索没有损坏，则检查其他可能原因

87. 荣威 Ei6 快充口小门无法打开故障

荣威 Ei6 快充口小门无法打开故障测试条件与排除措施见表 4-2。

表 4-2 快充口小门无法打开故障测试条件与排除措施

测试条件	细节/结果/措施			
1. 检查快充口小门开闭电机	检查快充口小门开闭电机正常供电下能否正常释放,若不能正常释放,则更换快充口小门开闭电机;若能正常释放,则检查其他可能原因			
2. 检查快充口小门相关线路或连接器 快充口小门开闭电机连接器(黄色)	1)将点火开关置于 OFF 档,断开蓄电池负极电缆 2)断开快充口小门开闭电机线束连接器 EB209 3)连接蓄电池负极电缆 4)按下中控开关锁止、解锁,用万用表测量快充口小门开闭电机线束连接器端子之间的电压是否在规定范围内			
	状态	端子	电压 /V	电阻 /Ω
	锁止	EB209-1	接地	11~14	—
		EB209-2	接地	—	<5
	解锁	EB209-1	接地	—	<5
		EB209-2	接地	11~14	—
	电压不正常:维修/更换快充口小门相关线路。维修/更换完成后,再次检测快充口小门能否正常释放,若恢复正常,则诊断结束;若仍不能工作,且电压正常,则可能为车身控制模块故障导致。更换车身控制模块后,确认系统正常工作 电压正常:则检查其他可能原因			
3. 检查快充口小门	检查快充口小门是否有变形、卡滞等迹象 若有此迹象,维修/更换快充口小门后,确认快充口小门能否正常释放,若能正常释放,则诊断结束;若仍不能正常释放,则检查其他可能原因 若没有此迹象,则检查其他可能原因			

88. 荣威 Ei6 前部充电呼吸灯不亮故障

荣威 Ei6 前部充电呼吸灯不亮故障的测试条件及排除措施见表 4-3。

表 4-3 前部充电呼吸灯不亮故障的测试条件及排除措施

测试条件	细节/结果/措施		
1. 检查前部呼吸灯相关线路或连接器 呼吸灯相关线路或连接器(黑色)	1)将点火开关置于 OFF 档,断开蓄电池负极电缆 2)断开前部呼吸灯线束连接器 EB194 3)连上蓄电池负极,插上充电枪,给高压电池包充电,用万用表测量前部呼吸灯线束连接器与接地之间的电压或电阻是否在规定范围内 电压、电阻不正常:维修/更换相关线路。维修/更换完成后,检查前部呼吸灯能否点亮,若能点亮,则诊断结束;若仍不能点亮,则继续检查其他可能原因 电压、电阻正常:则检查其他可能原因		
	端子		电压 /V
	1	接地	11~14
	端子		电阻 /Ω
	4	接地	<5
2. 检查呼吸灯	检查呼吸灯正常供电下能否点亮,若不亮,则更换呼吸灯;若点亮,则检查其他可能原因		

89. 荣威 Ei6 无法慢充故障

荣威 Ei6 无法慢充故障的测试条件及排除措施见表 4-4。

表 4-4　无法慢充故障的测试条件及排除措施

测试条件	细节 / 结果 / 措施
1. 检查市电网	查看家中是否有电 若市电没电：查看别家是否有电，或家中总开关和分开关是否跳闸，线路是否断路 若市电正常：检查其他可能原因
2. 检查充电插板	检查充电插板是否有电 若充电插板没电：维修 / 更换充电插板，确认充电插板正常工作，若能正常工作，则诊断结束；若仍不能正常工作，则检查其他可能原因 若充电插板正常：检查其他可能原因
3. 检查充电桩	可能为充电桩故障，查看另一个充电桩是否能充电，若能充电，告知相关负责人修理充电桩；若不能充电，则检查其他可能原因
4. 检查充电连接线	可能为充电连接线断路故障，更换一根新的充电连接线，若能充电，则故障排除；若不能充电，则检查其他可能原因
5. 检查车载充电机	可能为车载充电机故障，更换一个新的车载充电机，若能充电，则故障排除；若不能充电，则检查其他可能原因
6. 检查电池包和车载充电机的高压线线束连接器 HV002 或 HV003 充电器 - 高压 HV002（橙色） 高压电池包 - 充电器 - 高压 HV003（橙色）	1）断开蓄电池负极，拆卸维修开关 2）断开高压线线束连接器 HV002 和 HV003 3）用万用表测量车载充电机到高压电池包之间的高压线电阻是否在规定范围内 | 端子 | | 电阻 /Ω | |---|---|---| | HV002-1 | HV003-1 | < 5 | | HV002-2 | HV003-2 | | 电阻不正常：更换 / 维修高压线束后，确认充电正常，若能正常充电，则诊断结束；若仍不能正常工作，则检查其他可能原因 电阻正常：检查其他可能原因

90. 荣威 Ei6 压缩机不能正常自动停转故障

荣威 Ei6 压缩机不能正常自动停转故障的测试条件及排除措施见表 4-5。

表 4-5　压缩机不能正常自动停转故障的测试条件及排除措施

测试条件	细节/结果/措施
1. 检查空调压力开关传感器	连接诊断仪，将点火开关置于 ON 档 使用诊断仪，读取"ECM 的压力传感器信号"，确认空调压力参数是否在合理值范围内，如不在规定范围内，则维修/更换空调压力传感器（"实时显示"-"空调控制模块（HVAC）"-"ECM 的压力传感器信号"） 维修/更换后，确认故障症状是否消失 是→诊断结束 否→转至步骤 2
2. 检查蒸发器温度传感器	连接诊断仪，将点火开关置于 ON 档 使用诊断仪，读取"蒸发器温度传感器温度"，确认蒸发器温度参数是否在合理值范围内，如不在规定范围内，则维修/更换蒸发器温度传感器（"实时显示"-"空调控制模块（HVAC）"-"蒸发器温度传感器温度"） 维修/更换后，确认故障症状是否消失 是→诊断结束 否→转至步骤 3
3. 检查相关线束或连接器	检查空调系统相关线束或连接器是否短路 是→维修/更换相关线束 否→检查其他可能原因

91. 荣威 Ei6 制冷剂压力异常故障

荣威 Ei6 制冷剂压力异常故障的测试条件及排除措施见表 4-6。

表 4-6　制冷剂压力异常故障的测试条件及排除措施

测试条件	细节/结果/措施
1. 检查制冷剂	检查制冷剂是否加注过量或缺少，必要时，进行维修 维修后，确认故障症状是否消失 是→诊断结束 否→转至步骤 2
2. 检查冷凝器	检查冷凝器是否堵塞，必要时，进行维修/更换 维修/更换后，确认故障症状是否消失 是→诊断结束 否→转至步骤 3
3. 检查压缩机及其相关线路	检查压缩机及其相关线路是否正常，必要时，进行更换压缩机总成 维修/更换后，确认故障症状是否消失 是→诊断结束 否→转至步骤 4
4. 检查膨胀阀	检查膨胀阀是否堵塞，必要时，进行维修/更换 维修/更换后，确认故障症状是否消失 是→诊断结束 否→转至步骤 5
5. 检查空调压力开关传感器	连接诊断仪，将点火开关置于 ON 档 使用诊断仪，读取"ECM 的压力传感器信号"，确认空调压力参数是否在合理值范围内，如不在规定范围内，则维修/更换空调压力传感器（"实时显示"-"空调控制模块（HVAC）"-"ECM 的压力传感器信号"） 是→检查其他可能原因 否→更换压力开关

92. 荣威 Ei6 低压输出电流零漂故障

（1）**故障码说明**　P1D61：低压输出电流零漂故障。

（2）**故障诊断运行条件**　将点火开关置于 ON 档、系统电压正常、DC/DC 状态正常。

（3）**故障发生后电控单元采取的操作**　DC/DC 变换器下电、SVS 故障警告灯点亮。

（4）**诊断故障码清除条件**

1）DC/DC 输出电流小于等于 10A。

2）经过 40 次无故障点火循环后，历史故障码将被清除，故障警告灯熄灭。

（5）**诊断测试步骤**

1）检查 DC/DC 变换器插接件的安装位置，线束以及连接器有无磨损或腐蚀。对于目视有问题的，应重新调整。

2）连接诊断仪，点火开关置于 ON 档，使用诊断仪读取故障码。

3）清除故障码后，确认未设置故障码 P1D61。

4）如果再次出现故障码，则检测、更换 DC/DC 变换器。

93. 荣威 Ei6 整车控制单元故障

荣威 Ei6 整车控制单元故障码见表 4-7。

表 4-7　荣威 Ei6 整车控制单元故障码

DTC	FIB	描述	故障灯	故障等级
P1B00	11	5V1 传感器供电电路对地短路	ON	Ⅱ
P1B00	12	5V1 传感器供电电路对电源短路	ON	Ⅱ
P1B01	11	5V2 传感器供电电路对地短路	ON	Ⅱ
P1B01	12	5V2 传感器供电电路对电源短路	ON	Ⅱ
P1B02	00	两个加速踏板位置传感器信号均无效	ON	Ⅱ
P1B03	00	加速踏板位置传感器相互校验故障	ON	Ⅱ
P1B04	12	加速踏板位置传感器 1 电路对电源短路	ON	Ⅱ
P1B04	14	加速踏板位置传感器 1 电路对地短/开路	ON	Ⅱ
P1B05	12	加速踏板位置传感器 2 电路对电源短路	ON	Ⅱ
P1B05	14	加速踏板位置传感器 2 电路对地短/开路	ON	Ⅱ
P1B06	00	由于安全气囊打开而紧急下电	ON	Ⅰ
P1B07	00	BMS 故障	ON	Ⅰ
P1B08	00	制动开关交叉检测故障	ON	Ⅱ
P1B09	11	快速充电口负极温度传感器电路对地短路	ON	Ⅱ
P1B09	15	快速充电口负极温度传感器电路对电源短/开路	ON	Ⅱ
P1B0A	11	快速充电口正极温度传感器电路对地短路	ON	Ⅱ
P1B0A	15	快速充电口正极温度传感器电路对电源短/开路	ON	Ⅱ
P1B12	01	冷却风扇外部电路故障	ON	Ⅱ
P1B13	09	冷却风扇磨损或阻滞	ON	Ⅱ
P1B14	49	冷却风扇内部电路故障	ON	Ⅱ
P1B15	4B	冷却风扇过温	ON	Ⅱ
P1B16	00	冷却风扇 PWM 驱动反馈信号频率错误	ON	Ⅱ

（续）

DTC	FIB	描述	故障灯	故障等级
P1B17	11	PWM 冷却风扇控制电路对地短路	ON	Ⅱ
P1B17	12	PWM 冷却风扇继电器控制电路对电源短路	ON	Ⅱ
P1B17	13	冷却风扇继电器控制电路开路	ON	Ⅱ
P1B18	08	冷却风扇 PWM 驱动器 SPI 通信故障	ON	Ⅱ
P1B19	00	巡航转矩检测故障	ON	Ⅱ
P1B1A	86	由于发送给 EPB 的数据无效而禁止巡航及跛行	ON	Ⅱ
P1B1B	86	由于发送给空调的数据无效而限制远程起动	OFF	Ⅲ
P1B1C	86	由于 SCS 数据无效而限制速度	ON	Ⅱ
P1B1D	86	由于发送给 BCM 的数据无效而限制远程起动	OFF	Ⅲ
P1B1E	86	由于 FVCM 数据无效而禁止巡航	ON	Ⅱ
P1B1F	00	DC/DC 模块故障	OFF	Ⅲ
P1B20	00	控制器芯片温度传感器信号合理性故障	OFF	Ⅲ
P1B21	23	控制器芯片温度传感器信号过低	OFF	Ⅲ
P1B21	24	控制器芯片温度传感器信号过高	OFF	Ⅲ
P1B22	04	核心监控故障	ON	Ⅰ
P1B23	00	外围时钟开关时序故障	ON	Ⅰ
P1B24	00	外围时钟信号过低	ON	Ⅰ
P1B25	00	ECU 重置复位	OFF	Ⅲ
P1B26	41	ROM 区域一校验错误	ON	Ⅰ
P1B27	41	ROM 区域二校验错误	ON	Ⅰ
P1B28	41	ROM 区域三校验错误	ON	Ⅰ
P1B29	04	安全响应管理模块故障	ON	Ⅰ
P1B2A	47	看门狗软件相关故障	ON	Ⅱ
P1B2B	47	看门狗硬件故障	ON	Ⅰ
P1B2C	47	看门狗硬件和相关故障	ON	Ⅱ
P1B30	00	驱动电机驱动能力受限	OFF	Ⅲ
P1B31	00	牵引电机发生严重故障	ON	Ⅰ
P1B32	00	牵引电机发生警示故障	ON	Ⅰ
P1B40	00	高压电池包输出功率受限	OFF	Ⅲ
P1B41	00	高压系统绝缘故障	ON	Ⅰ
P1B42	00	高压系统绝缘故障（与快速充电机之间）	ON	Ⅰ
P1B43	00	高压互锁开关已打开	ON	Ⅰ
P1B44	00	主继电器驱动电路反馈频率错误	ON	Ⅱ
P1B45	11	主继电器驱动电路对地短路	ON	Ⅱ
P1B45	12	主继电器驱动电路对电源短路	ON	Ⅱ
P1B45	13	主继电器驱动电路开路	ON	Ⅱ
P1B46	08	与主继电器驱动电路串行数据接口中（SPI）通信故障	ON	Ⅱ
P1B50	00	车载充电机电子锁驱动电路反馈频率错误	ON	Ⅱ
P1B51	11	车载充电机电子锁上锁驱动电路对地短路	ON	Ⅱ
P1B51	12	车载充电机电子锁上锁驱动电路对电源短路	ON	Ⅱ
P1B51	13	车载充电机电子锁上锁驱动电路开路	ON	Ⅱ

（续）

DTC	FIB	描述	故障灯	故障等级
P1B52	08	与车载充电机电子锁上锁驱动电路串行数据接口（SPI）通信故障	ON	Ⅱ
P1B53	00	车载充电机电子锁解锁驱动电路反馈频率错误	ON	Ⅱ
P1B54	11	车载充电机电子锁解锁驱动电路对地短路	ON	Ⅱ
P1B54	12	车载充电机电子锁解锁驱动电路对电源短路	ON	Ⅱ
P1B54	13	车载充电机电子锁解锁驱动电路开路	ON	Ⅱ
P1B55	08	与车载充电机电子锁解锁驱动电路串行数据接口（SPI）通信故障	ON	Ⅱ
P1B60	00	冷却水泵继电器驱动电路反馈频率错误	ON	Ⅱ
P1B61	11	冷却水泵继电器驱动电路对地短路	ON	Ⅱ
P1B61	12	冷却水泵继电器驱动电路对电源短路	ON	Ⅱ
P1B61	13	冷却水泵继电器驱动电路开路	ON	Ⅱ
P1B62	08	与冷却水泵驱动电路串行数据接口（SPI）通信故障	ON	Ⅱ
P1B63	00	冷却水泵一般性故障	ON	Ⅱ
P1B64	00	检测到冷却水泵空转	ON	Ⅱ
P1B65	00	冷却水泵堵转或过载关闭	ON	Ⅱ
P1B66	4B	检测到冷却水泵过温	ON	Ⅱ
P1B67	00	冷却水泵叶轮转速低于最小速度	ON	Ⅱ
P1B68	11	冷却液温度传感器对地短路	ON	Ⅱ
P1B68	15	冷却液温度传感器对电源短路或开路	ON	Ⅱ
P1B70	00	档位位置故障	ON	Ⅰ
P1B72	00	转矩监测器错误	ON	Ⅰ
P1B74	29	制动踏板位置信号无效导致系统禁止再生制动进入跛行功能	ON	Ⅱ
P1B75	29	巡航开关状态信号无效导致系统禁止巡航功能	OFF	Ⅲ
P1B76	29	EPB开关状态信号无效导致系统禁止巡航功能	ON	Ⅱ
P1B79	29	由于来自娱乐导航模块的数据无效而禁止SAS功能	ON	Ⅱ
P1BE0	87	网关（GW）关键信息丢失	ON	Ⅱ
P1BE1	87	换档控制单元（SCU）关键信息丢失	ON	Ⅰ
P1BE2	87	驱动电机控制器（TM）关键信息丢失	ON	Ⅰ
P1BE6	87	高压电池管理系统（BMS）关键信息丢失	ON	Ⅰ
U0073	88	动力总成高速CAN总线关闭	ON	Ⅱ
U0074	88	混动高速CAN总线关闭	ON	Ⅰ
U0103	87	与换档控制单元（SCU）失去通信	ON	Ⅰ
U0110	87	与驱动电机控制单元（TC）失去通信	ON	Ⅰ
U0146	87	与网关（GW）失去通信	ON	Ⅱ
U0151	87	与安全气囊控制模块（SDM）失去通信	OFF	Ⅲ
U0298	87	与高压DC/DC（HV DC/DC）失去通信	OFF	Ⅲ
U0404	81	从换档控制模块（SCU）接收到无效数据	ON	Ⅰ
U0411	81	从驱动电机控制单元（TC）接收到无效数据	ON	Ⅰ
U0416	81	从动态稳定控制系统（DSC）接收到无效数据	ON	Ⅱ
U0417	81	从电子驻车制动模块（EPB）接收到无效数据	ON	Ⅱ

(续)

DTC	FIB	描述	故障灯	故障等级
U0452	81	从安全气囊控制模块（SDM）接收到无效数据	OFF	Ⅲ
U0599	81	从高压DC/DC（HV DC/DC）接收到无效数据	OFF	Ⅲ
U1111	87	与高压电池管理系统（BMS）失去通信	ON	Ⅰ
U130A	81	从前向摄像头模块（FVCM）接收到无效数据	ON	Ⅱ
U1411	81	与高压电池管理系统（BMS）接收到无效数据	ON	Ⅰ
U1562	17	蓄电池电压过高	OFF	Ⅲ
U1563	16	蓄电池电压过低	OFF	Ⅲ
U18A2	87	网络帧超时-BMS_HSC1_FrP11（0×2A2）	ON	Ⅱ
U2001	42	电控单元内部故障-EEPROM校验和错误	ON	Ⅰ

94. 荣威 Ei6 换档控制单元故障

荣威 Ei6 换档控制单元故障码见表 4-8。

表 4-8　荣威 Ei6 换档控制单元故障码

DTC	FIB	描述	故障灯	故障等级
C16B4	29	车速信号无效	OFF	Ⅱ
P17A2	61	换档杆转角位置信号对比故障	ON	Ⅱ
P17A3	61	换档杆转角位置 1 信号合理性故障	OFF	Ⅱ
P17A4	61	换档杆转角位置 2 信号合理性故障	OFF	Ⅱ
P17A5	62	换档杆转角位置标定参数值存储故障	OFF	Ⅱ
P17BB	07	P 档按钮单信号合理性故障	OFF	Ⅱ
P17BC	07	P 档按钮双信号合理性故障	ON	Ⅱ
P17BD	11	换档杆转角位置指示灯对地短路	OFF	Ⅱ
P17BD	12	换档杆转角位置指示灯对电源短路	OFF	Ⅲ
P17BE	86	制动踏板开关 CAN 信号失效	OFF	Ⅲ
P17BF	86	与 EPB 数据不匹配	OFF	Ⅱ
U0073	88	CAN 总线关闭	ON	Ⅱ
U0122	87	与动态稳定控制系统（DSC）失去通信	OFF	Ⅱ
U0146	87	与网关（GW）失去通信	OFF	Ⅱ
U0151	87	与安全气囊控制模块（SDM）失去通信	OFF	Ⅱ
U0293	87	与混动控制单元（HCU）失去通信	OFF	Ⅱ
U1562	17	蓄电池电压高于阈值	OFF	Ⅱ
U1563	16	蓄电池电压低于阈值	OFF	Ⅱ
U182A	87	与 EPB 失去通信	OFF	Ⅱ
U2001	42	电控单元 ROM 存储数据存储故障	OFF	Ⅲ
U2003	04	电控单元存储软件无效或不匹配	OFF	Ⅲ

95. 荣威 Ei6 高压电池包控制模块（BMS）故障

荣威 Ei6 高压电池包控制模块（BMS）故障码见表 4-9。

表 4-9　荣威 Ei6 高压电池包控制模块（BMS）故障码

DTC	FIB	描述	故障灯	故障等级
P0A0C	00	主高压互锁回路失效 - 低	OFF	Ⅲ
P0A0D	00	主高压互锁回路失效 - 高	OFF	Ⅲ
P0A7D	00	高压电池包电量低	OFF	Ⅲ
P0A7F	00	高压主电池包健康度（SOH）过低	OFF	Ⅲ
P0A95	00	高压电池包主熔丝损坏	ON	Ⅰ
P0AA7	00	电池包电压隔离传感器线路故障	ON	Ⅲ
P0AFA	00	高压电池包总电压值过低	ON	Ⅰ
P0AFB	00	高压电池包总电压值过高	ON	Ⅰ
P0B13	00	"CAB"电流传感器电流值与"LEM"传感器电流值不一致	OFF	Ⅲ
P0B19	00	电池包电压值错误	ON	Ⅰ
P0C78	00	预充电超时	OFF	Ⅰ
P1E01	00	慢充互锁回路对地短路	ON	Ⅲ
P1E02	00	慢充互锁回路对电源短路	ON	Ⅲ
P1E04	00	外部高压电路与底盘绝缘故障	OFF	Ⅲ
P1E05	00	内部高压电路与底盘绝缘故障	ON	Ⅲ
P1E06	00	绝缘故障	OFF	Ⅲ
P1E09	00	LEM 电流传感器对地短路	ON	Ⅲ
P1E0A	00	LEM 电流传感器对电源短路	ON	Ⅲ
P1E0D	00	高压电池包预充电能量超限值故障	OFF	Ⅰ
P1E0E	00	电芯压差过大	OFF	Ⅲ
P1E0F	00	电芯温差过大	OFF	Ⅲ
P1E11	00	实时时钟故障	ON	Ⅲ
P1E1B	00	高压管理单元（HVM）标定值超限或未标定故障	OFF	Ⅲ
P1E1C	00	放电电流严重超限	OFF	Ⅰ
P1E1D	00	充电电流严重超限	OFF	Ⅰ
P1E1E	00	高压电池包放电电源超限	OFF	Ⅱ
P1E1F	00	高压电池包充电电源超限	OFF	Ⅱ
P1E22	00	BMS 带载掉电	OFF	Ⅲ
P1E23	00	BMS 就绪前 HCU 发送主继电器闭合请求	OFF	Ⅱ
P1E24	00	关键高压信号值错误	ON	Ⅰ
P1E25	00	维修开关（MSD）未安装	OFF	Ⅰ
P1E26	00	碰撞发生	OFF	Ⅰ
P1E27	00	信号无效	OFF	Ⅱ
P1E28	00	硬件电路故障	ON	Ⅰ
P1E2B	00	高压互锁回路输入端失效 - 高	ON	Ⅲ
P1E2C	00	高压互锁回路输入端失效 - 低	ON	Ⅲ
P1E2F	00	充电枪连接耦合电路对电源短路	OFF	Ⅲ
P1E30	00	12V 开关供电电压过高	ON	Ⅲ

（续）

DTC	FIB	描述	故障灯	故障等级
P1E31	00	12V 开关供电电压过低	ON	Ⅲ
P1E34	00	5V 传感器供电电压过高	ON	Ⅲ
P1E35	00	5V 传感器供电电压过低	ON	Ⅲ
P1E39	00	慢充电流过高	OFF	Ⅲ
P1E40	00	快充电流过大	OFF	Ⅲ
P1E41	00	慢充电流过低	OFF	Ⅲ
P1E48	00	12V 供电电压过低	OFF	Ⅲ
P1E49	00	12V 供电电压过高	OFF	Ⅲ
P1E4C	00	主正继电器粘连故障（闭合时）	ON	Ⅰ
P1E4D	00	主负继电器粘连故障（闭合时）	OFF	Ⅲ
P1E4F	00	慢充继电器粘连故障（闭合时）	OFF	Ⅲ
P1E51	00	快充继电器粘连故障（闭合时）	ON	Ⅰ
P1E52	00	主正继电器粘连故障（打开时）	ON	Ⅰ
P1E57	00	快充继电器粘连故障（打开时）	OFF	Ⅲ
P1E58	00	主正继电器粘连故障（闭合时）	ON	Ⅰ
P1E59	00	主负继电器粘连故障	ON	Ⅰ
P1E5A	00	主预充电继电器打开故障（闭合时）	ON	Ⅰ
P1E5C	00	慢充继电器打开故障（闭合时）	ON	Ⅰ
P1E5E	00	快充继电器打开故障（闭合时）	ON	Ⅰ
P1E5F	00	主正继电器两端电压差超出限值（闭合时）	ON	Ⅰ
P1E60	00	主负继电器两端电压差超出限值（闭合时）	ON	Ⅰ
P1E62	00	慢充继电器两端电压差超出限值（闭合时）	ON	Ⅰ
P1E64	00	快充继电器两端电压差超出限值（闭合时）	ON	Ⅰ
P1E65	00	负极电压值错误	ON	Ⅰ
P1E66	00	慢充负端电压值错误	ON	Ⅰ
P1E67	00	快充负极电压值错误	ON	Ⅰ
P1E68	00	主熔丝高压端电压值错误	ON	Ⅰ
P1E69	00	主熔丝低压端电压值错误	ON	Ⅰ
P1E6D	00	模块电压与其单体电池电压总和偏差超限	ON	Ⅲ
P1E70	00	单体电池电压过高	OFF	Ⅱ
P1E71	00	单体电池电压过高	ON	Ⅰ
P1E72	00	单体电池电压过低	OFF	Ⅱ
P1E73	00	单体电池电压过低	ON	Ⅰ
P1E75	00	单体电池电压过高	OFF	Ⅱ
P1E76	00	单体电池过热	ON	Ⅰ
P1E77	00	单体电池温度过低	OFF	Ⅱ
P1E79	00	电芯监控单元（CMU）01 温度检测故障	ON	Ⅱ
P1E7A	00	电芯监控单元（CMU）02 温度检测故障	ON	Ⅱ
P1E7B	00	电芯监控单元（CMU）03 温度检测故障	ON	Ⅱ
P1E7C	00	电芯监控单元（CMU）04 温度检测故障	ON	Ⅱ
P1E7D	00	电芯监控单元（CMU）05 温度检测故障	ON	Ⅱ
P1E7E	00	电芯监控单元（CMU）06 温度检测故障	ON	Ⅱ

（续）

DTC	FIB	描述	故障灯	故障等级
P1E7F	00	电芯监控单元（CMU）07 温度检测故障	ON	Ⅱ
P1E80	00	电芯监控单元（CMU）08 温度检测故障	ON	Ⅱ
P1E82	00	慢充充电机要求高压电池管理系统紧急下电	OFF	Ⅲ
P1E83	00	快充充电机报告紧急下电	OFF	Ⅲ
P1E87	00	从 EEPROM 中读取 DTC 值故障	OFF	Ⅲ
P1E88	00	从 EEPROM 中读取物流数据值故障	OFF	Ⅲ
P1E8B	00	电芯监控单元（CMU）01 电压检测故障	ON	Ⅱ
P1E8C	00	电芯监控单元（CMU）02 电压检测故障	ON	Ⅱ
P1E8D	00	电芯监控单元（CMU）03 电压检测故障	ON	Ⅱ
P1E8E	00	电芯监控单元（CMU）04 电压检测故障	ON	Ⅱ
P1E8F	00	电芯监控单元（CMU）05 电压检测故障	ON	Ⅱ
P1E90	00	电芯监控单元（CMU）06 电压检测故障	ON	Ⅱ
P1E91	00	电芯监控单元（CMU）07 电压检测故障	ON	Ⅱ
P1E92	00	电芯监控单元（CMU）08 电压检测故障	ON	Ⅱ
P1E93	00	关机时间超限	OFF	Ⅲ
P1E94	00	电池包电压与其电芯电压总和的偏差超限	OFF	Ⅱ
P1E96	00	12V 蓄电池电压超出范围	ON	Ⅲ
P1E97	00	充电枪连续耦合电路对地短路	OFF	Ⅲ
P1E9B	00	充电枪连续耦合电路电压超出范围	OFF	Ⅲ
P1E9C	00	空调压缩机熔丝熔断	OFF	Ⅲ
P1E9D	00	唤醒信号丢失	OFF	Ⅲ
P1EA1	00	CAB 电流传感器故障	ON	Ⅲ
P1EA2	87	CAB 电流传感器信号丢失	OFF	Ⅲ
P1EAA	00	5V 供电电压过高	ON	Ⅲ
P1EAB	00	5V 供电电压过低	ON	Ⅲ
P1EAE	00	慢充充电电流与电池管理系统（BMS）需求电流不匹配	OFF	Ⅲ
P1EAF	00	慢充充电电压与电池管理系统（BMS）需求电压不匹配	OFF	Ⅲ
P1EB1	00	车载充电机故障	OFF	Ⅲ
P1EB2	00	慢充过程中检测的绝缘值过低	OFF	Ⅲ
P1EB4	88	与高压管理单元（HVM）失去通信	OFF	Ⅱ
P1EC1	00	在继电器吸合前低压电池电压过低	OFF	Ⅲ
P1EC2	00	车载充电回路熔丝损坏	OFF	Ⅲ
P1EE0	04	从 EEPROM 中读取应用程序关键数据值故障	OFF	Ⅲ
P1F01	87	与高压管理单元（HVM）失去通信	OFF	Ⅱ
P1F02	87	与电芯监控单元（CMU）01 失去通信	ON	Ⅲ
P1F03	87	与电芯监控单元（CMU）02 失去通信	ON	Ⅲ
P1F04	87	与电芯监控单元（CMU）03 失去通信	ON	Ⅲ
P1F05	87	与电芯监控单元（CMU）04 失去通信	ON	Ⅲ
P1F06	87	与电芯监控单元（CMU）05 失去通信	ON	Ⅲ
P1F07	87	与电芯监控单元（CMU）06 失去通信	ON	Ⅲ
P1F08	87	与电芯监控单元（CMU）07 失去通信	ON	Ⅲ
P1F09	87	与电芯监控单元（CMU）08 失去通信	ON	Ⅲ

（续）

DTC	FIB	描述	故障灯	故障等级
P1F0E	00	主正端电压值错误	ON	I
P1F10	87	与快充控制模块失去通信	OFF	III
P1F14	88	与电芯监控单元（CMU）失去通信	OFF	III
P1F16	98	快充充电口温度过高	OFF	III
U0073	88	动力总成高速 CAN 总线关闭	OFF	III
U0074	88	混动高速 CAN 总线关闭	OFF	II
U0076	88	本地 CAN 总线关闭	OFF	III
U0077	88	快充通信 CAN 总线关闭	OFF	III
U0146	87	与网关（GW）失去通信	OFF	III
U0198	87	与远程通信模块（TBOX）失去通信	OFF	III
U0293	87	与混动控制单元（HCU）失去通信	OFF	II
U1112	87	与车载充电机（OBC）失去通信	OFF	III
U1562	17	蓄电池电压过高	OFF	III
U1563	16	蓄电池电压过低	OFF	III

96. 荣威 Ei6 直流 / 直流变换器（DC/DC）故障

荣威 Ei6 直流 / 直流变换器（DC/DC）故障码见表 4-10。

表 4-10　荣威 Ei6 直流 / 直流变换器（DC/DC）故障码

DTC	FIB	描述	故障灯	故障等级
P1D61	01	低压输出电流零漂故障	ON	III
P1D62	19	DC/DC 输出电流过大	OFF	IV
P1D63	4B	DC/DC 冷却液温度过高	ON	II
P1D64	4B	DC/DC 电路板温度过高	ON	II
P1D65	01	DC/DC 输出端子连接错误	ON	II
P1D66	17	DC/DC 输出电压过低	ON	III
P1D66	16	DC/DC 输出电压过高	ON	III
P1D67	01	DC/DC 主动放电超时	OFF	IV
P1D68	17	DC/DC 输入电压过低	ON	III
P1D68	16	DC/DC 输入电压过高	ON	III
P1D69	16	DC/DC 驱动电压过低	ON	III
P1D6A	01	DC/DC 模式转换超时	OFF	IV
P1D6B	12	DC/DC 输出电流传感器对电源短路	ON	III
P1D6C	12	DC/DC 电路板温度传感器对地短路	ON	III
P1D6C	11	DC/DC 电路板温度传感器对电源短路	ON	III
P1D6D	12	DC/DC 电路板温度传感器对地短路	ON	III
P1D6E	01	DC/DC 实际输出电压与设置值偏差过大	OFF	IV
P1D6F	01	DC/DC 输出电压波动过大	OFF	IV
P1D81	01	DC/DC 输出端极性错误	ON	III
P1D82	00	DC/DC 请求模式错误	ON	III

（续）

DTC	FIB	描述	故障灯	故障等级
P1D83	1C	DC/DC 请求电压超出范围	OFF	Ⅳ
P1D84	02	DC/DC 接收到碰撞信号	OFF	Ⅲ
U0073	88	动力总成高速 CAN 总线关闭	OFF	Ⅳ
U0111	87	与高压电池管理系统（BMS）失去通信	OFF	Ⅳ
U0146	87	与网关（GW）失去通信	OFF	Ⅳ
U0293	87	与整车控制单元（VCU）失去通信	OFF	Ⅳ
U1562	17	蓄电池电压过高	ON	Ⅲ
U1563	16	蓄电池电压过低	ON	Ⅲ
U1763	87	网络帧超时 -SDM_HSC1_FrP00	OFF	Ⅳ
U1897	87	网络帧超时 -BMS_Frp02	OFF	Ⅳ
U191B	87	网络帧超时 -GW_HSC1_FrP09	OFF	Ⅳ

97. 荣威 Ei6 车载充电机（OBC）故障

荣威 Ei6 车载充电机（OBC）故障码见表 4-11。

表 4-11　荣威 Ei6 车载充电机（OBC）故障码

DTC	FIB	描述	故障灯	故障等级
P1D61	01	低压输出电流零漂故障	ON	Ⅲ
P1D62	19	DC/DC 输出电流过大	OFF	Ⅳ
P1D63	4B	DC/DC 冷却液温度过高	ON	Ⅱ
P1D64	4B	DC/DC 电路板温度过高	ON	Ⅱ
P1D65	01	DC/DC 输出端子连接错误	ON	Ⅱ
P1D66	17	DC/DC 输出电压过低	ON	Ⅲ
P1D66	16	DC/DC 输出电压过高	ON	Ⅲ
P1D67	01	DC/DC 主动放电超时	OFF	Ⅳ
P1D68	17	DC/DC 输入电压过低	ON	Ⅲ
P1D68	16	DC/DC 输入电压过高	ON	Ⅲ
P1D69	16	DC/DC 驱动电压过低	ON	Ⅲ
P1D6A	01	DC/DC 模式转换超时	OFF	Ⅳ
P1D6B	12	DC/DC 输出电流传感器对电源短路	ON	Ⅲ
P1D6C	12	DC/DC 电路板温度传感器对地短路	ON	Ⅲ
P1D6C	11	DC/DC 电路板温度传感器对电源短路	ON	Ⅲ
P1D6D	12	DC/DC 电路板温度传感器对地短路	ON	Ⅲ
P1D6E	01	DC/DC 实际输出电压与设置值偏差过大	OFF	Ⅳ
P1D6F	01	DC/DC 输出电压波动过大	OFF	Ⅳ
P1D81	01	DC/DC 输出端极性错误	ON	Ⅲ
P1D82	00	DC/DC 请求模式错误	ON	Ⅲ
P1D83	1C	DC/DC 请求电压超出范围	OFF	Ⅳ
P1D84	02	DC/DC 接收到碰撞信号	OFF	Ⅲ
U0073	88	动力总成高速 CAN 总线关闭	OFF	Ⅳ

(续)

DTC	FIB	描述	故障灯	故障等级
U0111	87	与高压电池管理系统（BMS）失去通信	OFF	IV
U0146	87	与网关（GW）失去通信	OFF	IV
U0293	87	与整车控制单元（VCU）失去通信	OFF	IV
U1562	17	蓄电池电压过高	ON	III
U1563	16	蓄电池电压过低	ON	III
U1763	87	网络帧超时-SDM_HSC1_FrP00	OFF	IV
U1897	87	网络帧超时-BMS_Frp02	OFF	IV
U191B	87	网络帧超时-GW_HSC1_FrP09	OFF	IV

98. 荣威 Ei6 空调控制系统（HAVC）故障

荣威 Ei6 空调控制系统（HAVC）故障码见表 4-12。

表 4-12 空调控制系统（HAVC）故障码

DTC	FTB	描述	故障等级
B13B0	87	UN 节点丢失-热泵	III
B13C0	17	低压电加热器（PTC）电压过高	IV
B13C1	96	低压电加热器（PTC）传感器故障	IV
B13C2	16	低压电加热器（PTC）电压过低	IV
B13C3	96	电加热器（PTC）电路板温度传感器故障	IV
B13C4	4B	电加热器（PTC）电路板温度过高	IV
B13C5	87	热泵请求超时故障	IV
B13C6	17	高压电加热器（PTC）电压过高	IV
B1400	11	车内冷凝器进口温度传感器短路	III
B1400	13	车内冷凝器进口温度传感器开路	III
B1401	11	车内冷凝器出口温度传感器短路	III
B1401	13	车内冷凝器出口温度传感器开路	III
B1402	11	压缩机进口温度传感器短路	III
B1402	13	压缩机进口温度传感器开路	III
B1403	11	车外冷凝器出口温度传感器短路	III
B1403	13	车外冷凝器出口温度传感器开路	III
B1405	11	电加热器（PTC）驾驶人侧温度传感器短路	III
B1405	13	电加热器（PTC）驾驶人侧温度传感器开路	III
B1411	11	环境温度传感器对地短路	III
B1411	15	环境温度传感器对电源短路或开路	III
B1412	11	集成光热温度传感器对地短路	III
B1412	15	集成光热温度传感器对电源短/开路	III
B1414	11	前左吹面出风口温度传感器对地短路	III
B1414	15	前左吹面出风口温度传感器对电源短/开路	III
B1416	11	前左吹脚出风口温度传感器对地短路	III
B1416	15	前左吹脚出风口温度传感器对电源短/开路	III
B1419	11	蒸发器温度传感器对地短路	III

（续）

DTC	FTB	描述	故障等级
B1419	15	蒸发器温度传感器对电源短/开路	Ⅲ
B1422	11	左阳光传感器对地短路	Ⅲ
B1422	15	左阳光传感器对电源短/开路	Ⅲ
B1423	11	集成光热温度参考传感器对地短路	Ⅲ
B1423	15	集成光热温度参考传感器对电源短/开路	Ⅲ
B1424	11	集成光热阳光传感器对地短路	Ⅲ
B1424	15	集成光热阳光传感器对电源短/开路	Ⅲ
B1431	11	新鲜/循环风门执行器控制电路对地短路	Ⅲ
B1431	12	新鲜/循环风门执行器控制电路对电源短路	Ⅲ
B1432	11	新鲜/循环风门执行器反馈电路对地短路	Ⅲ
B1432	15	新鲜/循环风门执行器反馈电路对电源短/开路	Ⅲ
B1433	11	左模式风门执行器控制电路对地短路	Ⅲ
B1433	12	左模式风门执行器控制电路对电源短路	Ⅲ
B1434	11	左模式风门执行器反馈电路对地短路	Ⅲ
B1434	15	左模式风门执行器反馈电路对电源短/开路	Ⅲ
B1437	11	右温度风门执行器控制电路对地短路	Ⅲ
B1437	12	右温度风门执行器控制电路对电源短路	Ⅲ
B1438	11	右温度风门执行器反馈电路对地短路	Ⅲ
B1438	15	右温度风门执行器反馈电路对电源短/开路	Ⅲ
B143B	05	右温度风门执行器校核错误	Ⅲ
B143C	01	右温度风门执行器堵转错误	Ⅲ
B1441	05	左温度风门执行器校核错误	Ⅲ
B1442	01	左温度风门执行器堵转错误	Ⅲ
B144B	54	风门执行器未校核学习	Ⅲ
B144C	05	新鲜/循环风门执行器校核错误	Ⅲ
B144D	01	新鲜/循环风门执行器堵转错误	Ⅲ
B1452	11	离子发生器控制电路对地短路	Ⅳ
B1452	15	离子发生器控制电路对电源短/开路	Ⅳ
B1461	00	旁通阀故障	Ⅲ
B1462	00	制冷阀故障	Ⅲ
B1463	00	除湿阀故障	Ⅲ
B1464	00	热泵控制器故障	Ⅲ
B1465	00	电子膨胀阀故障	Ⅲ
B1467	00	制热阀故障	Ⅲ
B1472	01	前鼓风机模拟控制错误	Ⅲ
B1481	88	无 LIN 通信	Ⅲ
B1482	87	LIN 节点丢失-电空调压缩机	Ⅲ
B1483	87	LIN 节点丢失-电加热器（PTC）	Ⅲ
B148F	88	空调 LIN2 总线关闭	Ⅲ
B1493	11	车内冷凝器出口压力传感器短路	Ⅲ
B1493	13	车内冷凝器出口压力传感器开路	Ⅲ
B14A0	16	电空调压缩机高压电压过低	Ⅲ

(续)

DTC	FTB	描述	故障等级
B14A1	4B	电空调压缩机温度过高	Ⅲ
B14A2	17	电空调压缩机高压电压过高	Ⅲ
B14A5	01	电空调压缩机低压电压故障	Ⅲ
B14A6	86	电空调压缩机通信故障	Ⅲ
B14A7	86	电空调压缩机 LIN 总线故障	Ⅲ
B14A8	01	电空调压缩机温度传感器故障	Ⅲ
B14A9	01	电空调压缩机电流传感器故障	Ⅲ
B14AA	00	电空调压缩机电流传感器短路故障	Ⅲ
B14AB	01	电空调压缩机内部供电故障	Ⅲ
B14AC	92	电空调压缩机转矩停止故障	Ⅲ
B14AD	1C	电空调压缩机电压传感器故障	Ⅲ
B14AE	00	电空调压缩机转矩过高	Ⅲ
B14B0	87	LIN 节点丢失 - 前面板	Ⅲ
B14B2	00	自动模式开关错误	Ⅲ
B14B5	00	前控制面板 ON/OFF 开关错误	Ⅲ
B14B6	00	前鼓风机速度逻辑错误	Ⅲ
B14B7	00	前控制面板循环开关错误	Ⅲ
B14B8	00	压缩机 ON/OFF 开关错误	Ⅲ
B14BA	00	驾驶人侧模式逻辑错误	Ⅲ
B14BC	00	后风窗加热开关错误	Ⅲ
B14BD	00	除霜开关错误	Ⅲ
B14C2	11	电加热器（PTC）继电器 1 控制电路对地短路	Ⅲ
B14C2	12	电加热器（PTC）继电器 1 控制电路对电源短路	Ⅲ
B14C3	11	电加热器（PTC）继电器 2 控制电路对地短路	Ⅲ
B14C3	12	电加热器（PTC）继电器 2 控制电路对电源短路	Ⅲ
B14C8	4B	电加热器（PTC）加热芯体温度过高	Ⅳ
B14C9	96	电加热器（PTC）加热芯体温度传感器故障	Ⅳ
B14CA	96	高压电加热器（PTC）电流传感器故障	Ⅳ
B14CB	19	高压电加热器（PTC）电流过大	Ⅳ
B14CC	96	高压电加热器（PTC）传感器故障	Ⅳ
B14CD	16	高压电加热器（PTC）电压过低	Ⅳ
B14CE	13	电加热器（PTC）IGBT 开路	Ⅳ
B14CF	11	电加热器（PTC）IGBT 对地短路	Ⅳ
B14E7	11	外部 5V 供电电路对地短路	Ⅲ
B14E7	12	外部 5V 供电电路对电源短路	Ⅲ
B14F1	88	网络配置错误	Ⅲ
B14F2	00	初始化错误	Ⅲ
U0073	88	CAN 总线关闭	Ⅰ
U0140	87	与车身控制模块（BCM）失去通信	Ⅱ
U0146	87	与网关（GW）失去通信	Ⅱ
U0155	87	与组合仪表（IPK）失去通信	Ⅱ
U0198	87	与远程通信模块（IBOX）失去通信	Ⅱ

（续）

DTC	FTB	描述	故障等级
U0245	87	与信息娱乐控制模块（FICM）失去通信	Ⅱ
U0293	87	与混动控制单元（HCU）失去通信	Ⅱ
U1111	87	与高压电池管理系统（BMS）失去通信	Ⅱ
U1562	17	蓄电池电压过高	Ⅱ
U1563	16	蓄电池电压过低	Ⅱ
U2001	41	电控单元内部故障-EEPROM 校验和错误	Ⅱ
U2002	42	电控单元内部故障-RAM 错误	Ⅱ

99. 荣威 Ei6 网关控制模块（GW）故障

荣威 Ei6 网关控制模块（GW）故障码见表 4-13。

表 4-13　荣威 Ei6 网关控制模块（GW）故障码

DTC	FTB	描述	故障等级
B1165	17	KL15_SW 继电器控制回路电压超出阈值	Ⅱ
B1165	19	KL15_SW 继电器控制回路电流超出阈值	Ⅱ
B1166	19	运行档继电器控制回路电流过大	Ⅱ
B1167	17	附件档功率继电器控制回路电压超出阈值	Ⅱ
B1167	19	附件档功率继电器控制回路电流超出阈值	Ⅱ
B1169	19	附件档/唤醒高端驱动回路电流过大	Ⅱ
B116A	19	唤醒使能回路电流超出阈值	Ⅱ
B1AD3	00	行人警示模块热保护或短路保护或直流电故障	Ⅱ
B1AD4	00	行人警示扬声器开路	Ⅱ
B1B06	16	系统电压过低	Ⅱ
C0042	14	制动踏板位置传感器回路 A 对地短路或开路	Ⅱ
C0042	15	制动踏板位置传感器回路 A 对电源短路	Ⅱ
C0042	54	制动踏板位置传感器回路 A 初始电压丢失	Ⅱ
C0042	1C	制动踏板位置传感器回路 A 输出电压超出范围	Ⅱ
P0564	11	巡航控制回路 A 对地短路	Ⅱ
P0564	12	巡航控制回路 A 对电源短路	Ⅱ
P0564	96	巡航控制开关 A 内部故障	Ⅱ
P0564	1C	巡航控制回路 A 电压超出范围	Ⅱ
P0589	11	巡航控制回路 B 对地短路	Ⅱ
P0589	12	巡航控制回路 B 对电源短路	Ⅱ
P0589	96	巡航控制开关 B 内部故障	Ⅱ
P0589	1C	巡航控制回路 B 电压超出范围	Ⅱ
U0073	88	动力总成高速 CAN 总线关闭	Ⅰ
U0074	88	底盘高速 CAN 总线关闭	Ⅰ
U0075	88	车身高速 CAN 总线关闭	Ⅰ
U0076	88	娱乐高速 CAN 总线关闭	Ⅰ
U0077	88	诊断高速 CAN 总线关闭	Ⅰ
U0103	87	与换档控制单元（SCU）失去通信	Ⅱ

(续)

DTC	FTB	描述	故障等级
U0110	87	与驱动电机控制单元（TC）失去通信	II
U0122	87	与动态稳定控制系统（DCS）失去通信	II
U0127	87	与胎压监测系统（TPMS）失去通信	II
U0131	87	与电动助力转向模块（EPS）失去通信	II
U0140	87	与车身控制模块（BCM）失去通信	II
U0151	87	与安全气囊控制模块（SDM）失去通信	II
U0155	87	与组合仪表（IPK）失去通信	II
U0164	87	与空调控制模块（AC）失去通信	II
U0198	87	与远程通信模块（TBOX）失去通信	II
U0245	87	与信息娱乐控制模块（FICM）失去通信	II
U0293	87	与混动控制单元（HCU）失去通信	II
U0298	87	与高压 DC/DC（HV DC/DC）失去通信	II
U1001	87	与无钥匙进入和起动（PEPS）控制模块失去通信	II
U1111	87	与高压电池管理系统（BMS）失去通信	II
U1264	87	与前向摄像头模块（FVCM）失去通信	I
U1266	87	与行人警示模块（PACM）失去通信	II
U1562	17	蓄电池电压过高	II
U1563	16	蓄电池电压过低	II
U2001	41	电控单元内部故障 -Flash 校验和错误	II
U2001	42	电控单元内部故障 -EEPROM 校验和错误	II

100. 荣威 Ei6 电子液压制动助力系统（EHBS）故障码

荣威 Ei6 电子液压制动助力系统（EHBS）故障码见表 4-14。

表 4-14 电子液压制动助力系统（EHBS）故障码

DTC	FTB	描述	故障灯	故障等级
C1C00	01	线性位置传感器故障	ON	I
C1C01	01	制动助力器温度传感器硬线故障	ON	I
C1C02	96	制动助力器温度传感器故障	ON	I
C1C03	01	制动助力器电机位置传感器硬线故障	ON	I
C1C04	92	制动助力器电机性能故障	ON	I
C1C05	09	制动助力器 ECU 硬件故障	ON	I
U0073	88	CAN 总线关闭	OFF	II
U1022	87	与动态稳定控制系统（DSC）失去通信	OFF	III
U0146	87	与网关（GW）失去通信	OFF	III
U0416	81	从动态稳定控制系统（DSC）接收到无效数据	ON	II
U0422	81	从车身控制模块（BCM）接收到无效数据	OFF	III
U0423	81	从组合仪表（IPK）接收到无效数据	OFF	III
U0447	81	从网关（GW）接收到无效数据	OFF	III
U0594	81	从整车控制器（VCU）接收到无效数据	OFF	III
U1561	01	蓄电池电压不稳定	ON	I

(续)

DTC	FTB	描述	故障灯	故障等级
U1562	17	蓄电池电压过高	ON	I
U1563	16	蓄电池电压过低	ON	I
U2001	41	控制器存储故障	ON	I
U2003	04	控制模块内部性能故障	ON	I
U2100	04	控制器硬件故障导致通信故障	OFF	II

101. 荣威 Ei6 车身控制模块（BCM）故障码

荣威 Ei6 车身控制模块（BCM）故障码见表 4-15。

表 4-15　车身控制模块（BCM）故障码

DTC	FTB	描述	故障等级
B1041	11	左制动灯控制回路对地短路	III
B1041	12	左制动灯控制回路对电源短路	III
B1041	13	左制动灯控制回路开路	III
B1042	11	右制动灯控制回路对地短路	III
B1042	12	右制动灯控制回路对电源短路	III
B1042	13	右制动灯控制回路开路	III
B1043	11	高位制动灯回路对地短路	III
B1043	12	高位制动灯回路对电源短路	III
B1043	13	高位制动灯回路开路	III
B1045	11	倒车灯控制回路对地短路	III
B1045	12	倒车灯控制回路对电源短路	III
B1045	13	倒车灯控制回路开路	III
B1047	11	左日间行车灯控制回路对地短路	III
B1047	12	左日间行车灯控制回路对电源短路	III
B1047	13	左日间行车灯控制回路开路	III
B1048	11	右日间行车灯控制回路对地短路	III
B1048	12	右日间行车灯控制回路对电源短路	III
B1048	13	右日间行车灯控制回路开路	III
B1049	11	日间行车灯控制回路对地短路	III
B1049	12	日间行车灯控制回路对电源短路	III
B1049	13	日间行车灯控制回路开路	III
B104A	11	左转向灯控制电路对地短路	II
B104A	12	左转向灯控制回路对电源短路	II
B104A	13	左转向灯控制电路开路	II
B104B	11	右转向灯控制电路对地短路	II
B104B	12	右转向灯控制回路对电源短路	II
B104B	13	右转向灯控制电路开路	II
B104C	71	危险报警闪光灯开关卡滞	III
B104E	11	危险报警闪光灯指示灯控制电路对地短路	III
B104E	12	危险报警闪光灯指示灯控制电路对电源短路	III

（续）

DTC	FTB	描述	故障等级
B104E	13	危险报警闪光灯指示灯控制电路开路	Ⅲ
B1053	11	后雾灯控制回路对地短路	Ⅲ
B1053	12	后雾灯控制回路对电源短路	Ⅲ
B1053	13	后雾灯控制回路开路	Ⅲ
B1055	71	后雾灯开关卡滞	Ⅲ
B1057	12	左近光灯继电器控制回路对电源短路	Ⅲ
B1057	14	左近光灯继电器控制回路对地短/开路	Ⅲ
B1058	12	右近光灯继电器控制回路对电源短路	Ⅲ
B1058	14	右近光灯继电器控制回路对地短/开路	Ⅲ
B1059	12	近光灯继电器控制回路对电源短路	Ⅲ
B1059	14	近光灯继电器控制回路对地短/开路	Ⅲ
B105A	11	左近光灯控制回路对地短路	Ⅲ
B105A	12	左近光灯控制回路对电源短路	Ⅲ
B105A	13	左近光灯控制回路开路	Ⅲ
B105B	11	右近光灯控制回路对地短路	Ⅲ
B105B	12	右近光灯控制回路对电源短路	Ⅲ
B105B	13	右近光灯控制回路开路	Ⅲ
B105C	12	远光灯继电器控制回路对电源短路	Ⅲ
B105C	14	远光灯继电器控制回路对地短/开路	Ⅲ
B105D	11	远近光光组合开关对地短路	Ⅲ
B105D	1E	远近光光组合开关电阻值超出范围	Ⅲ
B1060	11	牌照灯控制回路对地短路	Ⅲ
B1060	12	牌照灯控制回路对电源短路	Ⅲ
B1060	13	牌照灯控制回路开路	Ⅲ
B1061	11	左位置灯控制回路对地短路	Ⅲ
B1061	12	左位置灯控制回路对电源短路	Ⅲ
B1061	13	左位置灯控制回路开路	Ⅲ
B1062	11	右位置灯控制回路对地短路	Ⅲ
B1062	12	右位置灯控制回路对电源短路	Ⅲ
B1062	13	右位置灯控制回路开路	Ⅲ
B1063	11	室外照明灯控制回路对地短路	Ⅲ
B1063	12	室外照明灯控制回路对电源短路	Ⅲ
B1063	13	室外照明灯控制回路开路	Ⅲ
B1066	73	制动踏板开关粘连	Ⅲ
B1067	16	自动灯光传感器信号电压低于阈值	Ⅲ
B1067	17	自动灯光传感器信号电压高于阈值	Ⅲ
B1071	11	转向灯组合开关对地短路	Ⅲ
B1071	1E	转向灯组合开关电阻值超出范围	Ⅲ
B1074	11	左后位置灯控制回路对地短路	Ⅲ
B1074	12	左后位置灯控制回路对电源短路	Ⅲ
B1074	13	左后位置灯控制回路开路	Ⅲ
B1075	11	右后位置灯控制回路对地短路	Ⅲ

（续）

DTC	FTB	描述	故障等级
B1075	12	右后位置灯控制回路对电源短路	Ⅲ
B1075	13	右后位置灯控制回路开路	Ⅲ
B1077	11	主灯光开关对地短路	Ⅲ
B1077	15	主灯光开关对电源短/开路	Ⅲ
B1077	1C	主灯光开关电阻值超出范围	Ⅲ
B1078	11	雾灯开关对地短路	Ⅲ
B1078	15	雾灯开关对电源短/开路	Ⅲ
B1078	1C	雾灯开关电阻超出范围	Ⅲ
B1080	11	氛围灯控制回路对地短路	Ⅲ
B1080	12	氛围灯控制回路对电源短路	Ⅲ
B1080	13	氛围灯控制回路开路	Ⅲ
B1081	11	室内照明灯控制回路对地短路	Ⅲ
B1081	13	室内照明灯控制回路开路	Ⅲ
B1082	11	延时继电器控制回路对地短路	Ⅲ
B1082	12	延时继电器控制回路对电源短路	Ⅲ
B1083	11	附件档指示灯回路对地短路	Ⅱ
B1083	13	附件档指示灯回路开路	Ⅱ
B1084	11	起动、运行档指示灯回路对地短路	Ⅱ
B1084	13	起动、运行档指示灯回路开路	Ⅱ
B1089	11	行李舱灯控制回路对地短路	Ⅲ
B1089	12	行李舱灯控制回路对电源短路	Ⅲ
B1089	13	行李舱灯控制回路开路	Ⅲ
B108A	11	灯光变暗控制回路对地短路	Ⅲ
B108A	12	灯光变暗控制回路对电源短路	Ⅲ
B108A	13	灯光变暗控制回路开路	Ⅲ
B1091	11	点火开关背光回路对地短路	Ⅲ
B1091	12	点火开关背光回路对电源短路	Ⅲ
B1091	13	点火开关背光回路开路	Ⅲ
B10A1	71	所有车门解锁继电器卡滞	Ⅲ
B10A2	71	所有车门锁止继电器卡滞	Ⅲ
B10A3	71	所有车门超级锁锁止继电器卡滞	Ⅲ
B10A4	71	驾驶人侧车门解锁继电器卡滞	Ⅲ
B10A6	11	车门锁止状态LED灯回路对地短路	Ⅲ
B10A6	12	车门锁止状态LED灯回路对电源短路	Ⅲ
B10A6	13	车门锁止状态LED灯回路开路	Ⅲ
B10AA	71	驾驶人侧车门钥匙锁止开关卡滞	Ⅲ
B10AB	71	驾驶人侧车门钥匙解锁开关卡滞	Ⅲ
B10AC	71	中控锁止开关卡滞	Ⅲ
B10AD	71	中控解锁开关卡滞	Ⅲ
B10B1	71	尾门/行李舱释放开关卡滞	Ⅲ
B10B1	71	尾门/行李舱盖释放继电器卡滞	Ⅲ
B1101	12	前刮水器使能继电器驱动对电源短路	Ⅲ

（续）

DTC	FTB	描述	故障等级
B1101	14	前刮水器使能继电器驱动对地短/开路	Ⅲ
B1102	12	后刮水器使能继电器驱动对电源短路	Ⅲ
B1102	14	后刮水器使能继电器驱动对地短/开路	Ⅲ
B1103	12	前刮水器速度继电器驱动对电源短路	Ⅲ
B1103	14	前刮水器速度继电器驱动对地短/开路	Ⅲ
B1105	71	前刮水器停止开关卡滞	Ⅲ
B1107	71	后刮水器停止开关卡滞	Ⅲ
B1109	1E	刮水器延迟开关电阻值超出范围	Ⅲ
B110B	12	后洗涤继电器控制回路对电源短路	Ⅲ
B110B	13	后洗涤继电器控制回路对地短/开路	Ⅲ
B110C	12	前洗涤继电器控制回路对电源短路	Ⅲ
B110C	14	前洗涤继电器控制回路对地短/开路	Ⅲ
B1111	12	驾驶人侧车窗上升继电器控制回路对电源短路	Ⅲ
B1111	14	驾驶人侧车窗上升继电器控制回路对地短/开路	Ⅲ
B1112	12	前排乘客侧车窗上升继电器控制回路对电源短路	Ⅲ
B1112	14	前排乘客侧车窗上升继电器控制回路对地短/开路	Ⅲ
B1113	12	左后乘客侧车窗上升继电器控制回路对电源短路	Ⅲ
B1113	14	左后乘客侧车窗上升继电器控制回路对地短/开路	Ⅲ
B1114	12	右后乘客侧车窗上升继电器控制回路对电源短路	Ⅲ
B1114	14	右后乘客侧车窗上升继电器控制回路对地短/开路	Ⅲ
B1115	71	前排乘客侧车窗开关卡滞	Ⅲ
B1116	71	左后车窗开关卡滞	Ⅲ
B1117	71	右后车窗开关卡滞	Ⅲ
B1121	12	驾驶人侧车窗下降继电器控制回路对电源短路	Ⅲ
B1121	14	驾驶人侧车窗下降继电器控制回路对地短/开路	Ⅲ
B1122	12	前排乘客侧车窗下降继电器控制回路对电源短路	Ⅲ
B1122	14	前排乘客侧车窗下降继电器控制回路对地短/开路	Ⅲ
B1123	12	左后乘客侧车窗下降继电器控制回路对电源短路	Ⅲ
B1123	14	左后乘客侧车窗下降继电器控制回路对地短/开路	Ⅲ
B1124	12	右后乘客侧车窗下降继电器控制回路对电源短路	Ⅲ
B1124	14	右后乘客侧车窗下降继电器控制回路对地短/开路	Ⅲ
B112A	04	驾驶人侧车窗开关内部故障	Ⅲ
B112A	71	驾驶人侧车窗开关卡滞	Ⅲ
B112B	04	乘客侧车窗开关内部故障	Ⅲ
B112B	71	乘客侧车窗开关卡滞	Ⅲ
B112C	04	左后车窗开关内部故障	Ⅲ
B112C	71	左后车窗开关卡滞	Ⅲ
B112D	04	右后车窗开关内部卡滞	Ⅲ
B112D	71	右后车窗开关卡滞	Ⅲ
B1130	04	驾驶人侧车窗电动机内部故障	Ⅲ
B1130	51	驾驶人侧车窗电动机没有标定数据	Ⅲ
B1131	71	驾驶人侧车窗电动机继电器故障	Ⅲ

（续）

DTC	FTB	描述	故障等级
B1132	96	驾驶人侧车窗感应系统故障	Ⅲ
B1134	04	乘客侧车窗电动机内部故障	Ⅲ
B1134	51	乘客侧车窗电动机没有标定数据	Ⅲ
B1135	71	乘客侧车窗电动机继电器故障	Ⅲ
B1136	96	乘客侧车窗感应系统故障	Ⅲ
B1138	04	左后侧车窗电动机内部故障	Ⅲ
B1138	51	左后侧车窗电动机没有标定数据	Ⅲ
B1139	71	左后侧车窗电动机系统故障	Ⅲ
B113A	96	左后侧车窗感应系统故障	Ⅲ
B113C	04	右后侧车窗电动机内部故障	Ⅲ
B113C	51	右后侧车窗电动机没有标定数据	Ⅲ
B113D	71	右后侧车窗电动机继电器故障	Ⅲ
B113E	96	右后侧车窗感应系统故障	Ⅲ
B1155	12	喇叭继电器驱动回路对电源短路	Ⅲ
B1155	14	喇叭继电器驱动回路对地短/开路	Ⅲ
B1156	12	后风窗加热继电器控制回路对电源短路	Ⅲ
B1156	14	后风窗加热继电器控制回路对地短/开路	Ⅲ
B1157	12	后风窗加热指示灯控制回路对电源短路	Ⅲ
B1157	14	后风窗加热指示灯控制回路对地短/开路	Ⅲ
B1158	12	左座椅加热继电器控制回路对电源短路	Ⅲ
B1158	14	左座椅加热继电器控制回路对地短/开路	Ⅲ
B115A	12	右座椅加热继电器控制回路对电源短路	Ⅲ
B115A	14	右座椅加热继电器控制回路对地短/开路	Ⅲ
B1165	11	运行档位功率继电器控制回路对地短路	Ⅱ
B1165	13	运行档位功率继电器控制回路开路	Ⅱ
B1166	11	起动档位功率继电器控制回路对地短路	Ⅱ
B1166	13	起动档位功率继电器控制回路开路	Ⅱ
B1167	11	附件档功率继电器控制回路对地短路	Ⅱ
B1167	12	附件档功率继电器控制回路对电源短路	Ⅱ
B1167	13	附件档功率继电器控制回路开路	Ⅱ
B1168	11	保持附件档功率继电器控制回路对地短路	Ⅱ
B1168	12	保持附件档功率继电器控制回路对电源短路	Ⅱ
B1168	13	保持附件档功率继电器控制回路开路	Ⅱ
B1169	11	附件档高边驱动输出回路对地短路	Ⅲ
B1169	13	附件档高边驱动输出回路开路	Ⅲ
B116B	00	BCM内部点火开关状态与网关不匹配	Ⅲ
B116C	00	BCM内部点火开关状态与PEPS不匹配	Ⅲ
B11A0	11	前舱盖半开回路对地短路	Ⅲ
B11A0	13	前舱盖半开回路开路	Ⅲ
B11A3	09	雨量传感器硬件失效	Ⅲ
B11A4	04	雨量传感器初始化失效	Ⅲ
B11A6	05	雨量灯光集成传感器配置失效	Ⅲ

（续）

DTC	FTB	描述	故障等级
B11C0	11	天窗位置选择开关信号对电源短路	Ⅲ
B11C0	12	天窗位置选择开关信号对地短路	Ⅲ
B11C0	13	天窗位置选择开关信号开路	Ⅲ
B11C0	71	天窗开关卡滞	Ⅲ
B11C1	71	天窗电动机继电器故障	Ⅲ
B11C2	71	天窗电动机故障	Ⅲ
B11C3	96	天窗感应系统故障	Ⅲ
B11C4	11	天窗遮阳帘位置选择开关信号对电源短路	Ⅲ
B11C4	12	天窗遮阳帘位置选择开关信号对地短路	Ⅲ
B11C4	13	天窗遮阳帘位置选择开关信号开路	Ⅲ
B11C4	71	天窗遮阳帘开关卡滞	Ⅲ
B11C6	71	天窗遮阳帘电动机故障	Ⅲ
B11C7	96	天窗遮阳帘感应系统故障	Ⅲ
B11C9	12	天窗懒人锁控制回路对电源短路	Ⅲ
B11C9	14	天窗懒人锁控制回路对地短/开路	Ⅱ
B1701	95	防盗线圈天线故障	Ⅱ
B1702	96	无效钥匙	Ⅱ
B1703	96	额外节点认证失败	Ⅱ
B1705	96	BCM与基站失去通信	Ⅱ
B1709	95	BCM未收到PEB的认证请求	Ⅱ
B170A	96	BCM未收到TBOX的回复	Ⅱ
B170B	96	TBOX认证失效	Ⅱ
B1710	95	PEB认证过程中防盗入侵状态被触发	Ⅱ
B1711	96	BCM未收到无钥匙进入和起动模块的回复	Ⅱ
B1713	96	BCM未收到安全气囊控制模块的回复	Ⅱ
B1715	96	BCM未收到自动空制控制模块的回复	Ⅱ
B1716	96	BCM未收到组合仪表的回复	Ⅱ
B1717	96	BCM未收到网关的回复	Ⅱ
B1719	87	防盗认证时，CAN通信或初始化失败	Ⅱ
B1957	31	后左泊车辅助传感器故障	Ⅱ
B1959	31	后中泊车辅助传感器故障	Ⅱ
B195A	31	后右泊车辅助传感器故障	Ⅱ
B1B05	16	车辆运行期间蓄电池电压低（低风险）	Ⅲ
B1B06	16	系统电压过低	Ⅲ
B1B42	00	蓄电池传感器极性反向	Ⅲ
U0073	88	诊断CAN总线关闭	Ⅰ
U0075	88	CAN总线关闭	Ⅱ
U010F	87	与空调控制模块（A/C）失去通信	Ⅱ
U0121	87	与防抱死控制模块（ABS）失去通信	Ⅰ
U0122	87	与动态稳定控制系统（DSC）失去通信	Ⅰ
U0127	87	与胎压监测系统（TPMS）失去通信	Ⅱ
U0128	87	与电子驻车制动（EPB）失去通信	Ⅱ

（续）

DTC	FTB	描述	故障等级
U0146	87	与网关（GW）失去通信	Ⅱ
U0151	87	与安全气囊控制模块（SDM）失去通信	Ⅱ
U0155	87	与组合仪表（PK）失去通信	Ⅱ
U0169	87	与天窗控制模块失去通信	Ⅱ
U0198	87	与远程通信模块（TBOX）失去通信	Ⅱ
U0215	87	与驾驶人门侧组合开关失去通信	Ⅲ
U0222	87	与驾驶人侧车窗电动机失去通信	Ⅱ
U0223	87	与副驾侧车窗电动机失去通信	Ⅱ
U0224	87	与左后侧车窗电动机失去通信	Ⅱ
U0225	87	与右后侧车窗电动机失去通信	Ⅱ
U0231	87	与雨量灯光传感器（RLS）失去通信	Ⅱ
U0245	87	与信息娱乐控制模块（FICK）失去通信	Ⅱ
U0268	87	与仪表板安全带警告灯失去通信	Ⅱ
U1001	87	与无钥匙进入和起动（PEPS）控制模块失去通信	Ⅱ
U1003	87	与换档控制单元（SCU）失去通信	Ⅱ
U1005	87	与超声波传感器失去通信	Ⅱ
U1116	87	与蓄电池传感器（EBS）失去通信	Ⅱ
U1169	87	与天窗遮阳控制模块失去通信	Ⅱ
U1500	00	与车身控制模块（BCM）或组合仪表（IPK）的 VIN 不匹配	Ⅱ
U1501	00	车身控制模块或组合仪表冗余数据同步失败	Ⅱ
U1562	17	蓄电池电压过高	Ⅱ
U1563	16	蓄电池电压过低	Ⅱ
U2001	41	电控单元内部故障-EEPROM 校验和错误	Ⅱ
U2002	42	电控单元内部故障-RAM 错误	Ⅱ
U2004	42	电控单元内部故障-ROM 错误	Ⅱ
U2020	47	电控单元内部故障-内部看门狗错误	Ⅱ
U2021	47	电控单元内部故障-外部看门狗错误	Ⅱ

102. 荣威 Ei6 无钥匙进入和起动系统（PEPS）故障码

荣威 Ei6 无钥匙进入和起动系统（PEPS）故障码见表 4-16。

表 4-16 无钥匙进入和起动系统（PEPS）故障码

DTC	FTB	描述	故障报警信息	故障等级
B1752	11	起停按钮输入对地短路	点火按钮故障，请维修	Ⅱ
B1752	15	起停按钮输入开路或对电源短路	点火按钮故障，请维修	Ⅱ
B1753	71	起停按钮卡滞	点火按钮故障，请维修	Ⅱ
B1754	13	驾驶人侧门把手天线开路	—	Ⅲ
B1754	19	驾驶人侧门把手天线电流过大	—	Ⅲ
B1755	13	乘客侧门把手天线开路	—	Ⅲ
B1755	19	乘客侧门把手天线电流过大	—	Ⅲ
B1756	13	保险杠天线开路	—	Ⅲ

（续）

DTC	FTB	描述	故障报警信息	故障等级
B1756	19	保险杠天线电流过大	—	Ⅲ
B1757	13	车内前部天线开路	无钥匙进入功能故障，请维修	Ⅱ
B1757	19	车内前部天线电流过大	无钥匙进入功能故障，请维修	Ⅱ
B1758	13	车内中部天线开路	无钥匙进入功能故障，请维修	Ⅱ
B1758	19	车内中部天线电流过大	无钥匙进入功能故障，请维修	Ⅱ
B1759	13	车内后部天线开路	无钥匙进入功能故障，请维修	Ⅱ
B1759	19	车内后部天线电流过大	无钥匙进入功能故障，请维修	Ⅱ
B175A	11	辅助档驱动电路对地短路	—	Ⅱ
B175A	12	辅助档驱动电路对电源短路	—	Ⅱ
B175B	11	运行档驱动电路对电源短路	电源模式故障，请维修	Ⅲ
B175B	12	运行档驱动电路对电源短路	—	Ⅲ
B1760	00	辅助档维持电路异常	—	Ⅱ
B1761	00	运行档维持电路异常	电源模式故障，请维修	Ⅱ
B1764	00	起停按钮信号错误	点火按钮故障，请维修	Ⅱ
U0073	88	CAN 总线关闭	—	Ⅰ
U0140	87	与车身控制模块（BCM）失去通信	—	Ⅱ
U0146	87	与网关（GW）失去通信	—	Ⅱ
U0155	87	与组合仪表（IPK）失去通信	—	Ⅱ
U1562	17	蓄电池电压过高	—	Ⅱ
U1563	16	蓄电池电压过低	—	Ⅱ
U2002	42	控制器故障 -RAM 错误	—	Ⅱ
U2004	42	电控单元内部故障 -ROM 错误	—	Ⅱ

103. 荣威 ERX5 高压电系统无法上电故障

（1）**故障现象**　一辆荣威 ERX5，行驶里程 8000km。该车在正常行驶过程中，仪表台上突然出现提示信息"动力系统故障"后，就无法正常行驶。

（2）**故障诊断**　对车辆进行上电操作，发现仪表台上的高压系统故障灯点亮，无法上电。

连接诊断仪，读取故障信息，在整车控制模块（VCU）内发现两个故障码：P1B41- 高压系统绝缘故障；P1B32- 牵引电机发生严重故障，见表4-17。当仪表上的"动力系统"故障灯点亮，说明驱动电机或电力电子箱（PEB）存在故障。结合故障码，判定应该是驱动电机或 PEB 的高压绝缘出现了问题。

用诊断仪读取数据流，该车的绝缘电阻为 550kΩ，如图 4-5 所示，正常情况下，电机三相接线与壳体之间的绝缘电阻应大于 500MΩ，很明显故障车的绝缘电阻异常。断开 PEB 与驱动电机之间的三相接头，用绝缘电阻表依次测量驱动电机 U、V、W 三相接头与电机壳体之间的绝缘电阻，测得 U 相与电机壳体之间的绝缘电阻仅为 0.2MΩ，如图 4-6 所示，远低于绝缘电阻标准值。

（3）**故障排除**　确认故障点是驱动电机，更换驱动电机总成后，故障彻底排除。

表 4-17　故障车上存储的两个故障码

序号	故障码	故障类型	定义	状态
1	P1B41	00	高压系统绝缘故障	当前
2	P1B32	00	牵引电机发生严重故障	当前

图 4-5　故障车高压系统绝缘电阻　　　图 4-6　驱动电机 U 相与电机壳体之间的绝缘电阻

第五章 吉利电动汽车常见故障排除

104. 吉利帝豪电动汽车驱动电机旋变信号故障

（1）故障码（见表5-1）

表 5-1 故障码

故障码	说明
P0C5300	正/余弦输入信号削波故障
P0C511C	正/余弦输入信号超过电压阈值
P0C5200	正/余弦输入信号低于电压阈值
P0A4429	跟踪误差超过阈值
P170900	输入转速信号超过芯片最大跟踪速率
P150700	电机超速故障
P171000	角度跳变故障
P171100	信号失配错误
P171200	配置错误
P171300	奇偶校验错误
P171400	锁相错误

（2）驱动电机旋变信号电路（见图5-1）

（3）诊断步骤

步骤1：检测电机旋变的正弦、余弦、励磁电阻。

电机旋变的正弦、余弦、励磁标准电阻分别为正弦：$(13.5 \pm 1.5)\Omega$，余弦：$(14.5 \pm 1.5)\Omega$，励磁：$(9.5 \pm 1.5)\Omega$。

步骤2：检测驱动电机旋变信号屏蔽线路。

1）操作启动开关，使电源模式至OFF档。

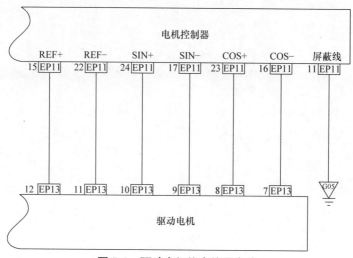

图 5-1 驱动电机旋变信号电路

2）拆卸维修开关。

3）操作启动开关，使电源模式至 ON 档。

4）断开电机控制器线束连接器 EP11。

5）用万用表测量电机控制器线束连接器 EP11 的 10 号端子与车身接地之间的电阻，如图 5-2 所示。

标准电阻：<1Ω。

6）确认测量值是否符合标准，不符合标准则修理或更换线束。

步骤 3：检测驱动电机余弦旋变信号线路。

1）操作启动开关，使电源模式至 OFF 档。

2）拆卸维修开关。

3）操作启动开关，使电源模式至 ON 档。

4）断开驱动电机线束连接器 EP13。

5）断开电机控制器线束连接器 EP11。

6）用万用表按图 5-3 所示的测量位置进行测量。

7）确认测量值是否符合标准。

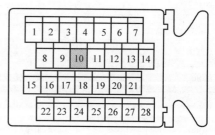

图 5-2 电机控制器线束连接器 EP11

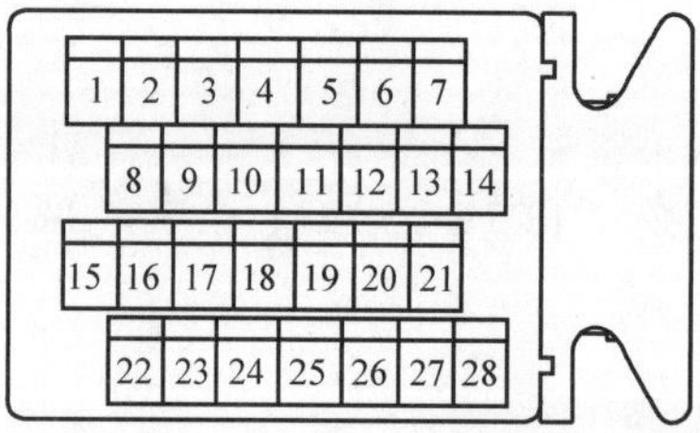

测量位置A	测量位置B	测量标准
EP13-7	EP11-16	标准电阻：<1Ω
EP13-8	EP11-23	
EP13-7	EP13-8	标准电阻：≥10kΩ
EP13-7	车身接地	
EP13-8	车身接地	
EP13-7	车身接地	标准电压：0V
EP13-8	车身接地	

图 5-3 测量驱动电机线束标准值

步骤4：检测驱动电机正弦旋变信号线路。
1）操作启动开关，使电源模式至 OFF 档。
2）断开蓄电池负极电缆。
3）拆卸维修开关。
4）操作启动开关，使电源模式至 ON 档。
5）断开驱动电机线束连接器 EP13。
6）断开电机控制器线束连接器 EP11。
7）用万用表按表 5-2 进行测量。

表 5-2　电机正弦旋变信号线路检测

测量位置 A	测量位置 B	测量标准
EP13-9	EP11-17	标准电阻：<1Ω
EP13-10	EP11-24	
EP13-9	EP13-10	标准电阻：≥ 10kΩ
EP13-9	车身接地	
EP13-10	车身接地	
EP13-9	车身接地	标准电压：0V
EP13-10	车身接地	

步骤5：检测驱动电机励磁旋变信号线路。
1）操作启动开关，使电源模式至 OFF 档。
2）断开蓄电池负极电缆。
3）拆卸维修开关。
4）操作启动开关，使电源模式至 ON 档。
5）断开驱动电机线束连接器 EP13。
6）断开电机控制器线束连接器 EP11。
7）用万用表按表 5-3 进行测量。
8）确认测量值是否符合标准，不符合标准则更换电机线束。

表 5-3　驱动电机励磁旋变信号线路

测量位置 A	测量位置 B	测量标准
EP13-11	EP11-22	标准电阻：<1Ω
EP13-12	EP11-15	
EP13-11	EP13-12	标准电阻：≥ 10kΩ
EP13-11	车身接地	
EP13-12	车身接地	
EP13-11	车身接地	标准电压：0V
EP13-12	车身接地	

105. 吉利帝豪电动汽车驱动电机三相线束故障

（1）故障码说明 P0A9000- 电流控制不合理故障。

（2）电路简图（见图 5-4）

（3）诊断步骤

步骤 1：检测驱动电机三相线束有无相互短路故障。

1）操作启动开关，使电源模式至 OFF 档。

2）断开蓄电池负极电缆。

3）拆卸维修开关。

4）断开驱动电机三相线束连接器 EP61，如图 5-5 所示。

5）断开 PEU 三相线束连接器 EP62。

6）用万用表按表 5-4 进行测量。

7）确认测量值是否符合标准，不符合标准则修理或更换线束。

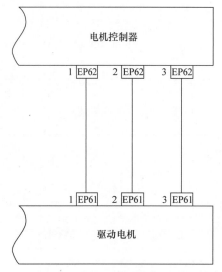

图 5-4 驱动电机控制电路

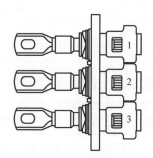

图 5-5 三相线束连接器 EP61

表 5-4 三相线束标准值测量

测量位置 A	测量位置 B	测量标准
EP61-1	EP61-2	标准电阻：≥20kΩ
EP61-1	EP61-3	
EP61-2	EP61-3	

步骤 2：检测驱动电机三相线对地短路故障。

1）操作启动开关，使电源模式至 OFF 档。

2）断开蓄电池负极电缆。

3）拆卸维修开关。

4）断开驱动电机三相线束连接器 EP61。

5）断开驱动电机三相线束连接器 EP62。

6)用万用表按表 5-5 进行测量。

7)确认测量值是否符合标准,否则应更换线束或电机控制器。

表 5-5 驱动电机三相线束与车身测量值

测量位置 A	测量位置 B	测量标准
EP61-1	车身接地	
EP61-2	车身接地	标准电阻：≥ 20kΩ
EP61-3	车身接地	

106. 吉利帝豪电动汽车电机控制器 DC/DC 故障

(1)电路简图(见图 5-6)

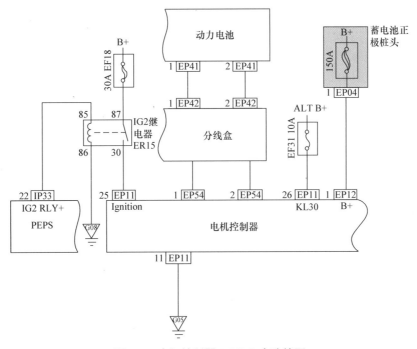

图 5-6 电机控制器 DC/DC 电路简图

(2)诊断步骤

步骤 1：检查蓄电池电压。

1)操作启动开关,使电源模式至 OFF 档。

2)用万用表测量蓄电池电压。标准电压：11 ~ 14V。

3)确认测量值是否符合标准。

4)否则更换蓄电池或为蓄电池充电。

步骤 2：检查电机控制器熔丝 EF18、EF31 和蓄电池正极熔丝是否熔断。

1)操作启动开关,使电源模式至 OFF 档。

2)拔下熔丝 EF31,检查熔丝是否熔断。熔丝额定容量：10A。

3）拔下熔丝 EF18，检查熔丝是否熔断。熔丝额定容量：30A。

4）拔下蓄电池正极熔丝，检查熔丝是否熔断。熔丝额定容量：150A。

5）是则检修熔丝线路，更换额定容量熔丝。

步骤3：检查电机控制器低压电源电压。

1）操作启动开关，使电源模式至 OFF 档。

2）断开电机控制器线束连接器 EP11（见图 5-7）。

3）操作启动开关，使电源模式至 ON 档。

4）用万用表测量电机控制器线束连接器 EP11 端子 25 和车身接地之间的电压。标准电压：11～14V。

5）用万用表测量电机控制器线束连接器 EP11 端子 26 和车身接地之间的电压。标准电压：11～14V。

6）确认测量值是否符合标准。

7）否则修理或更换线束。

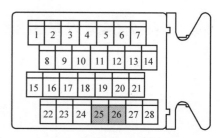

图 5-7　电机控制器线束连接器 EP11

步骤4：检查电机控制器接地电阻。

1）操作启动开关，使电源模式至 OFF 档。

2）断开电机控制器线束连接器 EP11。

3）用万用表测量电机控制器线束连接器 EP11 端子 11 和车身接地之间的电阻。标准电阻：<1Ω。

4）确认测量值是否符合标准。

5）否则修理或更换线束。

步骤5：检查分线盒线束。

1）操作启动开关，使电源模式至 OFF 档。

2）断开蓄电池负极电缆。

3）拆卸维修开关。

4）断开电机控制器高压线束连接器 EP54（见图 5-8）。

5）断开直流母线线束连接器 EP42（分线盒侧，见图 5-9）。

6）用万用表测量电机控制器高压线束连接器 EP54 端子 1 和直流母线线束连接器 EP42 端子 1 之间的电阻。标准电阻：<1Ω。

7）用万用表测量电机控制器高压线束连接器 EP54 端子 2 和直流母线线束连接器 EP42 端子 2 之间的电阻。标准电阻：<1Ω。

8）确认测量值是否符合标准。

9）是则更换分线盒总成。

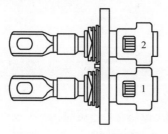

图 5-8　PEU 连接器 EP54

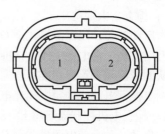

图 5-9　分线盒线束连接器 EP42

步骤 6：检查检测 DC/DC 与蓄电池之间的线路。

1）操作启动开关，使电源模式至 OFF 档。

2）断开蓄电池负极电缆。

3）断开电机控制器线束连接器 EP12（见图 5-10）。

4）断开蓄电池正极电缆。

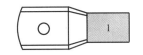

图 5-10　DC 输出线束连接器 EP12

5）用万用表测量电机控制器线束连接器 EP12 端子 1 和蓄电池正极电缆之间的电阻。标准电阻：< 1Ω。

6）确认测量值是否符合标准。

7）否则修理或更换线路。

107. 吉利帝豪电动汽车车载充电机通信故障

（1）故障码（见表 5-6）

表 5-6　故障码

故障码	说明
U007388	Busoff 事件发生
U100287	BMS 报文超时事件发生
U100016	KL30 电压 < 9V
U100017	KL 电压 > 16V
U24BA81	BMS_CCU_Control 帧内的 Checksum 错误

（2）电路简图（见图 5-11）

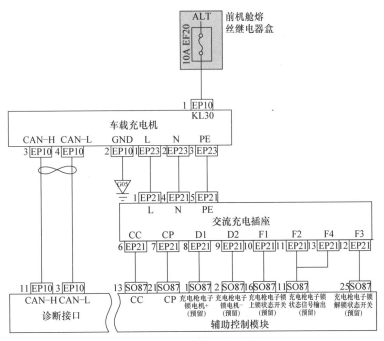

图 5-11　车载充电机电路简图

(3) 诊断步骤

步骤1：使用故障诊断仪读取故障码。

1) 操作启动开关，使电源模式至 ON 档。

2) 连接故障诊断仪，读取系统故障码。

3) 确认系统是否存在其他故障码。

4) 是则优先排除其他故障码指示故障。

步骤2：检查车载充电机熔丝 EF20 是否熔断。

1) 操作启动开关，使电源模式至 OFF 档。

2) 拔下熔丝 EF20，检查熔丝是否熔断。熔丝额定容量：10A。

3) 检修熔丝线路，更换额定容量熔丝。

步骤3：检查车载充电机电源、接地之间的电压。

1) 操作启动开关，使电源模式至 OFF 档。

2) 断开车载充电机线束连接器 EP10（见图 5-12）。

3) 操作启动开关，使电源模式至 ON 档。

4) 用万用表测量车载充电机线束连接器 EP10 端子 1 和端子 2 之间的电压。标准电压：11～14V。

5) 确认测量值是否符合标准。

6) 否则修理或更换线束。

步骤4：检查车载充电机的通信线路。

1) 操作启动开关，使电源模式至 OFF 档。

2) 断开车载充电机线束连接器 EP10。

3) 用万用表测量车载充电机线束连接器 EP10 端子 3 和诊断接口 IP15 端子 11（见图 5-13）之间的电阻。标准电阻：< 1Ω。

4) 用万用表测量车载充电机线束连接器 EP10 端子 4 和诊断接口 IP15 端子 3 之间的电阻。标准电阻：< 1Ω。

5) 确认测量值是否符合标准。

6) 否则修理或更换线束。

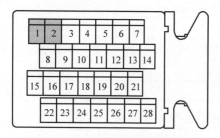

图 5-12　充电机线束连接器 EP10

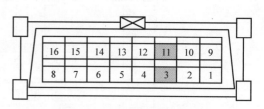

图 5-13　诊断接口 IP15 端子

步骤5：进行 P-CAN 网络完整性检查。

1) 操作启动开关，使电源模式至 OFF 档。

2) 用万用表测量终端接口 IP15 端子 3 和端子 11 之间的电阻。标准电阻：55～67.5Ω。

3) 确认测量值是否符合标准。

4)否则优先排除 B-CAN 网络不完整故障。

108. 吉利帝豪电动汽车充电感应信号（CC 信号）故障

诊断步骤

步骤 1：检查充电枪与充电口插针是否松动。

1）操作启动开关，使电源模式至 OFF 档。

2）拆卸维修开关。

3）检查充电枪插针是否松动。

4）检查充电口插针是否松动。

5）是则更换故障的充电枪或充电口。

步骤 2：检查辅助控制器与交流充电口之间的 CP 信号线路。

1）操作启动开关，使电源模式至 OFF 档。

2）拆卸维修开关。

3）断开交流充电接口。

4）断开辅助控制器线束连接器 SO87，如图 5-14 所示。

5）用万用表测量辅助控制器线束连接器 SO87 端子 21 和交流充电口 EP21 端子 7 之间的电阻，如图 5-15 所示。标准电阻：< 1Ω。

6）确认测量值是否符合标准。

7）否则修理或更换线束。

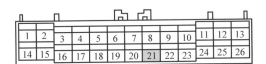

图 5-14 辅助控制器线束连接器 SO87

图 5-15 交流充电口 EP21

步骤 3：检查辅助控制器电源、接地之间的电压。

1）操作启动开关，使电源模式至 OFF 档。

2）断开辅助控制器线束连接器 SO87。

3）用万用表测量辅助控制器线束连接器 SO87 端子 5 和端子 10 之间的电压。标准电压：11～14V。

4）确认测量值是否符合标准。

5）否则修理或更换线束。

109. 吉利帝豪电动汽车预充故障

（1）**故障码说明** P100005- 预充电继电器故障。

（2）**电路简图**（见图 5-16）

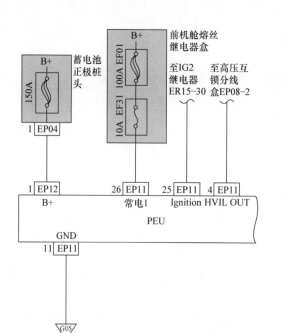
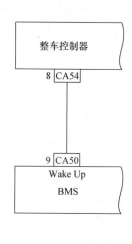

图 5-16 电机控制器电路简图

(3) 诊断步骤

步骤 1：检测铅酸蓄电池电压。

1）操作启动开关，使电源模式至 OFF 档。

2）用万用表测量铅酸蓄电池正负极之间的电压。标准电压：11~14V。

3）确认测量值是否符合标准。

4）否则更换蓄电池或为蓄电池充电。

步骤 2：重新启动一次。

1）操作启动开关，使电源模式至 ON 档。

2）重新启动一次。

3）确认预充电压是否达到预充完成的电压要求。

4）是则诊断结束；否则进行下一步。

步骤 3：检查 VCU 与 BMS 之间的线路。

1）操作启动开关，使电源模式至 OFF 档。

2）断开 VCU 线束连接器 CA54，如图 5-17 所示。

3）断开 BMS 线束连接器 CA50，如图 5-18 所示。

4）用万用表测量 VCU 线束连接器 CA54 端子 8 和 BMS 线束连接器 CA50 端子 9 之间的电阻。标准电阻：<1Ω。

5）确认测量值是否符合标准。

6）否则修理或更换线束。

步骤 4：检查电机控制器电源、接地之间的电压。

1）操作启动开关，使电源模式至 OFF 档。

2）断开电机控制器线束连接器 EP11，如图 5-19 所示。

第五章　吉利电动汽车常见故障排除

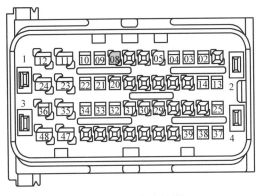

图 5-17　VCU 线束连接器 CA54

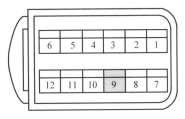

图 5-18　BMS 线束连接器 CA50

3）用万用表测量电机控制器线束连接器 EP11 端子 25 和端子 11 之间的电压。标准电压：11~14V。

4）用万用表测量电机控制器线束连接器 EP11 端子 26 和端子 11 之间的电压。标准电压：11~14V。

5）确认测量值是否符合标准。

6）否则修理或更换线束。

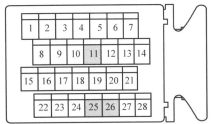

图 5-19　电机控制器线束连接器 EP11

110. 吉利帝豪电动汽车高压系统漏电故障

（1）故障码说明（见表 5-7）

（2）高压电气原理图（见图 5-20）

表 5-7　故障码说明

故障码	说明
U210101	交流输入电压过高
U210001	两路直流高压检测偏差过大
P100001	内部母线电压过高
U210002	高压输出过电压
U210003	高压输出过电流
U210004	高压输出短路

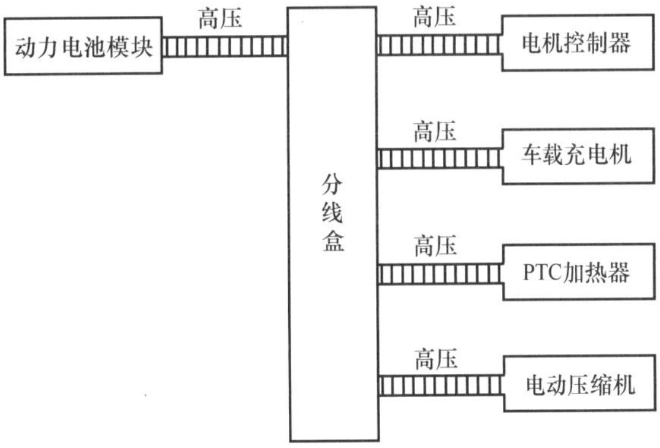

图 5-20　高压电气原理图

（3）诊断步骤

步骤 1：检查分线盒正极高压线束。

1）操作启动开关，使电源模式至 OFF 档。

2）拆卸维修开关。

3）断开直流母线（动力电池侧）线束连接器 EP41，如图 5-21 所示。

4)用绝缘电阻测试仪测试EP41的1号端子与车身接地之间的绝缘电阻。标准电阻：≥20MΩ。

5)确认测量值是否符合标准。

6)是则转至步骤3；否则进行下一步。

步骤2：依次检查电机控制器、车载充电机、PTC加热器、电动压缩机、充电接口正极对地电阻。

1)操作启动开关，使电源模式至OFF档。

2)拆卸维修开关。

3)安装上述方法，用绝缘电阻测试仪依次检查电机控制器、车载充电机、PTC加热器、电动压缩机、充电接口正极与车身接地之间的绝缘电阻。标准电阻：≥20MΩ。测试时，其他零部件应断开高压插接件。

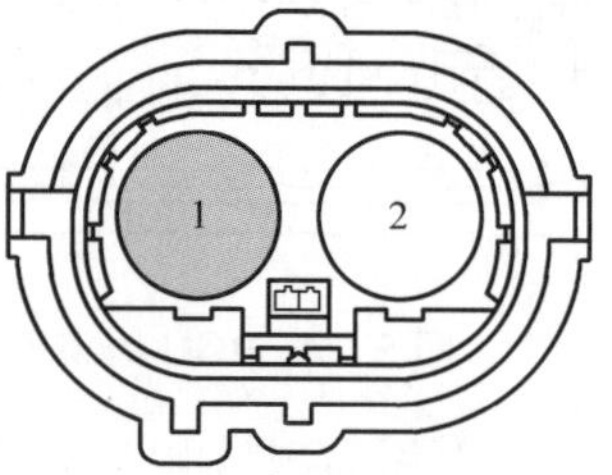

图5-21 线束连接器EP41

4)确认测量值是否符合标准。

5)否则修理或更换故障部件。

步骤3：检查分线盒负极高压线束。

1)操作启动开关，使电源模式至OFF档。

2)拆卸维修开关。

3)断开直流母线（动力电池侧）线束连接器EP41。

4)用绝缘电阻测试仪测试EP41的2号端子与车身接地之间的绝缘电阻。标准电阻：≥20MΩ。

5)确认测量值是否符合标准。

6)是则转至步骤5。

步骤4：依次检查电机控制器、车载充电机、PTC加热器、电动压缩机、充电接口负极对地电阻。

1)操作启动开关，使电源模式至OFF档。

2)拆卸维修开关。

3)用绝缘电阻测试仪依次检查电机控制器、车载充电机、PTC加热器、电动压缩机、充电接口负极与车身接地之间的绝缘电阻。标准电阻：≥20MΩ。测试时，其他零部件应断开高压插接件。

4)确认测量值是否符合标准。

5)否则修理或更换故障部件。

步骤5：

1)操作启动开关，使电源模式至OFF档。

2)拆卸维修开关。

3)断开直流母线（分线盒侧）线束连接器EP42，如图5-22所示。

4)用绝缘电阻测试仪测试EP42的2号端子与车身接地之间的绝缘电阻。标准电阻：≥20MΩ。

5)确认测量值是否符合标准。

6)是则转至步骤6。

步骤6：检查动力电池负极高压线束。

1)操作启动开关，使电源模式至OFF档。

2）拆卸维修开关。

3）断开直流母线（分线盒侧）线束连接器 EP42。

4）用绝缘电阻测试仪测试 EP42 的 1 号端子与车身接地之间的绝缘电阻。标准电阻：≥ 20MΩ。

5）确认测量值是否符合标准。

6）否则修理或更换线束。

步骤 7：更换动力电池。

1）操作启动开关，使电源模式至 OFF 档。

2）断开蓄电池负极电缆。

3）更换动力电池。

4）确认故障排除。

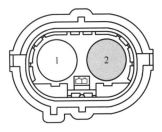

图 5-22　线束连接器 EP42

111. 吉利帝豪 EV450、EV500 动力电池系统故障码及故障排除方法

动力电池系统故障码及故障排除方法见表 5-8。

表 5-8　动力电池系统故障码及故障排除方法

故障码	故障描述 / 条件	故障部位 / 排除方法
U300616	控制器供电电压低	电池包外部（给 12V 铅酸蓄电池补电）
U300617	控制器供电电压高	电池包外部（给 12V 铅酸蓄电池放电）
U300629	上高压过程中铅酸蓄电池电压无效	电池包外部（BMU 异常重启，重新上电）
U347287	动力 CAN 总线数据丢失	电池包外部（排查整车端外部低压通信线束，检测 CAN 通信）
U006488	动力 CAN Busoff	电池包外部（排查整车端外部低压通信线束是否存在开路或断路）
U150087	SCAN 电流报文丢失	电池包内部（需要拆包排查 CSU）
U150187	电流采集器总线故障	电池包内部（BMU 与 CSU 通信异常，检测 CAN 通信）
U111487	与整车控制器丢失通信	电池包外部（检测电池包与 VCU 通信）
U111587	与车载充电机丢失通信	电池包外部（检测电池包与车载充电机通信）
U011087	与电机控制器丢失通信	电池包外部（检测电池包与电机控制器通信）
U247281	MessageChecksumErrorwithVCU_BMS_Ctrl	电池包外部（检测电池包与 VCU 通信）
U247581	MessageChecksumErrorwithIPUMOT_General	电池包外部（检测电池包与 VCU 通信）
P152116	单体欠电压 1 级	电池包内部（电池充电）
P152217	单体过电压 2 级	电池包内部（电池放电）
P152216	单体欠电压 2 级	电池包内部（电池充电）
P152409	电流传感器故障	电池包内部（检查 CSU）
P152617	电池包总电压过电压	电池包内部（电池放电）
P152616	电池包总电压欠电压	电池包内部（电池充电）
P152901	均衡停止原因：均衡回路故障	电池包内部（需要拆包排查均衡回路）
P152917	单体电压压差过大	电池包内部（排查单体电池一致性）
P152B21	电池低温 1 级	电池包内部（等待电池升温）

(续)

故障码	故障描述/条件	故障部位/排除方法
P152B98	电池过温1级	电池包内部（等待电池降温）
P152C98	电池过温2级	电池包内部（等待电池降温）
P152D00	电池温差过大	电池包内部（电池温度异常）
P152F1D	电流采样无效	电池包内部（电流采样异常）
P153722	预充电流过大	电池包内部（检查预充电阻是否偏小）
P153729	预充电流反向	电池包外部（继电器外侧电压异常）
P153763	预充时间过长	电池包外部（继电器外部带载）
P15371E	预充短路	电池包外部（继电器外部有短路）
P153763	连续预充失败超过最大次数	电池包外部（继电器外部带载）
P153901	主正或预充继电器粘连故障	电池包内部（排查主正或预充继电器）
P153907	主正继电器无法闭合故障	电池包内部（排查主正继电器）
P153900	主正或主负继电器下电粘连故障	电池包内部（排查继电器）
P153A01	主负继电器粘连故障	电池包内部（排查主负继电器）
P153E08	碰撞信号发生（仅有ACAN信号）	电池包外部电池包外部
P153F12	碰撞信号发生（硬线PWM）	电池包外部电池包外部
P154100	高压继电器闭合的前提下，绝缘故障（严重）	电池包外部（检查整车绝缘）
P154300	高压继电器断开的前提下，绝缘故障（严重）	电池包内部（检查PAC绝缘）
P154C00	电池管理系统意外下电	电池包内部（TBD）
P155342	电池管理系统主板随机存储器校验失败	电池包内部（重新上电，不恢复更换BMU子板）
P155E16	电芯极限欠电压	电池包内部（电芯电压异常，更换电池包）
P155E17	电芯极限过电压	电池包内部（电芯电压异常，更换电池包）
P156609	温度传感器故障（严重）	电池包内部（更换温度传感器或线束）
P156709	电池温度传感器故障	电池包内部（更换CSC采样线或模组线或CSC）
P156722	加热时进水口温度过高	电池包外部（需排查整车控制的加热器或其控制器）
P156721	冷却时进水口温度过低	电池包外部（需排查整车控制的制冷器或其控制器）
P158001	直流充电继电器粘连故障	电池包内部（排查充电正端继电器）
P158007	直流充电继电器无法闭合故障	电池包内部（排查充电正端继电器）
P158107	放电预充继电器无法闭合故障	电池包内部（排查预充继电器）
P158219	放电过电流1级	电池包外部（检查整车电流）
P158319	放电过电流2级	电池包外部（检查整车电流）
P158419	放电过电流3级	电池包外部（检查整车电流）
P158519	充电过电流1级	电池包外部（检查整车电流）
P158619	充电过电流2级	电池包外部（检查整车电流）
P158719	充电过电流3级	电池包外部（检查整车电流）
P158819	回充过电流1级	电池包外部（检查整车电流）
P158919	回充过电流2级	电池包外部（检查整车电流）
P158A19	回充过电流3级	电池包外部（检查整车电流）
P158B19	单体欠电压3级	电池包内部（电池充电）
P158C19	单体过电压3级	电池包内部（电池放电）

第五章 吉利电动汽车常见故障排除

（续）

故障码	故障描述/条件	故障部位/排除方法
P158D01	主回路高压互锁故障	电池包内外部（检查外部快充主回路、MSD 高压连接器插件和内外部高压线路）
P158F01	快充回路高压互锁故障	电池包内外部（检查外部快充主回路、MSD 高压连接器插件和内外部高压线路）
P159013	高压回路断路	电池包内/外部（先更换 MSD 熔丝，如果还报该故障，检查高压回路有无断路）
P159113	电芯电压采样线掉线	电池包内部（检测 CSC 采样线掉线）
P15918F	均衡停止原因：CMC 电路板载温度过高	电池包内部（需要分析电路板过温原因）
P159298	电池过温 3 级	电池包内部（等待电池降温）
P159321	电池低温 3 级	电池包内部（等待电池升温）
P159421	电池老化：电池健康状态过低（告警级别）	电池包内部（电芯老化，建议更换电池包）
P159521	电池老化：电池健康状态过低	电池包内部（电芯寿命达到，更换电池包）
P159600	电压传感器故障	电池包内部（更换 CSC 或线束）
P159729	继电器外侧高压大于内侧高压	电池包外部（继电器外部电压异常，下电后再上电）
P159801	电流传感器零漂过大故障	电池包内部（TBD）
P159901	热管理故障：入水口温度传感器故障	电池包内部（检测进水温度传感器）
P159A01	充电口温度传感器故障	电池包外部（需排查极柱温度传感器状态）
P159B22	充电口过温	电池包外部（需排查极柱温度）
P159C00	快充预充失败	电池包外部（需排查充电桩）
P159D01	充电故障：快充设备故障	电池包外部（检测充电机）
P159E01	充电故障：车载充电机故障	电池包外部（检测车载充电机）
P15D294	整车非期望的整车停止充电	电池包外部（需排查整车控制器逻辑）
P15D383	充电机与 BMS 功率不匹配故障（无法充）	电池包外部（核实充电桩充电电压范围和电池包电压范围是否匹配）
P15D494	VCU 在 BMS 发生 3 级故障后 90s 无法关闭	电池包外部（需排查 VCU 信号）
P15D519	充电时放电电流大于 40A	电池包外部（外部负载过大，下电减小负载正常后再上电）
P15D694	VCU 在 BMS 发生 4 级故障后 5s 无法关闭	电池包外部（需排查 VCU 信号）
P15D729	上高压过程中 Link 电压采样失效	电池包内部（TBD）
P15D829	上高压过程中 Pack 采样失效	电池包内部（TBD）
P15D967	预充后未收到 IPU 预充完成标志	电池包外部（检测电池包与 VCU 通信）
P15DA67	菊花链通信控制模块不更新故障	电池包内部（电池包内部通信异常，检测 CCAN 通信）
P15DB94	BMU 非预期的重启故障	电池包内部（BMU 异常重启，重新上电）
P15DC28	低温离群	电池包内部（需要拆包排查温度传感器）
P15DD64	SOC 不合理	电池包内部（TBD）
P15E094	充电故障，快充设备异常终止充电	电池包外部（检测充电机）

(续)

故障码	故障描述/条件	故障部位/排除方法
P15E101	热管理故障，出水口温度传感器故障	电池包内部（检测进水温度传感器）
P15E201	热管理故障，热管理结束时温差过大	电池包内部（TBD）
P15E319	下电过程中继电器断开电流大于1A	电池包内部（TBD）

112. 吉利帝豪 EV450、EV500 动力电池故障诊断数据流

吉利帝豪 EV450、EV500 动力电池故障诊断数据流见表 5-9。

表 5-9 动力电池故障诊断数据流

DID 描述	正常范围	单位
BatteryVoltage 电池包电压	0~600	V
BusVoltage 母线电压	0~600	V
DCChgPosVol 充正继电器外侧电压	0~600	V
BatteryCurrent 母线电流	−500~500	A
PeakChgPwrW10s 充电功率	0~254	kW
ContChgPwr3030s 充电功率	0~254	kW
PeakDChgPwrIO10s 放电功率	0~254	kW
ContDChgPwr3030s 放电功率	0~254	kW
ChrgCurrentReq 快充请求电流	0~500	A
CellUsum 累加和	0~600	V
CellTemMax 单体最高温度	−40~125	℃
CellTemMax_Num 单体最高温度位置	1~34	—
CellTemMin 单体最低温度	−40~125	℃
CellTemMin_Num 单体最低温度位置	1~34	—
CellTemAvg 平均温度	−40~125	℃
CellVolMin 单体最低电压	0~5000	mV
CellVolMin_Num 单体最低电压位置	1~95	—
CellVolMax 单体最高电压	0~5000	mV
CellVolMax_Num 单体最高电压位置	1~95	—
SOC_Max 最大 SOC	0~100	%
SOC_Min 最小 SOC	0~100	%
DisplaySOC 显示 SOC	0~100	%
SOH	0~100	%
MainHVILSt 主回路高压互锁状态	0~3	—
FastChgHVLSt 快充回路高压互锁状态	0~3	—
HVIHVolOutside 主回路高压互锁外侧电压	0~5000	mV
HVILIVollnside 主回路高压互锁内侧电压	0~5000	mV
HVIL2VolOutside 快充回路高压互锁外侧电压	0~5000	mV
HVIL2Vollnside 快充回路高压互锁内侧电压	0~5000	mV
IsoResPos 正极绝缘值	0~65534	K
IsoResNeg 负极绝缘值	0~65534	K

（续）

DID 描述	正常范围	单位
SupplyVol 供电源电压	0～12000	mV
Keyon 钥匙信号	0～12000	mV
DCWakeupVol 快充唤醒源电压	0～12000	mV
CC2VolCC2 电压值	0～5000	mV
ReceiveCRM00TimeoutCRM00 超时标志	0～1	—
ReceiveCRMAATimeoutCRMAA 超时标志	0～1	—
ReceiveCTSOrCMLTimeoutCTS 或 CML 超时标志	0～1	—
ReceiveCROTimeoutCRO 超时	0～1	—
ReceiveCCSTimeoutCCS 超时	0～1	—
ReceiveCSTNoManualStop 接收到 CST（非人工停止）	0～1	—
ChargerMaxOutPutVol 充电桩最大输出电压	0～750	V
ChargerMinOutPutVol 充电桩最小输出电压	0～750	V
ChargerCurrCCS 输出电流值	0～500	A
ChargerVoltageCCS 输出电压值	0～600	V
DCChargerTem 充电插座温度	-40～125	℃
InletWaterTem 进水口温度	-40～125	℃
OutletWaterTem 出水口温度	-40～125	℃
BMSstModeBMS 状态	0～15	—
BalanceActive 均衡开启状态	0～5	—
ThermalManageReq 热管理开启状态	0～5	—
BookChargeReq 预约充电开启状态	0～3	—
IntelligentChargeReq 智能补电开启状态	0～3	—
PCBMaxTemPCB 最大温度	-40～125	℃
VehicleSpeed 车速	0～200	km/h
TotalOdometer 总里程	0～1048574	km
ForceOpenRelaytime 强制切断继电器次数	0～255	km/h
AccumulatedBatteryPackDischargeCapacity 电池包累计放电容量	0～740000	A·h
AccumulatedBatteryPackChargeCapacity 电池包累计充电容量	0～740000	A·h

113. 吉利帝豪 EV450、EV500 电源故障

（1）吉利帝豪 EV450、EV500 电源故障码（见表5-10）

（2）电路简图（见图5-23）

表 5-10　吉利帝豪 EV450、EV500 电源故障码

故障码	说明
U3006-16	控制器供电电压低
U3006-17	控制器供电电压高
U3006-29	上高压过程中铅酸蓄电池电压无效

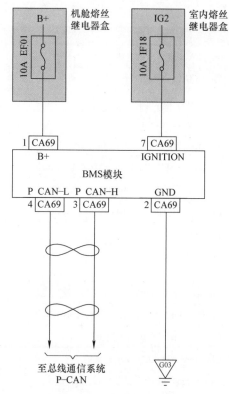

图 5-23　电源控制简图

（3）诊断步骤

步骤 1： 用诊断仪访问 BMS 模块，检查是否输出 DTC。

是：根据输出的 DTC 维修电路。

否：进行下一步。

步骤 2： 检查蓄电池。

1）测量蓄电池电压。标准电压：11 ~ 14V。

2）确认电压是否符合标准值。

否：蓄电池充电或检查充电。

是：进行下一步。

步骤 3： 检查 BMS 模块熔丝 EF01 和 IF18。

否：转至步骤 5。

是：进行下一步。

步骤 4： 检修熔丝 EF01 和 IF18 线路。

1）检查熔丝 EF01 和 IF18 线路有无短路故障。

2）进行线路修理，确认没有线路短路现象。

3）更换额定电流的熔丝。熔丝额定值为 EF01 10A、IF18 10A。

4）确认 BMS 模块是否正常工作。

是：系统正常。

否：进行下一步。

步骤5：检查BMS模块线束连接器（端子电压）。

1）操作启动开关，使电源模式至OFF档。

2）断开BMS模块线束连接器CA69。

3）操作启动开关，使电源模式至ON档。

4）测量BMS模块线束连接器CA69端子1、7对车身接地的电压，如图5-24所示。标准电压：11～14V。

5）确认电压是否符合标准值。

否：修理或更换线束。

是：进行下一步。

步骤6：更换BMS模块。

1）更换BMS模块。

2）操作启动开关，使电源模式至ON档，确认功能是否正常。

是：系统正常。

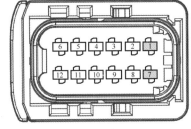

图5-24 测量BMS模块线束连接器CA69端子1、7

114. 吉利帝豪EV450、EV500 BMS通信故障

（1）吉利帝豪EV450、EV500 BMS通信故障码（见表5-11）

表5-11 BMS通信故障码

故障码	说明
U3472-87	动力CAN总线数据丢失
U0064-88	动力CANBUSOFF
U111487	与整车控制器失去通信
U111587	与车载充电机失去通信
U011087	与电机控制器失去通信
U2472-81	VCU_BMS_Ctrl报文Checksum错误
U2475-81	IPUMOT_General报文Checksum错误
P15D967	预充后未收到IPU预充完成标志
P15D4-94	VCU在BMS发生3级故障后90s无法关闭
P15D6-94	VCU在BMS发生4级故障后5s无法关闭

（2）电路简图（见图5-25）

（3）诊断步骤

注意：下面以U111487（与整车控制器失去通信）故障诊断为例，介绍详细诊断步骤。

步骤1：用诊断仪访问BMS模块，检查是否输出DTC。

是：根据输出的DTC维修电路。

否：进行下一步。

步骤2：检查蓄电池。

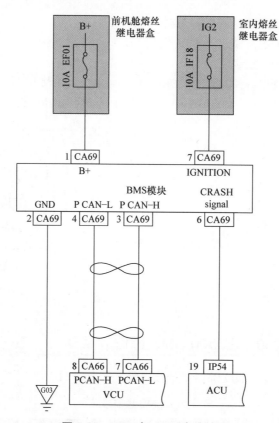

图 5-25 VCU 与 BMS 电路简图

1）测量蓄电池电压。标准电压：11～14V。

2）确认电压是否符合标准。

否：蓄电池充电或检查充电系统。

是：进行下一步。

步骤 3：检查 BMS 模块熔丝 EF01 和 IF18。

是：检查熔丝 EF01 和 IF18 是否熔断。

否：转至步骤 5。

步骤 4：检修熔丝 EF01 和 IF18 线路。

1）检查熔丝 EF01 和 IF18 线路有无短路故障。

2）进行线路修理，确认没有线路短路现象。

3）更换额定电流的熔丝。熔丝的额定值：EF01 10A、IF18 10A。

4）确认 BMS 模块是否正常工作。

是：系统正常。

否：进行下一步。

步骤 5：检查 BMS 模块线束连接器（端子电压）。

1）操作启动开关，使电源模式至 OFF 档。

2）断开 BMS 模块线束连接器 CA69。

3）操作启动开关，使电源模式至 ON 档。

4)测量 BMS 模块线束连接器 CA69 端子 1、7 对车身接地的电压,如图 5-26 所示。标准电压:11～14V。

5)确认电压是否符合标准值。

否:修理或更换线束。

是:进行下一步。

步骤 6:检查 BMS 模块线束连接器(接地端子导通性)。

1)操作启动开关,使电源模式至 OFF 档。

2)测量 BMS 模块线束连接器 CA69 端子 2 与车身接地之间的电阻。标准电阻:<1Ω。

3)确认电阻是否符合标准。

否:修理或更换线束。

是:进行下一步。

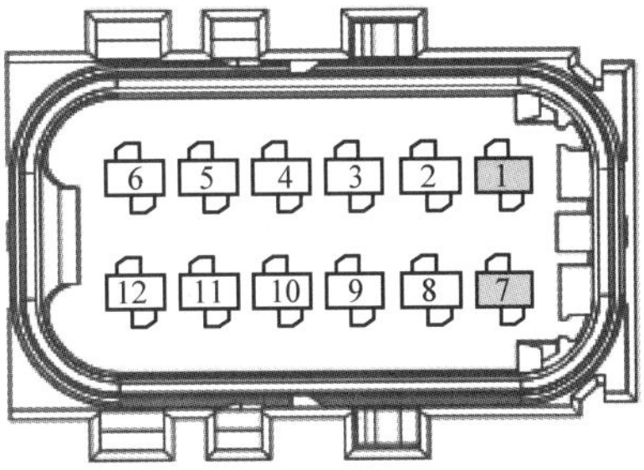

图 5-26　BMS 模块线束连接器 CA69 端子 1、7 对车身接地的电压

步骤 7:检查 BMS 模块与 VCU 之间线束连接器的数据通信线。

1)操作启动开关,使电源模式至 OFF 档。

2)将蓄电池负极电缆从蓄电池上断开。

3)断开 BMS 模块线束连接器 CA69。

4)从 VCU 上断开线束连接器 CA66。

5)测量 BMS 模块线束连接器 CA69 端子 3 与 VCU 线束连接器 CA66 端子 8 之间的电阻,如图 5-27 所示。

6)测量 BMS 模块线束连接器 CA69 端子 4 与 VCU 线束连接器 CA66 端子 7 之间的电阻。标准电阻:<1Ω。

7)确认电阻是否符合标准。

否:修理或更换线束。

是:进行下一步。

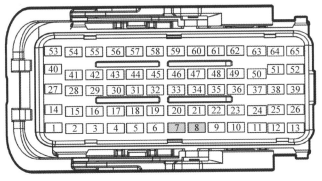

图 5-27　VCU 线束连接器 CA66

步骤 8:更换 BMS 模块。

1)更换 BMS 模块。

2)操作启动开关,使电源模式至 ON 档,确认功能是否正常。

是:系统正常。

115. 吉利帝豪 EV450、EV500 ACU 通信故障

（1）吉利帝豪 EV450 BMS 与 ACU 通信故障码（见表 5-12）

表 5-12 BMS 与 ACU 通信故障码

故障码	说明
P153E08	碰撞信号发生（仅有 ACAN 信号）
P153F12	碰撞信号发生（硬线 PWM）

BMS 与 ACU（安全气囊控制单元）电路简图如图 5-28 所示。

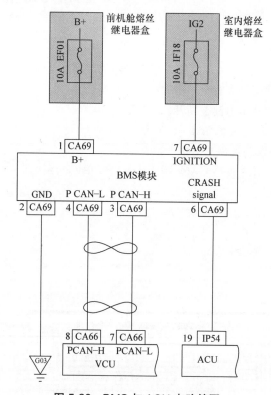

图 5-28 BMS 与 ACU 电路简图

（2）诊断步骤

步骤 1：使用故障诊断仪读取故障码。

1）操作启动开关，使电源模式至 ON 档。

2）连接故障诊断仪，读取系统故障码。

3）确认系统是否存在其他故障码。

是：优先排除其他故障码指示故障。

否：进行下一步。

步骤 2：检查 BMS 与 ACU 之间线路断路故障。

1）操作启动开关，使电源模式至 OFF 档。

2）断开 BMS 线束连接器 CA69。

3）断开 ACU 线束连接器 IP54。

4）用万用表测量 BMS 线束连接器 CA69 端子 6 和 ACU 线束连接器 IP54 端子 19 之间的电阻，如图 5-29 所示。标准电阻：小于 1Ω。

5）确认测量值是否符合标准。

否：修理或更换线束。

是：进行下一步。

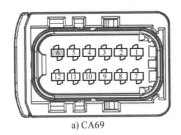
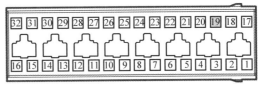

a) CA69　　　　　　　　　　　　b) IP54

图 5-29　CA69 端子 6 和 ACU 线束连接器 IP54 端子 19 之间的电阻测量

步骤 3：检查 BMS 与 ACU 之间的线路对地短路故障。

1）操作启动开关，使电源模式至 OFF 档。

2）断开 BMS 线束连接器 CA69。

3）断开 ACU 线束连接器 IP54。

4）用万用表测量 BMS 线束连接器 CA69 端子 6 和车身接地之间的电阻。标准电阻：≥ 10kΩ。

5）确认测量值是否符合标准。

否：修理或更换线束。

是：进行下一步。

步骤 4：检查 BMS 与 ACU 之间的线路对电源短路故障。

1）操作启动开关，使电源模式至 OFF 档。

2）断开 BMS 线束连接器 CA69。

3）断开 ACU 线束连接器 IP54。

4）操作启动开关，使电源模式至 ON 档。

5）用万用表测量 BMS 线束连接器 CA69 端子 6 和车身接地之间的电压。标准电压：0V。

6）确认测量值是否符合标准。

否：修理或更换线束。

是：进行下一步。

步骤 5：更换 BMS。

1）操作启动开关，使电源模式至 OFF 档。

2）断开蓄电池负极电缆。

3）拆卸电池包，更换电池包 BMS。

4）确认故障是否排除。

否：更换 ACU。

是：诊断结束。

116. 吉利帝豪 EV 快充口温度传感器故障

（1）吉利帝豪 EV 快充口故障码（见表 5-13）

表 5-13　快充口故障码

故障码	说明
P159A01	快充口温度传感器故障
P159B22	快充口过温

（2）快充口电路简图（见图 5-30）

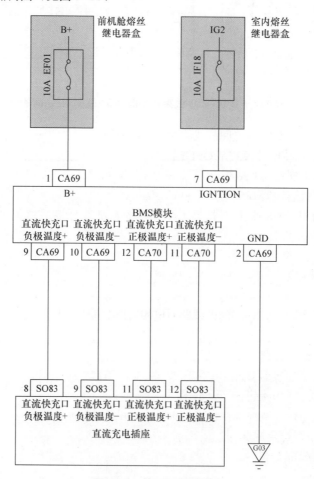

图 5-30　快充口电路简图

（3）诊断步骤

步骤 1：使用故障诊断仪读取故障码。

1）操作启动开关，使电源模式至 ON 档。

2）连接故障诊断仪，读取系统故障码。

3）确认系统是否存在其他故障码。

是：优先排除其他故障码指示故障。

否：进行下一步。

步骤2：检查BMS与充电传感器之间的线路断路故障。

1）操作启动开关，使电源模式至OFF档。

2）断开BMS线束连接器CA69、CA70。

3）断开充电传感器线束连接器SO83。

4）用万用表测量BMS线束连接器CA69端子9、10和充电传感器线束连接器SO83端子8、9之间的电阻，如图5-31所示。

5）用万用表测量BMS线束连接器CA69端子11、12和充电传感器线束连接器SO83端子12、11之间的电阻。标准电阻：小于1Ω。

6）确认测量值是否符合标准。

否：修理或更换线束。

是：进行下一步。

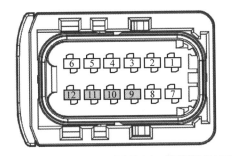

图5-31 连接器CA69、SO83

步骤3：检查BMS电源电路。

检查BMS电源电路是否正常。

否：检查BMS电源线路故障，必要时更换线束。

是：进行下一步。

步骤4：检查BMS与充电传感器之间的线路对地短路故障。

1）操作启动开关，使电源模式至OFF状态。

2）断开BMS线束连接器CA69、CA70。

3）断开充电传感器线束连接器SO83。

4）用万用表测量SO83线束连接器端子8、9、11、12和车身接地之间的电阻。标准电阻：≥10kΩ。

5）确认测量值是否符合标准。

否：修理或更换线束。

是：进行下一步。

步骤5：检查BMS与充电传感器之间的线路对电源短路故障。

1）操作启动开关，使电源模式至OFF档。

2）断开BMS线束连接器CA69、CA70。

3）断开充电传感器线束连接器SO83。

4）用万用表测量SO83线束连接器端子8、9、11、12和车身接地之间的电压。标准电压：0V。

5）确认测量值是否符合标准。

否：修理或更换线束。

是：进行下一步。

步骤6：更换BMS。

1）操作启动开关,使电源模式至OFF档。

2）断开蓄电池负极电缆。

3）更换BMS。

4）系统是否正常。

是：故障排除。

否：进行下一步。

步骤7：更换BMS。

1）操作启动开关,使电源模式至OFF档。

2）断开蓄电池负极电缆。

3）更换充电传感器。

4）确认故障排除。

步骤8：系统正常。

117. 吉利帝豪EV快充设备异常、充电机与BMS功率不匹配故障

（1）快充设备故障码（见表5-14）

表5-14 快充设备故障码

故障码	说明
P15E094	充电故障：快充设备异常终止充电
P159D01	充电故障：快充设备故障
P159E01	充电故障：车载充电机故障
P159C00	快充预充失败
P15D294	非期望的整车停止充电
P15D383	充电机与BMS功率不匹配故障（无法充电）

（2）快充设备与BMS电路简图（见图5-32）

（3）诊断步骤

步骤1：检查充电枪与充电口插针是否松动。

1）操作启动开关,使电源模式至OFF档。

2）检查充电枪插针是否松动。

3）检查充电口插针是否松动。

是：更换有故障的充电枪或充电口。

否：进行下一步。

步骤2：检查BMS与直流充电口之间的CC信号线。

1）操作启动开关,使电源模式至OFF档。

2）断开车载充电器处直流母线。

3）断开BMS线束连接器CA70。

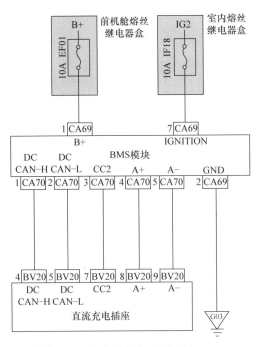

图 5-32 快充设备与 BMS 电路简图

4）断开直流充电插座线束连接器 BV20。

5）用万用表测量 CA70 端子 3、4、5 和直流充电插座线束连接器 BV20 端子 7、8、9 之间的电阻，连接器如图 5-33 所示。标准电阻：< 1Ω。

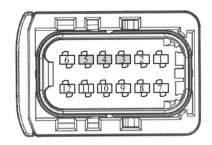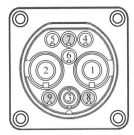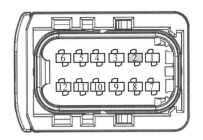

图 5-33 CA70、BV20、CA69 连接器

步骤 3：检查 BMS 电源电路。

1）操作启动开关，使电源模式至 OFF 档。

2）断开 BMS 线束连接器 CA69。

3）操作启动开关，使电源模式至 ON 档。

4）用万用表测量 BMS 束连接器 CA69 的 1 号端子和车身可靠接地之间的电压。标准电压：11 ~ 14V。

5）用万用表测量 BMS 束连接器 CA69 的 7 号端子和车身可靠接地之间的电压。

6）确认测量值是否符合标准。

是：进行下一步。

否：修理或更换线束。

步骤 4：检查 BMS 接地线路。

1）操作启动开关，使电源模式至 OFF 档。

2）断开 BMS 线束连接器 CA69。

3）用万用表测量 BMS 线束连接器 CA69 的 2 号端子和车身可靠接地之间的电阻。标准电阻：<1Ω。

4）确认测量值是否符合标准。

是：进行下一步。

否：修理或更换线束。

步骤 5：更换 BMS。

1）操作启动开关，使电源模式至 OFF 档。

2）断开蓄电池负极电缆。

3）拆卸电池包，更换 BMS。

4）确认故障排除。

是：进行下一步。

否：更换直流充电接口。

步骤 6：系统正常，诊断结束。

118. 吉利帝豪 EV450、EV500 加热、冷却时进水口温度过高过低故障

（1）吉利帝豪 EV450、EV500 加热、冷却时进水口温度过高过低故障码（见表 5-15）

表 5-15　加热、冷却时进水口温度过高过低故障码

故障码	说明
P1567-22	加热时，进水口温度过高
P1567-21	冷却时，进水口温度过低

（2）吉利帝豪 EV PTC 电路简图（见图 5-34）

（3）诊断步骤

步骤 1：使用故障诊断仪读取故障码。

1）操作启动开关，使电源模式至 ON 档。

2）连接故障诊断仪，读取系统故障码。

3）确认系统是否存在其他故障码。

是：优先排除其他故障码指示故障。

否：进行下一步。

步骤 2：检查车载充电机内部熔丝。

1）操作启动开关，使电源模式至 OFF 档。

2）断开蓄电池负极电缆。

3）拆卸车载充电机盒上盖，用万用表测量车载充电机盒熔丝 HF04、HF05 两端的电阻。标准电阻：<1Ω。

4）确认测量值是否符合标准。

是：进行下一步。

否：检修熔丝线路，更换额定容量熔丝。

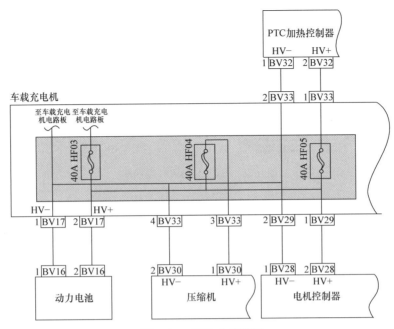

图 5-34　PTC 电路简图

步骤 3：检查 PTC 压缩机与车载充电机之间的线路。

1）操作启动开关，使电源模式至 OFF 档。

2）断开 PTC 线束连接器 BV32。

3）断开压缩机线束连接器 BV30。

4）用万用表测量 PTC 线束连接器 BV32 的端子 1 与压缩机线束连接器 BV30 的端子 2 之间的电阻，连接器如图 5-35 所示。

5）用万用表测量 PTC 线束连接器 BV32 的端子 2 与压缩机线束连接器 BV30 的端子 1 之间的电阻。标准电阻：< 1Ω。

6）确认测量值是否符合标准。

是：进行下一步。

否：修理或更换线束。

步骤 4：更换 PTC。

1）操作启动开关，使电源模式至 OFF 档。

2）断开蓄电池负极电缆。

3）更换 PTC。

4）系统是否正常。

是：诊断结束。

否：进行下一步。

步骤 5：更换压缩机。

1）操作启动开关，使电源模式至 OFF 档。

2）断开蓄电池负极电缆。

3）更换压缩机。

4）系统是否正常。

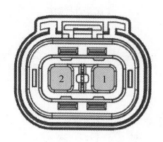 

图 5-35　BV32、BV30 连接器

是：诊断结束。

否：进行下一步。

步骤 6：更换车载充电机。

1）操作启动开关，使电源模式至 OFF 档。

2）断开蓄电池负极电缆。

3）更换车载充电机。

4）系统是否正常。

是：诊断结束。

119. 吉利帝豪 EV450、EV500 动力电池绝缘故障

（1）吉利帝豪 EV450、EV500 动力电池绝缘故障码（见表 5-16）

表 5-16　动力电池绝缘故障码

故障码	说明
P1541-00	高压继电器闭合的前提下，绝缘故障（严重）
P1543-00	高压继电器断开的前提下，绝缘故障（严重）

（2）吉利帝豪 EV450、EV500 动力电池、直流充电、车载充电机电路简图（见图 5-36）

（3）诊断步骤

步骤 1：确认高压回路切断。

1）操作启动开关，使电源模式至 OFF 档。

2）断开蓄电池负极电缆。

3）断开直流母线。

4）断开动力电池高压线束连接器 BV16。

5）等待 5min。

6）用万用表检测 BV16 端子 1 与端子 2 之间的电压，如图 5-37 所示。

注意：端子 1 与端子 2 距离较近，严禁用万用表针头短接和触碰任何非目标测量金属部件，应佩戴绝缘手套。标准电压：＜5V。

否：等待高压系统电压下降。

是：进行下一步。

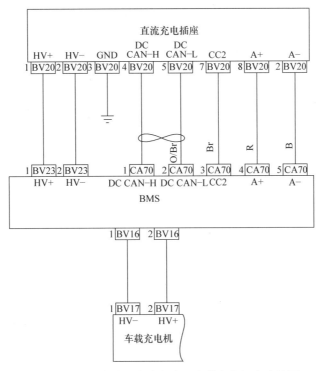

图 5-36 动力电池、直流充电、车载充电机电路简图

步骤 2:检测动力电池供电绝缘电阻。

1)操作启动开关,使电源模式至 OFF 档。

2)断开蓄电池负极电缆。

3)断开直流母线。

4)拆卸动力电池高压线束连接器 BV16。

5)将高压绝缘检测仪的档位调至 1000V。

6)用高压绝缘检测仪测量动力电池高压线束连接器 BV16 的 1 号端子与车身接地之间的电阻。标准电阻:≥ 20MΩ。

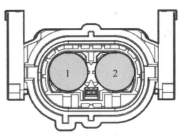

图 5-37 动力电池高压线线束连接器 BV16

7)用高压绝缘检测仪测量动力电池高压线束连接器 BV16 的 2 号端子与车身接地之间的电阻。标准电阻:≥ 20MΩ。

是:进行下一步。

否:修理或更换线束。

步骤 3:检测动力电池充电线路绝缘电阻。

1)操作启动开关,使电源模式至 OFF 档。

2)断开蓄电池负极电缆。

3)断开直流母线。

4)拆卸动力电池高压线线束连接器 BV23。

5)将高压绝缘检测仪的档位调至 1000V。

6)用高压绝缘检测仪测量动力电池高压线束连接器 BV23 的 1 号端子与车身接地之间的电

阻,如图 5-38 所示。标准电阻:≥20MΩ。

7)用高压绝缘检测仪测量动力电池高压线束连接器 BV23 的 2 号端子与车身接地之间的电阻。标准电阻:≥20MΩ。

8)确认测量值是否符合标准。

是:绝缘电阻正常。

否:修理或更换线束。

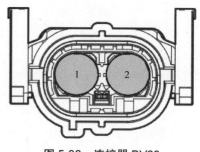

图 5-38 连接器 BV23

120. 吉利帝豪 EV450、EV500 电机控制器回路故障

(1) 吉利帝豪 EV450、EV500 电机控制器电路简图(见图 5-39)

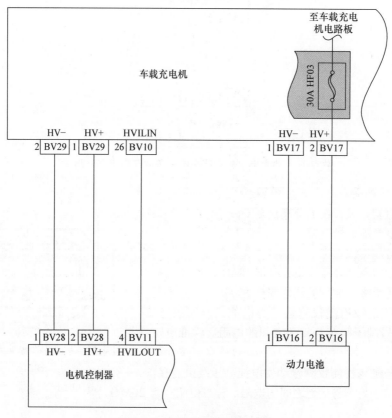

图 5-39 电机控制器电路简图

(2) 诊断步骤

步骤 1:使用故障诊断仪读取故障码。

1)操作启动开关,使电源模式至 ON 档。

2)连接故障诊断仪,读取系统故障码。

3)确认系统是否存在其他故障码。

是:优先排除其他代码。

否：进行下一步。

步骤2：检查回路绝缘故障。

1）操作启动开关，使电源模式至OFF档。

2）断开蓄电池负极电缆。

3）断开直流母线。

4）断开电机控制器线束连接器BV28。

5）用兆欧表测量测量电机控制器线束连接器BV28端子1和分线盒壳体之间的电阻。标准电阻：≥20MΩ。

6）用兆欧表测量测量电机控制器线束连接器BV28端子2和分线盒壳体之间的电阻。标准电阻：≥20MΩ。

7）确认测量值是否符合标准。

是：进行下一步。

否：修理或更换线束。

步骤3：检查回路断路故障。

1）操作启动开关，使电源模式至OFF档。

2）断开蓄电池负极电缆。

3）断开直流母线线束连接器BV16。

4）断开电机控制器线束连接器BV28。

5）用万用表测量直流母线线束连接器BV16端子1和电机控制器线束连接器BV28端子1之间的电阻，连接器如图5-40所示。标准电阻：＜1Ω。

6）用万用表测量直流母线线束连接器BV16端子2和电机控制器线束连接器BV28端子2之间的电阻。标准电阻：＜1Ω。

7）确认测量值是否符合标准。

是：进行下一步。

否：修理或更换线束。

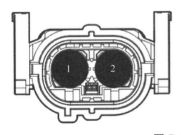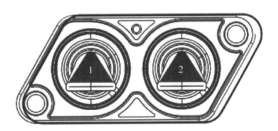

图5-40　连接器BV16、BV28

步骤4：检查回路相互短路故障。

1）操作启动开关，使电源模式至OFF档。

2）断开蓄电池负极电缆。

3）断开直流母线。

4）断开电机控制器线束连接器BV28。

5）断开分线盒其他所有高压线束连接器。

6）用万用表测量电机控制器线束连接器 BV28 端子 2 与端子 1 之间的电阻。标准电阻：≥20MΩ。

7）确认测量值是否符合标准。

是：进行下一步。

否：修理或更换线束。

步骤 5：更换车载充电机。

1）操作启动开关，使电源模式至 OFF 档。

2）断开蓄电池负极电缆。

3）断开直流母线。

4）更换车载充电机。

5）确认故障排除。

步骤 6：诊断结束。

121. 吉利帝豪 EV450、EV500 压缩机回路故障

（1）吉利帝豪 EV450、EV500 压缩机电路简图（见图 5-41）

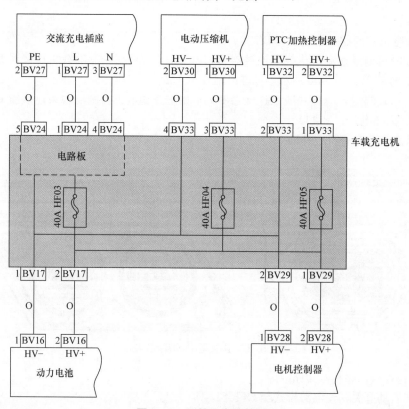

图 5-41　压缩机电路简图

（2）诊断步骤

步骤 1：使用故障诊断仪读取故障码。

1）操作启动开关，使电源模式至 ON 档。

2）连接故障诊断仪，读取系统故障码。

3）确认系统是否存在其他故障码。

是：优先排除其他故障码指示故障。

否：进行下一步。

步骤2：检查分线盒熔断器是否熔断。

1）操作启动开关，使电源模式至 OFF 档。

2）断开蓄电池负极电缆。

3）断开车载充电器直流母线。

4）拆卸分线盒上盖，用万用表测量分线盒熔断器两端的电阻。标准电阻：$< 1\Omega$。

5）确认测量值是否符合标准。

否：修理或更换线束。

是：进行下一步。

步骤3：检查回路断路故障。

1）操作启动开关，使电源模式至 OFF 档。

2）断开蓄电池负极电缆。

3）断开车载充电机线束连接器 EP52。

4）用兆欧表测量测量车载充电机线束连接器 BV17 端子 1 和分线盒壳体之间的电阻。标准电阻：$\geq 20M\Omega$。

5）用兆欧表测量测量车载充电机线束连接器 BV17 端子 2 和分线盒壳体之间的电阻。标准电阻：$\geq 20M\Omega$。

6）确认测量值是否符合标准。

是：进行下一步。

否：修理或更换线束。

步骤4：检查回路相互短路故障。

1）操作启动开关，使电源模式至 OFF 档。

2）断开蓄电池负极电缆。

3）拆卸车载充电器直流母线。

4）断开直流母线线束连接器 BV16。

5）断开压缩机线束连接器 BV30。

6）用万用表测量直流母线线束连接器 BV16 端子 1 和压缩机线束连接器 BV30 端子 1 之间的电阻，连接器如图 5-42 所示。标准电阻：$< 1\Omega$。

7）确认测量值是否符合标准。

是：进行下一步。

否：修理或更换线束。

步骤5：检查回路相互短路故障。

1）操作启动开关，使电源模式至 OFF 档。

2）断开蓄电池负极电缆。

3）拆卸车载充电器直流母线。

4）断开压缩机线束连接器 BV30。

5）断开分线盒其他所有高压线束连接器。

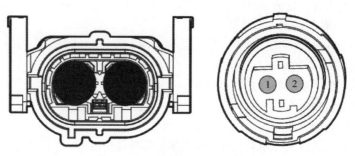

图 5-42 连接器 BV16、BV30

6）用万用表测量压缩机线束连接器 BV30 端子 2 与端子 1 之间的电阻。标准电阻：$\geq 20\text{M}\Omega$。

7）确认测量值是否符合标准。

是：进行下一步。

否：修理或更换线束。

步骤 6：更换分线盒。

1）操作启动开关，使电源模式至 OFF 档。

2）断开蓄电池负极电缆。

3）断开直流母线。

4）更换分线盒。

5）确认故障排除。

步骤 7：诊断结束。

122. 吉利帝豪 EV450、EV500 PTC 加热器回路故障

（1）吉利帝豪 EV450、EV500 PTC 加热器电路简图（图 5-43）

（2）诊断步骤

步骤 1：使用故障诊断仪读取故障码。

1）操作启动开关，使电源模式至 ON 档。

2）连接故障诊断仪，读取系统故障码。

3）确认系统是否存在其他故障码。

是：优先排除其他故障码指示故障。

否：进行下一步。

步骤 2：检查车载充电机熔断器是否熔断。

1）操作启动开关，使电源模式至 OFF 档。

2）断开蓄电池负极电缆。

3）断开直流母线。

4）拆卸车载充电机上盖，用万用表测量车载充电机熔断器两端的电阻。标准电阻：$< 1\Omega$。

5）确认测量值是否符合标准。

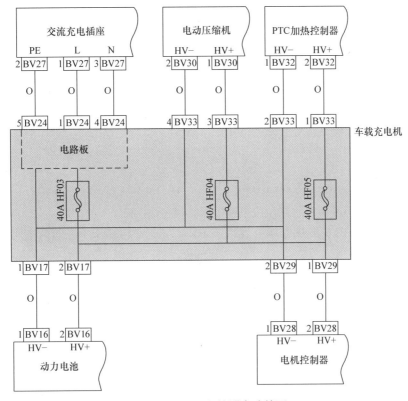

图 5-43 PTC 加热器电路简图

是：进行下一步。

否：修理或更换线束。

步骤 3：检查回路绝缘故障。

1）操作启动开关，使电源模式至 OFF 档。

2）断开 PTC 加热器线束连接器 BV32。

3）用兆欧表测量测量 PTC 加热器线束连接器 BV32 端子 1 和车载充电机壳体之间的电阻。标准电阻：≥20MΩ。

4）用兆欧表测量 PTC 加热器线束连接器 BV32 端子 2 和车载充电机壳体之间的电阻。标准电阻：≥20MΩ。

5）确认测量值是否符合标准。

是：进行下一步。

否：修理或更换线束。

步骤 4：检查回路断路故障。

1）操作启动开关，使电源模式至 OFF 档。

2）断开蓄电池负极电缆。

3）断开直流母线线束连接器 BV16。

4）断开 PTC 加热器线束连接器 BV32。

5）用万用表测量直流母线线束连接器 BV16 端子 1 和 PTC 加热器线束连接器 BV32 端子 1 之间的电阻。标准电阻：<1Ω。

6）用万用表测量直流母线线束连接器 BV16 端子 2 和 PTC 加热器线束连接器 BV32 端子 2 之间的电阻。标准电阻：＜1Ω。

7）测量值是否符合标准。

是：进行下一步。

否：修理或更换线束。

步骤 5：检查回路相互短路故障。

1）操作启动开关，使电源模式至 OFF 档。

2）断开蓄电池负极电缆。

3）断开直流母线。

4）断开 PTC 加热器线束连接器 BV32。

5）断开车载充电机其他所有高压线束连接器。

6）用万用表测量 PTC 加热器线束连接器 BV32 端子 2 与端子 1 之间的电阻。标准电阻：≥20MΩ。

7）测量值是否符合标准。

是：进行下一步。

否：修理或更换线束。

步骤 6：更换车载充电机。

1）操作启动开关，使电源模式至 OFF 档。

2）断开直流母线。

3）更换车载充电机。

4）确认故障排除。

步骤 7：诊断结束。

123. 吉利帝豪 EV450、EV500 驱动电机控制系统故障

吉利帝豪 EV450、EV500 驱动电机控制系统故障码及及排除方法见表 5-17。

表 5-17　驱动电机控制系统故障码及及排除方法

故障码	故障描述	排除方法
P1C0300	驱动模式下 DFW 时钟检测	更换 PEU 硬件
P060600	CPLD 时钟检测	
P06B013	IGBT 驱动芯片电源故障	
P1C0619	IGBT 上桥臂短路故障	
P0C0100	硬件过电流故障	
P1C0819	IGBT 下桥臂短路故障	
P0C7900	母线电压硬件过电压	
P141100	变换器采集高压与 BMS 采集的高压校验错误	
P1C1500	变换器内部 5V 过电压	
P060400	检测 CAN RAM 读写是否正常	
P1C0100	正常输出时 70KDFW 时钟检测	
P1C0200	紧急输出时 25KDFW 时钟检测	
P0A1B01	CY320 与主控芯片的 SPI 通信不正常故障	

（续）

故障码	故障描述	排除方法
U007388	hybridCAN 发生 Busoff 故障	电机控制器通信故障
U007387	hybridCAN 发生 Timeout 故障	
P064300	VDD30 电压过电压故障	更换 PEU 硬件
P064200	VDD30 电压欠电压故障	
P065300	VDD5G1 电压过电压故障	
P065200	VDD5G1 电压欠电压故障	
P0A1B47	监控芯片故障	
P140000	被动放电超时故障	
P1C0001	主动短路不合理故障	
P150500	检测 IGBT 开路是否成功	
P0C5300	正/余弦输入信号消波故障	驱动电机旋变信号故障
P0C511C	正/余弦输入信号超过电压阈值	
P0C5200	正/余弦输入信号低于电压阈值	
P0A4429	跟踪误差超过阈值	
P170900	输入转速信号超过芯片最大跟踪速率	
P0C7917	母线电压最大值大于阈值	
P130000	看门狗反馈的错误计算器的合理性检测	更换 PEU 硬件
P130200	转矩监控模块的输入部分检查、转矩计算检查、第一层和第二层转矩合理性检查、转矩比较、关断路径等	
P130700	监控层两条独立计算转矩的路径的计算结果比较	
P0A9000	电流控制不合理故障	驱动电机三相线束故障
P0BE500	U 相电流幅值不合理故障	更换 PEU 硬件
P0BE800	U 相电流过大故障	
P0BE700	U 相电流过小故障	
P180000	U 相电流中心线偏移量不合理故障	
P0BFD00	三相电流之和不合理故障	
P0BE900	V 相电流幅值不合理故障	
P0BEC00	V 相电流过大故障	
P0BEB00	V 相电流过小故障	
P180100	V 相电流中心线偏移量不合理故障	
P0BED00	W 相电流幅值不合理故障	
P0BF000	W 相电流过大故障	
P0BEF00	W 相电流过小故障	
P180200	W 相电流中心线偏移量不合理故障	
P0C4E99	初始位置标定处于加速阶段，加速至阈值频率的时间超过时间阈值	电机转子偏移角检查
P170000	初始位置标定处于加速阶段，标定停留时间超过时间阈值	
P040100	CAN 所接收的目标工作状态超过定义范围	更换 PEU 硬件
P062F42	检测 EEPROM 的擦除操作是否可以正确完成	
P062F43	EEPROM 读取不成功故障	
P062F45	EEPROM 写入不成功故障	

(续)

故障码	故障描述	排除方法
U120000	CAN 帧超时故障	电机控制器通信故障
U120100	CAN 帧长度故障	
U120200	CAN 帧 checksum 故障	无
U120300	CAN 帧 counter 故障	
P150700	电机超速故障	驱动电机旋变信号故障
P056200	蓄电池电压欠电压故障	电机控制器低压供电回路故障
P1C1400	蓄电池电压不合理故障	更换 PEU 硬件
U120400	CAN 帧超时故障	电机控制器通信故障
U120500	CAN 帧长度故障	
U120600	CAN 帧 checksum 故障	
U120700	CAN 帧 counter 故障	
U120800	CAN 帧超时故障	
U120900	CAN 帧长度故障	
U120A00	CAN 帧 checksum 故障	
U120B00	CAN 帧 counter 故障	
P170100	偏移角不合理故障	电机转子偏移角检查
P170200	偏移角状态无效故障	
P0A9300	冷却液过温故障	电机过温故障
P0AEF00	U 相 IGBT 温度值大于阈值	更换 PEU 硬件
P0AF000	U 相 IGBT 温度值小于阈值	
P0AED00	U 相 IGBT 温度值与 V 和 W 相之差大于阈值	
P0AF400	V 相 IGBT 温度值大于阈值	
P0AF500	V 相 IGBT 温度值小于阈值	
P0AF200	V 相 IGBT 温度值与 V 和 W 相之差大于阈值	
P0BD300	W 相 IGBT 温度值大于阈值	
P0BD400	W 相 IGBT 温度值小于阈值	
P0BD100	W 相 IGBT 温度值与 V 和 W 相之差大于阈值	
P190000	IGBT 过温故障	
P0A2C00	定子温度最大值超过阈值	电机过温故障
P0A2D00	定子温度最小值小于阈值	
P0A2B00	定子温度过温故障	
P0A2B01	定子温度不合理故障	更换 PEU 硬件
P1C0513	DFW 时钟不合理故障	
P0A8E00	12V 电压传感器值大于设定值	
P0A8D00	12V 电压传感器值小于设定值	
P056300	蓄电池电压过电压故障	电机控制器低压供电回路故障
P0C7600	主动放电超时	更换 PEU 硬件
U110000	CAN 帧超时故障	电机控制器通信故障
U110100	CAN 帧长度故障	

（续）

故障码	故障描述	排除方法
U110200	CAN 帧 checksum 故障	无
U110300	CAN 帧 counter 故障	
U110400	CAN 帧超时故障	
U110500	CAN 帧长度故障	
P069900	VDD5_Z 电压过电压故障	
P069800	VDD5_Z 电压欠电压故障	
P110300	Buck 模式下输入输出电流的合理性检查	
P110500	低压输出电流初始值零值确认	
P110A00	低压端过流检测	
P111300	DC/DC 未知故障	
P111600	高压输入端电流 AD 值范围检测（小于阈值）	
P111C00	严重故障确认故障次数超限	
P112D00	模式转换超时	
U100D00	DC/DC 模式接收 ElmarCAN 信号超时	
P110600	低压输出电流 AD 值范围检测（大于阈值）	
P110700	低压输出电流 AD 值范围检测（小于阈值）	
P111400	高压端电流传感器零漂故障	
P111500	高压输入端电流 AD 值范围检测（大于阈值）	更换 PEU 硬件
P111A00	DC/DCpeak 硬件过电流	
P111E00	B+/B- 连接检查	
P111F00	非能量传递状态输入输出电流超限故障	
P112B00	OBC 过温检测	
P113000	PCB 温度检测 AD 值范围检测（大于阈值）	
P113100	PCB 温度检测 AD 值范围检测（小于阈值）	
P113400	PCB 过温检测	
P113500	输出电压控制检查	
P113600	低压端输出与蓄电池连接断开故障	
P113700	输出电压检测 AD 值范围检测（大于阈值）	
P113800	输出电压检测 AD 值范围检测（小于阈值）	
P113B00	低压网络电压过电压	
P113D00	输出电压超调检测	
P113F00	低压网络电压欠电压	
P114D00	高压端过电压检测	电机控制器高压供电回路故障
P115000	高压端欠电压检测	更换 PEU 硬件
P115200	驱动板供电欠电压故障	
U130000	CAN 帧超时故障	电机控制器通信故障
U130100	CAN 帧长度故障	
U130200	CAN 帧 checksum 故障	无
U130300	CAN 帧 counter 故障	

(续)

故障码	故障描述	排除方法
P150100	转子角无效时，检测转子转速是否在规定范围内	更换 PEU 硬件
P1C1600	PEU 计数校验错误	
P06A500	内部电压 VDD5G3 过高	
P06A400	内部电压 VDD5G3 过低	
P1C0F00	PEU 硬件故障	
P170C00	Resolve 状态错误	
P130100	监控电机转子角度	
P130300	监控电机转速	
P130400	监控相电流	
P130500	监控电机控制模式	
P130600	监控 CAN 收到消息出错	
P130800	监控转矩	
P130900	监控转矩	
P130A00	监控转矩	
P111900	高压端过流故障	
P113C00	输出电压硬件过电压	
U100100	DDC100 接收超时	
U100500	DDC10 接收超时	
U100700	DDC11 接收超时	
U100900	DDC12 接收超时	
U100B00	DDCInfo 接收超时	
P130B00	监控直流母线电压	
P130C00	Resolver 初始化错误	
U110600	CAN 帧 checksum 故障	电机控制器通信故障
U110700	CAN 帧 counter 故障	
P171000	角度跳变故障	驱动电机旋变信号故障
P171100	信号失配错误	
P171200	配置错误	
P171300	奇偶校验错误	
P171400	锁相错误	
P170C00	传感器所测频率与计算频率之差绝对值大于阀值	
P1B0000	内部电源 1 过电压	更换 PEU 硬件
P1B0100	内部电源 1 欠电压	
P1B0200	内部电源 3 过电压	
P1B0300	内部电源 3 欠电压	

124. 吉利帝豪 EV450、EV500 电机控制器低压供电回路故障

（1）电机控制器低压供电回路故障码（见表 5-18）

表 5-18　电机控制器低压供电回路故障码

故障码	说明
P056300	蓄电池电压过电压故障
P056200	蓄电池电压欠电压故障
P113600	低压端输出与蓄电池连接断开故障

（2）电机控制器电路简图（见图5-44）

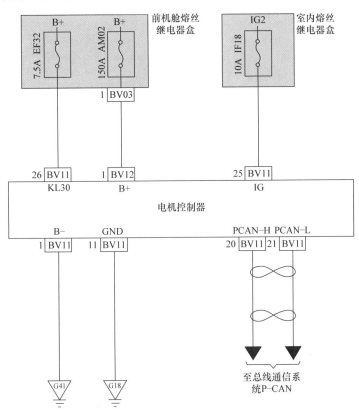

图 5-44　电机控制器电路简图

（3）诊断步骤

步骤1：检查蓄电池电压。

1）操作启动开关，使电源模式至 OFF 档。

2）用万用表测量蓄电池电压。标准电压：11～14V。

3）确认测量值是否符合标准。

是：进行下一步。

否：更换蓄电池或为蓄电池充电。

步骤2：检查电机控制器熔丝 IF18、EF32 和蓄电池正极熔丝是否熔断。

1）操作启动开关，使电源模式至 OFF 档。

2）拔下熔丝 EF32 检查熔丝是否熔断。熔丝额定容量：7.5A。

3）拔下熔丝 EF18 检查熔丝是否熔断。熔丝额定容量：10A。

4）拔下蓄电池正极熔丝，检查熔丝是否熔断。

是：检修熔丝线路，更换额定容量熔丝。

否：进行下一步。

步骤3：检查电机控制器电源电压。

1）操作启动开关，使电源模式至OFF档。

2）断开电机控制器线束连接器BV11。

3）操作启动开关，使电源模式至ON档。

4）用万用表测量电机控制器线束连接器BV11端子25和车身接地之间的电压，连接器如图5-45所示。标准电压：11~14V。

5）用万用表测量电机控制器线束连接器BV11端子26和车身接地之间的电压。标准电压：11~14V。

6）确认测量值是否符合标准。

是：进行下一步。

否：修理或更换线束。

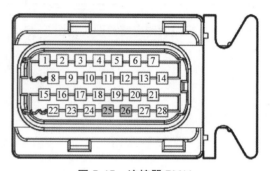

图5-45 连接器BV11

步骤4：检查电机控制器接地电阻。

1）操作启动开关，使电源模式至OFF档。

2）断开电机控制器线束连接器BV11。

3）用万用表测量电机控制器线束连接器BV11端子1、11和车身接地之间的电阻。标准电阻：<1Ω。

4）确认测量值是否符合标准。

是：进行下一步。

否：修理或更换线束。

步骤5：检查检测DC与蓄电池之间的线路。

1）操作启动开关，使电源模式至OFF档。

2）断开蓄电池负极电缆。

3）断开电机控制器线束连接器BV12。

4）断开蓄电池正极电缆。

5）用万用表测量电机控制器线束连接器BV12端子1和蓄电池正极电缆之间的电阻，如图5-46所示。标准电阻：<1Ω。

6）确认测量值是否符合标准。

是：进行下一步。

否：修理或更换线束。

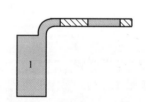

图5-46 连接器BV12端子

步骤6：更换电机控制器。

1）操作启动开关，使电源模式至OFF档。

2）断开蓄电池负极电缆。

3）断开车载充电机处直流母线。

4）更换电机控制器。

5）确认故障排除。

6）诊断结束。

125. 吉利帝豪 EV450、EV500 电机控制器通信故障

（1）电机控制器通信故障码（见表 5-19）

表 5-19　电机控制器通信故障码

故障码	说明
U007388	hybridCAN 发生 Busoff 故障
U007387	hybridCAN 发生 Timeout 故障
U120000	CAN 帧超时故障
U120100	CAN 帧长度故障
U120200	CAN 帧 checksum 故障
U120300	CAN 帧 counter 故障
U120400	CAN 帧超时故障
U120500	CAN 帧长度故障
U120600	CAN 帧 checksum 故障
U120700	CAN 帧 counter 故障
U120800	CAN 帧超时故障
U120900	CAN 帧长度故障
U120A00	CAN 帧 checksum 故障
U120B00	CAN 帧 counter 故障
U110000	CAN 帧超时故障
U110100	CAN 帧长度故障
U110200	CAN 帧 checksum 故障
U110300	CAN 帧 counter 故障
U110400	CAN 帧超时故障
U110500	CAN 帧长度故障
U130000	CAN 帧超时故障

（2）电路简图（图 5-47）

（3）诊断步骤

步骤 1：使用故障诊断仪读取故障码。

1）操作启动开关，使电源模式至 ON 档。

2）连接故障诊断仪，读取系统故障码。

3）确认系统是否存在其他故障码。

是：优先排除其他故障码指示故障。

否：进行下一步。

步骤 2：检查电机控制器电源电压。

1）操作启动开关，使电源模式至 OFF 档。

2）断开电机控制器线束连接器 BV11。

3）操作启动开关使电源模式至 ON 档。

4）用万用表测量电机控制器线束连接器 BV11 端子 25 和车身接地之间的电压。标准电压：11～14V。

5）用万用表测量电机控制器线束连接器 BV11 端子 26 和车身接地之间的电压，标准电压：11～14V。

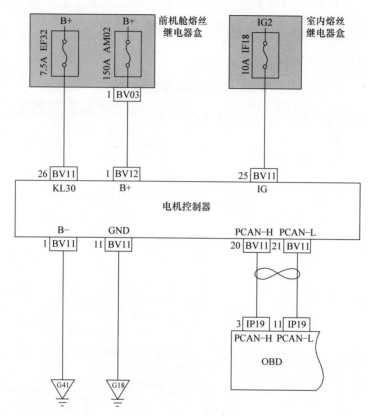

图 5-47 电机控制器简图

6）确认测量值是否符合标准。

是：进行下一步。

否：修理或更换线束。

步骤 3：检查电机控制器接地线束。

1）操作启动开关，使电源模式至 OFF 档。

2）断开电机控制器线束连接器 BV11。

3）用万用表测量电机控制器线束连接器 BV11 端子 1、11 和车身接地之间的电阻。标准电阻：< 1Ω。

4）确认测量值是否符合标准。

是：进行下一步。

否：修理或更换线束。

步骤 4：检查电机控制器的通信线路。

1）操作启动开关，使电源模式至 OFF 档。

2）断开电机控制器线束连接器 BV11。

3）用万用表测量电机控制器线束连接器 BV11 端子 21 和诊断接口 IP19 端子 11 之间的电阻。标准电阻：< 1Ω。

4）用万用表测量电机控制器线束连接器 BV11 端子 20 和诊断接口 IP19 端子 3 之间的电阻，如图 5-48 所示。标准电阻：< 1Ω。

5）确认测量值是否符合标准。

是：进行下一步。
否：修理或更换线束。

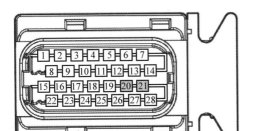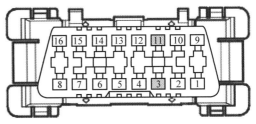

图 5-48　连接器 BV11 端子 20 和诊断接口 IP19 端子 3

步骤 5：进行 P-CAN 网络完整性检查。

1）操作启动开关，使电源模式至 OFF 档。
2）用万用表测量终端接口 IP19 端子 3 和端子 11 之间的电阻。标准电阻：55～67.5Ω。
3）确认测量值是否符合标准。
是：进行下一步。
否：优先排除 P-CAN 网络不完整故障。

步骤 6：更换电机控制器。

1）操作启动开关，使电源模式至 OFF 档。
2）断开蓄电池负极电缆。
3）更换电机控制器。
4）确认故障排除。
5）诊断结束。

126. 吉利帝豪 EV450、EV500 驱动电机旋变信号故障

（1）驱动电机旋变信号故障码说明（见表 5-20）

表 5-20　驱动电机旋变信号故障码

故障码	说明
P0C5300	正/余弦输入信号消波故障
P0C511C	正/余弦输入信号超过电压阈值
P0C5200	正/余弦输入信号低于电压阈值
P0A4429	跟踪误差超过阈值
P170900	输入转速信号超过芯片最大跟踪速率
P150700	电机超速故障
P171000	角度跳变故障
P171100	信号失配错误
P171200	配置错误
P171300	奇偶校检错误
P171400	锁相错误

（2）驱动电机旋变器电路简图（见图5-49）

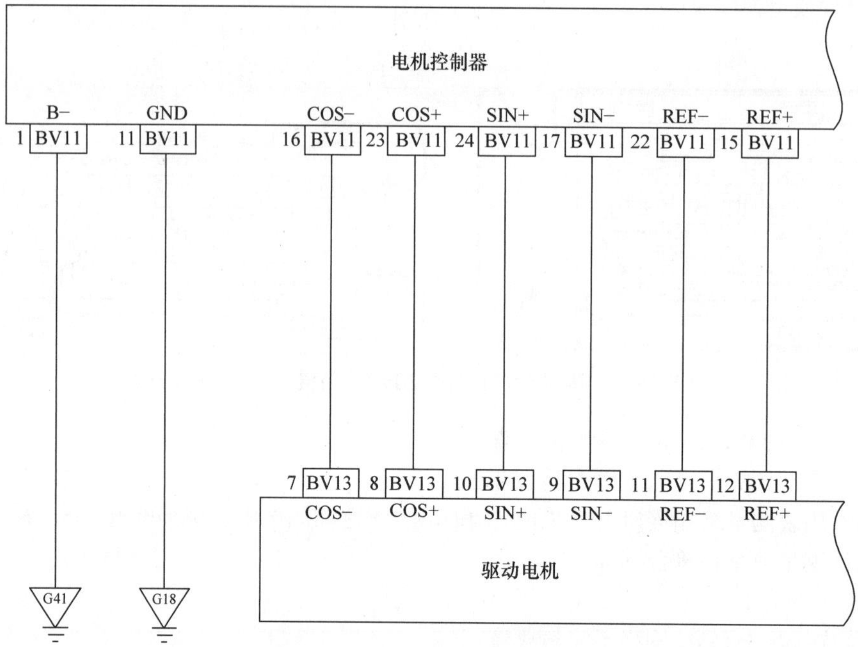

图 5-49　驱动电机旋变器电路简图

（3）诊断步骤

步骤1：检测驱动电机旋变器的正弦、余弦、励磁电阻。

旋变的正弦、余弦、励磁电阻为正弦：（13.5±1.5）Ω、余弦：（14.5+1.5）Ω、励磁：（9.5±1.5）Ω。

步骤2：检测驱动电机旋变信号屏蔽线路。

1）操作启动开关，使电源模式至 OFF 档。

2）断开车载充电器直流母线。

3）操作启动开关，使电源模式至 ON 档。

4）断开电机控制器线束连接器 BV11。

5）用万用表测量电机控制器线束连接器 BV11 的 1 号、11 号端子与车身接地之间的电阻。标准电阻：<1Ω。

6）确认测量值是否符合标准。

是：进行下一步。

否：修理或更换线束。

步骤3：检测驱动电机余弦旋变信号线路。

1）操作启动开关，使电源模式至 OFF 档。

2）操作启动开关，使电源模式至 ON 档。

3）断开驱动电机线束连接器 BV13。

4）断开电机控制器线束连接器 BV11。

5）用万用表按表 5-21 进行测量。

6）确认测量值是否符合标准。

是：进行下一步。

否：修理或更换线束。

表 5-21 电机控制器线束测量值

测量位置 A	测量位置 B	测量标准
BV13-7	BV11-16	标准电阻：< 1Ω
BV13-8	BV11-23	
BV13-7	BV13-8	标准电阻：≥ 10kΩ
BV13-7	车身接地	
BV13-8	车身接地	
BV13-7	车身接地	标准电压：0V
BV13-8	车身接地	

步骤 4：检测驱动电机正弦旋变信号线路。

1）操作启动开关，使电源模式至 OFF 档。

2）操作启动开关，使电源模式至 ON 档。

3）断开驱动电机线束连接器 BV13。

4）断开电机控制器线束连接器 BV11。

5）用万用表按表 5-22 进行测量。

6）确认测量值是否符合标准。

是：进行下一步。

否：修理或更换线束。

表 5-22 电机控制器线束 BV13-9、BV13-10 测量值

测量位置 A	测量位置 B	测量标准
BV13-9	BV11-17	标准电阻：< 1Ω
BV13-10	BV11-24	
BV13-9	BV13-10	标准电阻：≥ 10kΩ
BV13-9	车身接地	
BV13-10	车身接地	
BV13-9	车身接地	标准电压：0V
BV13-10	车身接地	

步骤 5：检测驱动电机励磁旋变信号线路。

1）操作启动开关，使电源模式至 OFF 档。

2）断开蓄电池负极电缆。

3）操作启动开关，使电源模式至 ON 档。

4）断开驱动电机线束连接器 BV13。

5）断开电机控制器线束连接器 BV11。

6）用万用表按表 5-23 进行测量。

7）确认测量值是否符合标准。

是：进行下一步。
否：修理或更换线束。

表 5-23　电机控制器线束 BV13-11、BV13-12 测量值

测量位置 A	测量位置 B	测量标准
BV13-11	BV11-22	标准电阻：< 1Ω
BV13-12	BV11-15	
BV13-11	BV13-12	标准电阻：≥ 10kΩ
BV13-11	车身接地	
BV13-12	车身接地	
BV13-11	车身接地	标准电压：0V
BV13-12	车身接地	

步骤 6：更换电机控制器。
1）操作启动开关，使电源模式至 OFF 档。
2）断开蓄电池负极电缆。
3）断开车载充电机直流母线。
4）更换电机控制器。
5）确认故障是否排除。
是：诊断结束。
否：更换驱动电机。

127. 吉利帝豪 EV450、EV500 电机过温故障

（1）电机过温故障码（见表 5-24）

表 5-24　电机过温故障码

故障码	说明
P0A9300	冷却水过温故障
P0A2C00	定子温度最大值超过阈值
P0A2D00	定子温度最小值小于阈值

（2）电机温度传感器电路简图（见图 5-50）
（3）诊断步骤
步骤 1：使用故障诊断仪读取故障码。
1）操作启动开关，使电源模式至 ON 档。
2）连接故障诊断仪，读取系统故障码。
3）确认系统是否存在其他故障码。
否：进行下一步。
是：优先排除其他故障码指示故障。

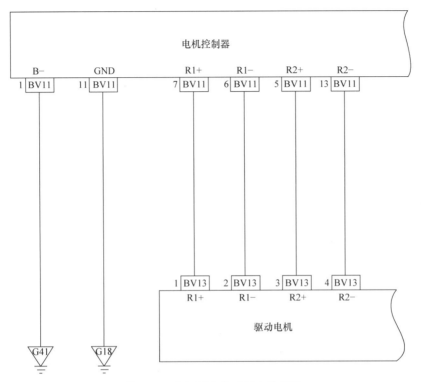

图 5-50　电机温度传感器电路简图

步骤 2：检查冷却液是否充足。

1）打开机舱盖。

2）检查管路无弯曲、折叠、漏水现象。

3）确认膨胀罐中的冷却液位是否正常。

是：进行下一步。

否：添加冷却液。

步骤 3：检查冷却水泵是否正常。

1）操作启动开关，使电源模式至 ON 档。

2）确认冷却水泵是否正常工作。

是：进行下一步。

否：优先排除冷却系统故障。

步骤 4：检测驱动电机信号屏蔽线路。

1）操作启动开关，使电源模式至 OFF 档。

2）断开蓄电池负极电缆。

3）断开车载充电机处直流母线。

4）操作启动开关，使电源模式至 ON 档。

5）断开电机控制器线束连接器 BV11。

6）用万用表测量电机控制器线束连接器 BV11 的 1 号、11 号端子与车身接地之间的电阻。

标准电阻：< 1Ω。

7）确认测量值是否符合标准。

是：进行下一步。

否：修理或更换线束。

步骤 5：检查电机温度传感器 L 电机传感器 2 自身的电阻。

1）-40℃时，正常电阻约为（241±20）Ω。

2）20℃时，正常电阻约为（13.6±0.8）Ω。

3）85℃时。正常电阻约为（1.6±0.1）Ω。

4）电阻随温度升高而降低，电阻随温度降低而升高。

步骤 6：检查电机温度传感器 1 信号线路。

1）操作启动开关，使电源模式至 OFF 档。

2）断开蓄电池负极电缆。

3）操作启动开关，使电源模式至 ON 档。

4）断开驱动电机线束连接器 BV13。

5）断开电机控制器线束连接器 BV11。

6）用万用表按表 5-25 进行测量。

7）确认测量值是否符合标准。

表 5-25　电机及其控制器线路测量

测量位置 A	测量位置 B	测量标准
BV13-1	BV11-7	标准电阻：＜1Ω
BV13-2	BV11-6	
BV13-1	BV13-2	标准电阻：≥10kΩ
BV13-1	车身接地	
BV13-2	车身接地	
BV13-1	车身接地	标准电压：0V
BV13-2	车身接地	

步骤 7：检查电机温度传感器 2 信号线路。

1）操作启动开关，使电源模式至 OFF 档。

2）断开蓄电池负极电缆。

3）操作启动开关，使电源模式至 ON 档。

4）断开驱动电机线束连接器 BV13。

5）断开电机控制器线束连接器 BV11。

6）用万用表按表 5-26 进行测量。

7）确认测量值是否符合标准。

是：进行下一步。

否：更换驱动电机。

表 5-26　电机及其控制器线路测量

测量位置 A	测量位置 B	测量标准
BV13-3	BV11-5	标准电阻：< 1Ω
BV13-4	BV11-13	
BV13-3	BV13-4	标准电阻：≥ 10kΩ
BV13-3	车身接地	
BV13-4	车身接地	
BV13-3	车身接地	标准电压：0V
BV13-4	车身接地	

步骤 8：更换电机控制器。

1）操作启动开关，使电源模式至 OFF 档。

2）断开蓄电池负极电缆。

3）更换电机控制器。

4）确认故障排除。

5）诊断结束。

128. 吉利帝豪 EV450、EV500 驱动电机三相线束故障

（1）驱动电机三相线束故障码（P0A9000- 电流控制不合理故障）

（2）驱动电机与控制器电路简图（见图 5-51）

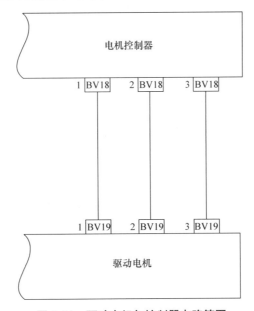

图 5-51　驱动电机与控制器电路简图

（3）诊断步骤

步骤1：检测驱动电机三相线束有无相互短路故障。

1）操作启动开关，使电源模式至OFF档。

2）断开蓄电池负极电缆。

3）断开驱动电机三相线束连接器BV19。

4）断开PEU三相线束连接器BV18。

5）用万用表按表5-27进行测量。

6）确认测量值是否符合标准。

否：修理或更换线束。

是：进行下一步。

表5-27　控制器与驱动电机之间线束测量

测量位置A	测量位置B	测量标准
BV19-1	BV19-2	标准电阻：≥20kΩ
BV19-1	BV19-3	
BV19-2	BV19-3	

步骤2：检测驱动电机三相线束断路故障。

用万用表按表5-28测量控制器与驱动电机导线之间的电阻。

表5-28　控制器与驱动电机导线之间的电阻

测量位置A	测量位置B	测量标准
BV19-1	BV18-1	标准电阻：<1Ω
BV19-2	BV18-2	
BV19-3	BV18-3	

否：修理或更换线束。

是：进行下一步。

步骤3：检测驱动电机三相线对地短路故障。

用万用表按表5-29测量线束与车身之间的电阻。

表5-29　测量线束与车身之间的电阻

测量位置A	测量位置B	测量标准
BV19-1	车身接地	标准电阻：≥20kΩ
BV19-2	车身接地	
BV19-3	车身接地	

步骤4：更换电机控制器。

1）操作启动开关，使电源模式至OFF档。

2）断开蓄电池负极电缆。

3）更换电机控制器。

4）确认故障排除。

129. 吉利帝豪 EV450、EV500 电机控制器 DC/DC 故障

（1）**电机控制器 DC/DC 电路简图**（见图 5-52）

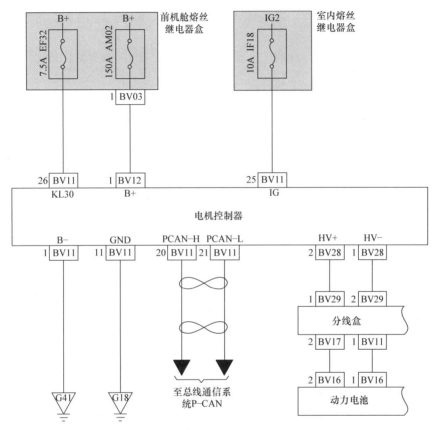

图 5-52 电机控制器 DC/DC 电路简图

（2）**诊断步骤**

步骤 1：检查蓄电池电压。

1）操作启动开关，使电源模式至 OFF 档。

2）用万用表测量蓄电池电压。标准电压：11～14V。

3）确认测量值是否符合标准。

是：进行下一步。

否：更换蓄电池或为蓄电池充电。

步骤 2：检查电机控制器熔丝 IF18、EF32 和蓄电池正极熔丝是否熔断。

1）操作启动开关，使电源模式至 OFF 档。

2）拔下熔丝 EF32，检查熔丝是否熔断。熔丝额定容量：7.5A。

3）拔下熔丝 IF18，检查熔丝是否熔断。熔丝额定容量：10A。

4)拔下蓄电池正极熔丝,检查熔丝是否熔断。熔丝额定容量:150A。

是:检修熔丝线路,更换额定容量熔丝。

否:进行下一步。

步骤 3:检查电机控制器低压电源电压。

1)操作启动开关,使电源模式至 OFF 档。

2)断开电机控制器线束连接器 BV11。

3)操作启动开关,使电源模式至 ON 档。

4)用万用表测量电机控制器线束连接器 BV11 端子 25 和车身接地之间的电压。标准电压:11～14V。

5)用万用表测量电机控制器线束连接器 BV11 端子 26 和车身接地之间的电压。标准电压:11～14V。

6)确认测量值是否符合标准。

是:进行下一步。

否:修理或更换线束。

步骤 4:检查电机控制器接地电阻。

1)操作启动开关,使电源模式至 OFF 档。

2)断开电机控制器线束连接器 BV11。

3)用万用表测量电机控制器线束连接器 BV11 端子 1、端子 11 和车身接地之间的电阻。标准电阻:< 1Ω。

4)确认测量值是否符合标准。

是:进行下一步。

否:修理或更换线束。

步骤 5:检查分线盒线束。

1)操作启动开关,使电源模式至 OFF 档。

2)断开蓄电池负极电缆。

3)断开电机控制器高压线束连接器 BV28。

4)断开直流母线线束连接器 BV29(分线盒侧)。

5)用万用表测量电机控制器高压线束连接器 BV28 端子 1 和直流母线线束连接器 BV29 端子 1 之间的电阻。标准电阻:< 1Ω。

6)用万用表测量电机控制器高压线束连接器 BV28 端子 2 和直流母线线束连接器 BV29 端子 2 之间的电阻。标准电阻:< 1Ω。

7)确认测量值是否符合标准。

是:进行下一步。

否:更换分线盒总成。

步骤 6:检查检测 DC/DC 与蓄电池之间的线路。

1)操作启动开关,使电源模式至 OFF 档。

2)断开蓄电池负极电缆。

3)断开电机控制器线束连接器 BV12。

4)断开蓄电池正极电缆。

5)用万用表测量电机控制器线束连接器 BV12 端子 1 和蓄电池正极电缆之间的电阻。标准电阻：＜1Ω。

6）确认测量值是否符合标准。

是：进行下一步。

否：修理或更换线束。

步骤7：更换电机控制器。

1）操作启动开关，使电源模式至OFF档。

2）断开蓄电池负极电缆。

3）更换电机控制器。

4）确认故障排除。

130. 吉利帝豪EV300无法上电故障

（1）故障现象 一辆吉利帝豪EV300，接通电源开关时，仪表板上READY灯未点亮，P档指示灯闪烁，电子驻车制动锁死，无法解除。

（2）故障诊断 首先对该车进行故障验证，打开电源开关，仪表板上高压锂电池电量SOC显示为100%，车辆却无法上电。后来发现外加的开关连接线焊接不牢和因教学时多次拉扯相关线束，导致线束出现折断或绝缘层破损短路。这次车辆无法上电，客户自行排查时已将外加开关拆除并恢复导线连接，但故障未能解决。

打开前舱盖，发现整车控制器（VCU）、电动机控制器（PEU）、直流/直流变换器（DC/DC）及导线连接器有多次拆卸痕迹，各连接线束因教学需要被剪接且破损严重。测量蓄电池电压，为6.5V，异常。换上备用蓄电池，电压为12.5V，接通电源开关，故障依旧。

通过仪表自诊断系统进行快速检测，多功能液晶屏动态显示"防盗锁止系统IMMO认证失败""车辆动力系统故障""电子驻车系统EPB故障"等故障，如图5-53所示。

连接专用故障检测仪进行整车扫描，读取到"整车控制器（VCU）无法连接""换档控制单元（PCU）无法连接""电动机控制器（PEU）与整车控制器失去通信联系"等故障码。

根据维修经验推测，如果VCU有故障，可能导致车辆无法上电和其他控制单元报故障。VCU发生故障的可能原因有VCU内部故障、VCU供电异常、VCU控制电路故障或其他部件故障。

首先对VCU供电进行检查，该车电路图如图5-54所示，检查熔丝IF12和熔丝EF05，发现2个熔丝均熔断。更换熔丝，接通电源开关，车辆还是无法上电。

连接解码器进行全车扫描，发现VCU内存储有"P0A0A11 VCU高压互锁断开""P102A04电动机控制器故障等级2"等多个故障码，且故障码无法清除。

根据故障码P0A0A11提示，维修人员推测该车无法上电，可能是高压互锁所致。电动汽车高压互锁也称危险电压互锁回路，是系统通过低压电信号来检查电动汽车上所有与高压电有关的部件，如VCU、高压线、高压线导线连接器、DC/DC、PEU等回路的电路连接完整性（连续性）。当系统发出的低压电信号回路在某处断开或完整性受到破坏时，系统启动安全措施，如报警或断开高压电回路等。

该车高压互锁控制电路如图5-55所示，关闭电源开关，断开VCU导线连接器CA55，测量导线连接器端端子73与端子51之间的电阻，为∞，由此推测，该车高压互锁控制电路为断路。断开导线连接器CA70和EP01，依次分段测量导线连接器CA70端子1与VCU导线连接器CA55端子73、导线连接器EP01端子1与端子14之间的电阻，为0Ω，正常。测量导线连接器CA70端子14与VCU导线连接器CA55端子51之间的电阻，为∞，异常。

图 5-53 仪表显示"防盗锁止系统 IMMO 认证失败"

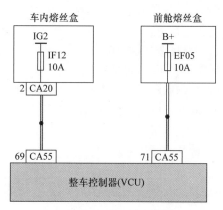

图 5-54 VCU 供电电路

查看电路,发现该段线路上有加热控制单元 PTC。检查 PTC,发现 PTC 导线连接器 CA48 安装不到位。重新安装 PTC 导线连接器 CA48,再测量导线连接器 CA70 端子 14 与 VCU 导线连接器 CA55 端子 51 之间的电阻,为 0Ω,正常。恢复 VCU 等所有导线连接器连接,包括蓄电池负极连接,整理并处理好前舱被拆散的线束,接通电源开关,踩下制动踏板,仪表板上显示"READY"(表明系统已准备完毕)。由此推测,该车因教学需要进行故障设置,学员查找故障时,断开 PTC 导线连接器 CA48 未恢复到位,造成该车高压互锁控制电路异常,系统将高压回路锁止,导致该车无法上电。

(3) 故障排除 重新连接好 PTC 导线连接器,清除故障码,上路试车,一切正常,故障排除。

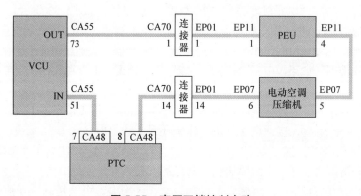

图 5-55 高压互锁控制电路

VCU—整车控制器　PEU—电机控制器　PTC—加热控制单元

131. 吉利帝豪 EV300 无法充电故障

(1) 故障现象 一辆吉利帝豪 EV300,配备 95kW 的永磁同步电机和 41kW·h 的水冷三元锂电池组,行驶里程 3 万 km。该车无法用便携式充电盒进行交流慢充。

(2) 故障诊断 该车配备了直流快充充电口和 220V 交流慢充充电口,并随车配备了便携式充电盒。维修人员试车发现,该车连接慢充充电枪后,充电插座上的红色充电指示灯常亮,如

图 5-56 所示，这表明存在充电故障。同时，组合仪表中的充电连接灯点亮，但充电指示灯并未点亮，如图 5-57 所示，这表明充电枪已经连接好但系统并未充电。

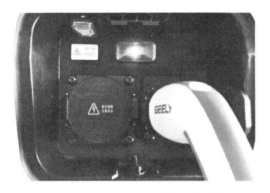

图 5-56　充电插座的红色指示灯常亮

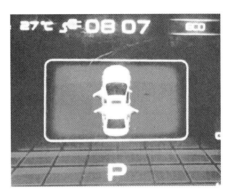

图 5-57　故障车仪表显示

由于充电插座上的红色充电指示灯常亮，表明充电系统自检没有通过，这种情况下自诊断系统会记录相关故障码。使用专用诊断仪读取该车故障码，发现未连接充电枪时故障码为“P10031B——OBC 充电过程中充电枪插座温度过高”。当充电枪连接后，除 P10031B 故障码外，还新增了故障码“P10031E——充电枪插座温度无效”，如图 5-58 所示。

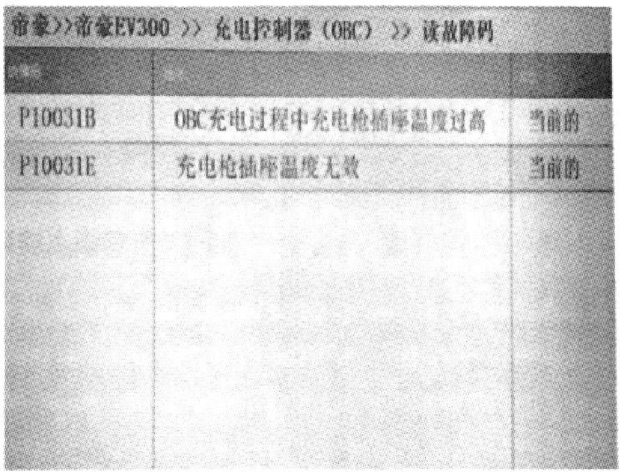
帝豪>>帝豪EV300 >> 充电控制器（OBC） >> 读故障码

P10031B	OBC充电过程中充电枪插座温度过高	当前的
P10031E	充电枪插座温度无效	当前的

图 5-58　诊断仪读取到的故障码

根据该车型资料，车载充电机（OBC）负责将交流充电桩或便携式充电盒输入的交流电转换为直流电，对电池组进行充电，同时对充电插座的充电温度进行监测，避免因温度过高而引起充电插座烧结。由于故障码将故障指向了充电插座温度传感器，结合电路图进行检查，如图 5-59 所示。由电路图可知，车载充电机上的 EP66 插接器的 11 号和 12 号端子与交流充电插座相连，正是充电插座温度传感器的信号线。于是维修人员将车载充电机上的 EP66 插接器断开，测量其 11 号与 12 号端子之间的电阻，结果显示为 0.5Ω，而这实际上应该只是 2 条导线的内阻，如图 5-60 所示。进一步拆下左后车轮罩，再断开交流充电插座的 EP22 插接器，测量其 7 号与 8 号端子之间的电阻，也就是温度传感器自身的电阻，测量结果显示为 0Ω，如图 5-61 所示。

由测量结果分析，该车无法充电的故障正是由于温度传感器内部短路所引起。因为该温度传感器的核心元件是一个负温度系数电阻，其电阻随着温度的上升而降低。当车载充电机检测到充电插座温度传感器的电阻为 0Ω 时，会误认为插座温度过高，出于热保护的原因禁止通过交流充电插座进行充电，同时记录相应故障码并点亮红色的充电故障警告灯。

（3）故障排除　更换交流充电插座，如图 5-62 所示，清除故障码后重新用便携式充电盒为车辆充电，连接充电枪后，充电插座上的绿色充电指示灯闪烁，如图 5-63 所示，表示系统正在充电。同时组合仪表上的充电连接灯和充电指示灯均点亮，如图 5-64 所示，交流充电系统运行正常，故障排除。

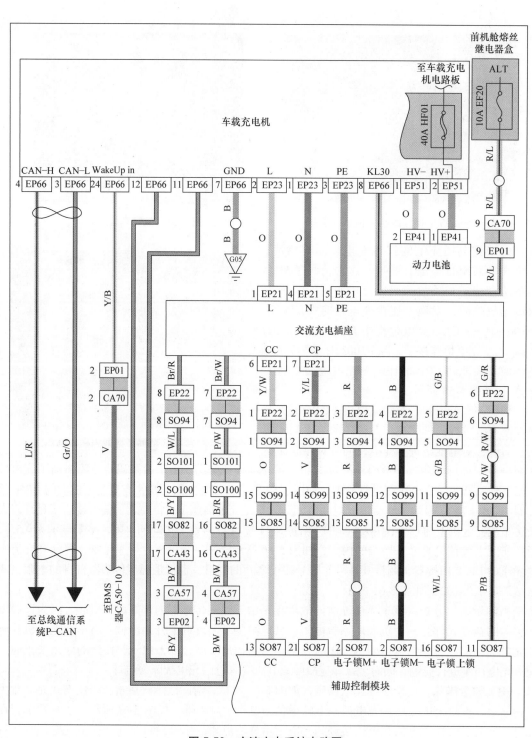

图 5-59 交流充电系统电路图

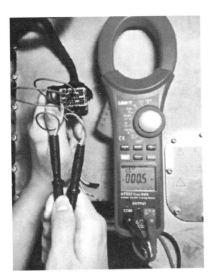

图 5-60　EP66 端测量结果

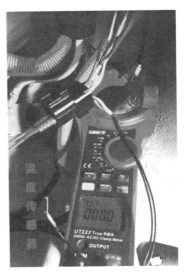

图 5-61　EP22 端测量结果

图 5-62　交流充电插座

图 5-63　绿色充电指示灯闪烁

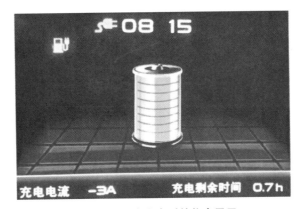

图 5-64　正常充电时的仪表显示

132. 吉利帝豪 EV300 加速无力故障

（1）故障现象 一辆行驶里程约为 2 万 km 的吉利帝豪 EV300，车辆行驶不久，仪表板上的电机过热指示灯与功率限制指示灯偶发性点亮，且散热风扇高速运转，踩加速踏板无加速响应，车辆只能以电机怠速行驶。

（2）故障诊断 仪表板上的电机过热指示灯点亮，表示电机温度太高，必须停车并使电机降温。在下列工作条件下，电机可能会产生过热现象；在炎热天气下进行长途爬坡；车辆处于停停走走的交通状态；频繁急加速、急制动；车辆长时间运行；拖曳挂车时。仪表板上的功率限制指示灯同时点亮，说明电机或电机控制器温度过高，导致电机功率受到限制而无法加速。

驱动电机转子高速旋转时会产生高温，热量通过机体传递。如果不降温，驱动电机无法正常工作，因此驱动电机机体内设有冷却液道，通过冷却液的循环与外界进行热交换，这样能将驱动电机的工作温度保持在一定范围内，防止驱动电机过热。电机控制器不但控制驱动电机的高压三相供电，还要将动力电池的高压直流电变换成低压直流电为铅酸蓄电池充电，在此过程中也会产生热量，需要通过冷却液循环散热。冷却系统的作用就是通过冷却液循环散热为驱动电机、电机控制器散热。电动冷却泵由低压电路驱动，为冷却液的循环提供压力，图 5-65 所示为在电动冷却液泵的驱动下冷却液在管路中的流向。该故障车在正常温度下起步行驶不久后便出现过温功率限制，很可能是冷却散热系统故障或电机及其控制器自身故障。

起动车辆试运行一段路程，待出现功率限制后，连接故障检测仪读取故障码，读得偶发故障码 P0A3C00，含义为"电机冷却液泵使能控制开路或对搭铁短接"，读取相关数据流如图 5-66 所示。根据故障码的含义与相关数据流分析，该车故障很可能是冷却液泵循环电机不正常运转导致的。EV300 电动汽车冷却系统控制电路如图 5-67 所示，冷却液泵与散热风扇都由整车控制器（VCU）控制，电源经过 EF03 熔丝 20A 和冷却液泵继电器 ER08 为冷却液泵提供工作电源。

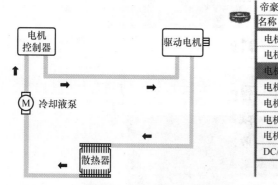

图 5-65　冷却液在管路中的流向

图 5-66　故障车相关数据流

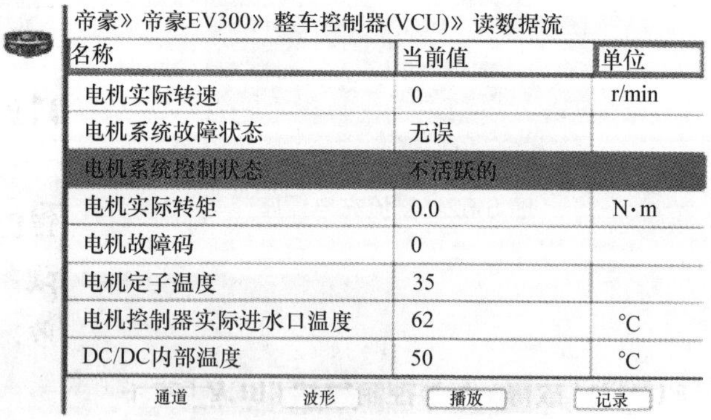

帝豪》帝豪EV300》整车控制器(VCU)》读数据流		
名称	当前值	单位
电机实际转速	0	r/min
电机系统故障状态	无误	
电机系统控制状态	不活跃的	
电机实际转矩	0.0	N·m
电机故障码	0	
电机定子温度	35	
电机控制器实进进水口温度	62	°C
DC/DC内部温度	50	°C

操作起动开关使电源模式至 OFF 档，打开前舱熔丝盒盖，拔下 EF03 熔丝检查，熔丝额定容量为 20A 且未熔断，正常；检查冷却液泵的供电电压，操作起动开关使电源模式至 OFF 状态，拔下冷却液泵的导线连接器 EP09，起动车辆后，用万用表测量 EP09 的端子 1 与 EP09 的端子 3 之间的电压，为 13.09V（标准电压为 11~14V），正常，说明冷却液泵的供电线路正常；连接好导线连接器 EP09，用示波器测量导线连接器 EP01 端子 5 的冷却液泵反馈信号波形，结果发现

无电压信号,这说明冷却液泵运转不正常,判定为冷却液泵自身有故障,需要更换冷却液泵。

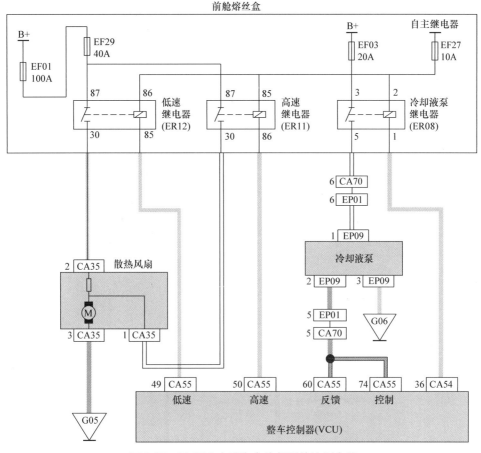

图 5-67　EV300 电动汽车冷却系统控制电路

（3）**故障排除**　断开起动开关使电源模式至 OFF 档,断开蓄电池负极连接并做绝缘,等待 5min 后,打开冷却液加注盖,拔下电机冷却液出液口管路,排空冷却液；拆下冷却液泵总成,更换新的冷却液泵后,装复电机冷却液出液口管路；加注冷却液,对冷却系统排气后试车,故障排除。

133. 吉利帝豪 EV 无法连通高压电故障

（1）**故障现象**　一辆吉利帝豪 EV300,行驶里程 3 万 km。该车无法上电,用钥匙可以解锁车辆,在 P 档时踩下制动踏板,按下一键起动按钮,点火开关指示灯由橙色变成绿色,但是组合仪表并未显示 "READY",这代表车辆存在无法连通高压电的故障。

（2）**故障诊断**　该款车型相关系统的工作逻辑,一键起动开关将起动指令发送给防盗控制单元 PEPS,一键起动开关上的指示灯由橙色变成绿色,这说明车辆的防盗控制单元工作正常,问题不是源自此处。按下一键起动开关,防盗控制单元接到起动信号,将 12.00V 电源送给起动继电器控制线圈。起动继电器吸合后将经过 IG1 熔丝的 12.00V 信号送往整车控制单元（VCU）,请求整车控制单元连通高压电。这时,整车控制单元会发出指令让各高压控制单元进行自检,在高压控制单元自检完毕后，按下一键起动开关，查看起动机控制输出数据流，显示"激活"，如图 5-68 所示。

结合故障现象及读取到的数据流进行分析，怀疑是起动相关线路及元件故障。查看帝豪 EV300 起动系统电路图如图 5-69 所示。从电路图上可以看出，起动继电器由防盗控制单元进行控制，继电器的 2 号端子通往防盗控制单元中 PEPS-A 的 IP33-23 号端子。

将起动继电器从辅助继电器盒上拔下（包括漏电检测及高压互锁是否构成回路等），并读取检测结果反馈。如不满足要求，便会将故障信息以故障码的形式存入整车控制单元，此时仪表不会显示"READY"。

图 5-68　起动机控制输出数据流

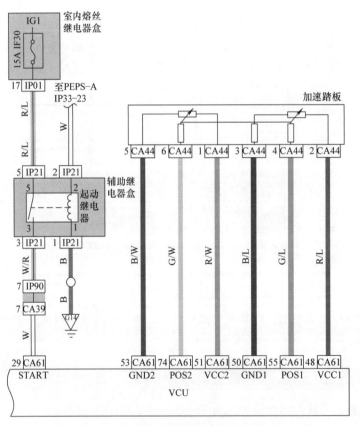

图 5-69　帝豪 EV300 起动系统电路图

连接诊断仪进行检测，诊断仪与各控制单元的通信均正常，且未发现故障码，表明高压互锁满足技术要求。随后，踩下制动踏板时按下一键起动开关，测量其 1 号端子与 2 号端子之间电压，测量结果为 12.17V，如图 5-70 所示，与防盗控制单元输出的理论电压值基本吻合。由此判断，起动继电器与防盗控制单元之间的线路正常。测量起动继电器的 1、2 号触点间的线圈电阻，为 0.975kΩ，如图 5-71 所示。而该线圈正常的电阻应为 80～120Ω，测量结果表明起动继电器线圈电阻异常。

图 5-70　测量起动继电器 1、2 号端子间电压

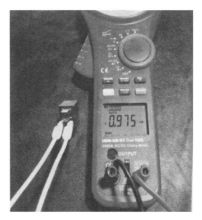

图 5-71　测量起动继电器线圈阻值

（3）故障排除　更换新的起动继电器，踩下制动踏板，按下一键起动开关，仪表显示"READY"，如图 5-72 所示，车辆正常连通高压电，故障排除。

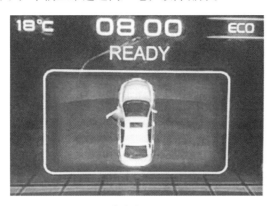

图 5-72　仪表恢复显示"READY"

134. 吉利帝豪 EV450 无法用交流模式充电故障

（1）故障现象　一辆吉利帝豪 EV450，行驶里程 3 万 km。在 SOC 低于 25% 后使用便携式交流充电桩进行充电时，插入交流充电枪后，该车仪表显示充电枪已插入并亮起充电指示灯，充电口指示灯瞬间由绿灯变为红灯，车辆无法充电。怀疑是便携式交流充电桩损坏，于是到充电站使用了多个交流充电桩，但故障依旧。由于 SOC 过低，送厂维修。维修人员尝试使用直流充电桩进行充电，看电池电量是否上升。使用直流充电桩对车辆进行充电，SOC 上升，充电正常。

（2）故障诊断与排除　使用交流充电桩进行充电，故障依旧。连接故障诊断仪读取故障码，在 OBC、VCU 中存有两个故障码：P1A8998-热敏电阻失效故障，当前故障；P1C2C04-车载充电机故障，紧急关闭。当前故障如图 5-73 所示。读取数据流发现，VCU 数据流中已有交流枪信号如图 5-74 所示，但 VCU 控制 BMS 下的高压无法给动力电池进行充电。

图 5-73　故障车上存储的故障码信息

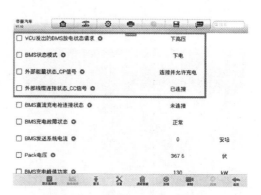

图 5-74　故障车 VCU 数据流

故障车的车载充电机如图 5-75 所示，由上、中、下三层组成，上层是高压配电模块，中间层为散热层，下层为 OBC 控制模块。高压配电模块主要把动力电池电压通过 2 块跨接板分配到直流充电口、电机、空调、PTC。高压配电模块上还连接了各个高压插头的高压互锁线束以及开盖保护开关，以防止在上电期间误开盖而引发触电事故。车载充电机采用水冷散热，在中间层设置了水道，以便进行散热。OBC 控制模块包含了整流装置、AC/DC 转换器以及温度管理系统，故障车型 OBC 电路原

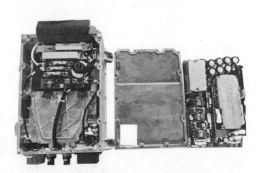

图 5-75　故障车的车载充电机

理图如图 5-76 所示，车载充电机的数据传输只能通过 PCAN 进行传输，没有单独的温度传输。

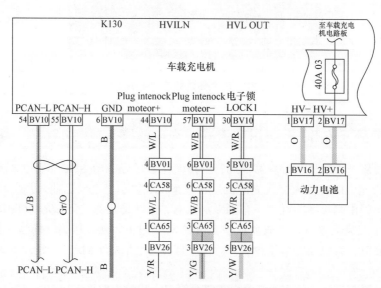

图 5-76　OBC 电路原理图

故障码见表 5-30，出现故障码"P1A8998-热敏电阻失效故障"可能是因为"车载充电机低压电源故障或车载充电机内部故障"。经检查，OBC 能通信，由此可以排除车载充电机存在低压电源故障的可能性，因此可判定是车载充电机内部故障。

表 5-30　车载充电机低压电源故障或车载充电机内部故障

故障码	说明
U300616	控制器供电电压低
P1A8403	CP 在充电机的内部测试点占空比异常
P1A841C	CP 在充电机的内部 6V 测试点电压异常（S2 关闭以后）
P1A851C	CP 在充电机的内部 9V 测试点电压异常（S2 关闭以前）
P1A8538	CP 在充电机的内部测试点频率异常（S2 关闭以前）
P1A8698	温度过高关机
P1A8806	自检故障
P1A8898	交流插座过温关机
P1A8998	热敏电阻失效故障

根据故障现象及故障码信息，判定故障点在 OBC 控制部分，因此只拆检车载充电机底层的控制模块部分，如图 5-77 所示。拆开后发现，OBC 控制部分由 2 个热敏电阻负责温度控制，图 5-78 所示为热敏电阻位置及插头位置。

图 5-77　故障车 OBC 控制模块

图 5-78　故障车 OBC 热敏电阻位置及插头位置

测量 2 个热敏电阻的电阻，一个为 1.842kΩ，另一个为 ∞，如图 5-79 所示，正常电阻范围为 1.5kΩ~2.0kΩ，很明显，一个热敏电阻损坏。

更换新的热敏电阻后，重新装配车载充电机，加入冷却液并进行排空，使用交流充电桩对其进行充电，SOC 上升，使用汽车诊断仪进行故障信息扫描，系统内未存储故障码，读取 VCU 数据流，正常，故障被彻底排除。

新能源汽车的交流充电系统需要把电网当中的交流电通过车载充电机整流为直流电，再对动力电池进行充电，在整流过程中会产生热量。根据本车的控制逻辑，当车载充电机温度过高时，充电系统会自动切断交流充电。

（3）维修小结　本案例从读取故障码开始入手，直到最终对 OBC 进行分解检测，找到失效的热敏电阻为止，整个检测过程已经超出了常规故障检查排除的流程。按照厂家的维修手册，发现直流充电正常，车载充电机不正常，检查OBC外围供电电路、通信电路，即可判断车载充电机存在故障，需要更换车载充电机。

高压配电模块将动力电池电压通过2块跨接板分配到交流充电口、电机、空调和PTC，如图5-80所示。

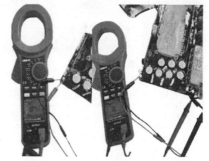

图5-79 测量热敏电阻

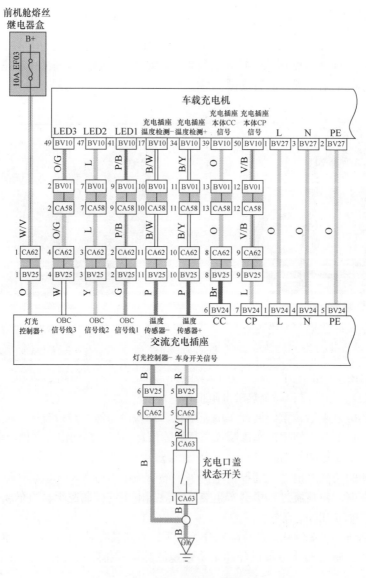

图5-80 故障车高压配电模块